JN119615

風狂と遊戯(ゆげ)

―閑に読む一休と良寛

沓掛良彦

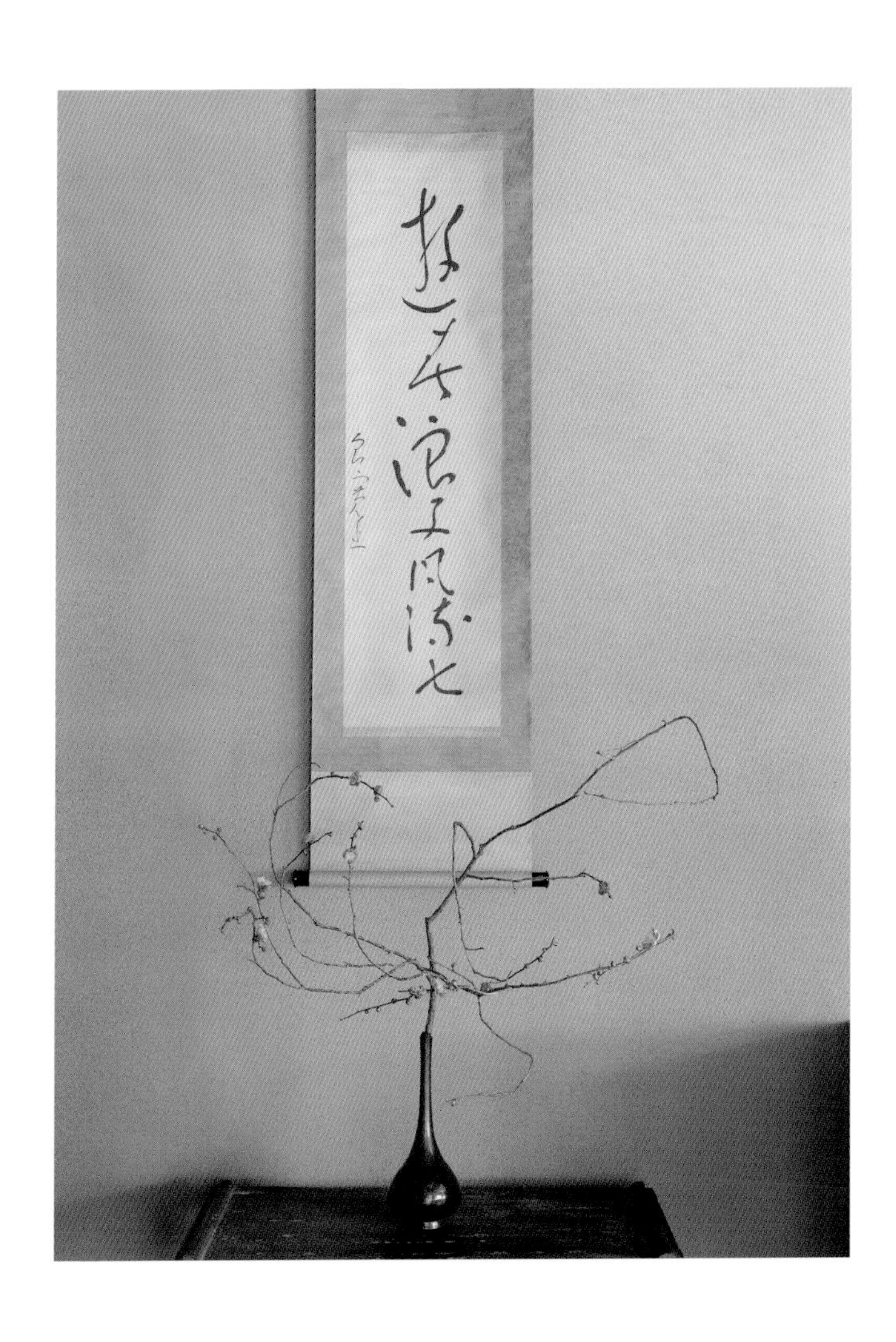

目次

口絵　一休「地獄　三界無安猶如火宅　箇主人公瑞巖應諾
虛堂七世東海純一休老衲筆」紙本墨書　47×27cm（本紙）……3
良寛「游春浪子風流甚　良寛書」紙本墨書　98×26cm（本紙）……5

撮影　竹前朗『目の眼』五五九号

花　平本拓也

協力　ＩＭＡＤＯ
蕓堂
古美術 今出川
古美術 祥雲
冨江洗心堂

良寛思慕十首

茂原（もはら）才欠（さいかく）

良寛の歌に心惹かれけり俗塵にまみれしわが魂（たま）洗ふ

鉄筋の長屋にありて身は老いぬ五合庵をばただ思ひつつ

良寛の歌こそよけれ生に倦み険しくなれる心なごます

詩（うた）詠むを詩詠むことと心得で詩詠みたまふ良寛ぞよき

吾が詩は詩に非ずとのたまひし良寛の詩に真の詩を見る

岩間つたふ清らな苔水のごと生きたまふ良寛禅師の姿尊し

良寛もまた「荘子」を究（きは）むらし漢詩（からうた）の裡にその痕ぞ見ゆ

雪深き山の庵に籠りゐて戀人待てる禅師慕はし

貞信尼との戀ほのぼのとあたたかし老いての戀かくあらまほし

酒を乞ふ良寛の書状讀み禅師への思慕いよよつのれり

はじめに―アポロギア

『風狂と遊戯（ゆげ）―閑に読む一休と良寛』と題したこのささやかな小著は、三〇代の初めに唐木順三の書『良寛』を読んで初めて良寛の人と文学を知り、これもやはり三〇代半ばに筑摩書房の「日本詩人選」の一冊として出た富士正晴の『一休』を漫読して、ふざけた本だと半ば呆れながら、一休という奇僧に関心をもった一閑人の気ままな随想である。研究とか論考とかいったものでは毛頭なく、これまで折にふれこの二人の奇僧野僧の文学に親しんできた、一老耄書客の読書の記憶と感想をつづったものである。一休や良寛を読んでいて心に浮かぶさまざまなよしなしごとや、その詩や歌に見る生や死の問題、愛の形、さらにはその文学に触発されて脳裏に交錯する、詩人や宗教家のことなどを、筆の赴くままに書きつけた、一老耄書客の閑業にすぎないものだと言ってよい。

世上、一休に関する本、中でもその文学をあつかった本はさほど多くはなく、近年のものは特に少ない。これに対して、良寛に関する本はすでに世にあふれている。これまでに折にふれて買い求め、私が眼を通した本だけでも数十冊に上る。良寛は今や日本文学史・文化史における巨人の一人であって、その人気は絶大である。世には「良寛学」というものまであって、多くの先学たちによって、その生涯に関する伝記的研究や考証は微に入り細を穿ってなされており、人間良寛を描いた本も、その文学・芸術を論じた書も、汗牛充棟といった有様である。良寛の研究家でもなく、その詩や歌の一介の愛読者にすぎない私などが、その文学・芸術について、いまさら新たな知見や発見をもたらせる余地はもはやないと言ってよい。それゆえ、この無用の書において私が試みたいのは、良寛の文学について何かを読者に教えたり、その文学の特質を指摘して、それを明らかにしたりすることではない。それは完全に私の力量を超えた作業であり、残念ながら、良寛に関しては、私にはさようなことを提示したり論じたりする学識もなく、研究の蓄積もないのである。『沙門良寛―自筆本『草堂詩集』を読む』という、注目すべき一書を著した柳田聖山氏は、同書を執筆するに際して、良寛の「全作品の一字索引を、手造りで仕上げた」という。良寛の実像に迫ろうという著者の烈々たる気迫と意気込みが感じられる、恐るべき綿密な作業に基いての著作である。その基盤に立って氏は、「自筆本『草堂詩集』を、細かくあとづけること以外に、良寛の実像に近づく道は、ほとんどありえないようにおもう。**今、毎月のように出る本は、巨象の手足を模するにひとしい、薄味のものが多い。**(太字―引用者)。」と言っている。こう言われてしまうと、ただ一愛読者として良寛の詩や歌に親しみ、先学諸家の著書によってあれこれ教えられているにすぎない私などは、愧じ入るほかはない。私が書こうとしているものは、その「薄味」すらもないからだ。

　それでもなお良寛の人と文学に強く心惹かれ、それを愛する一人の元横文字屋として、わが国の文学において類を絶した、独自にして真摯な文学・芸術を生んだ存在としてのこの野僧の文学について、なにがしかの思いを吐露しておきたいという気持ちはおさえきれないものがある。それは良寛研究やその文学・芸術の理解や解明には、ほとんど何も寄与するところはないかもしれないが、世には良寛を読んでかようなことを考え、感じ、かような存在として良寛をとらえていた男がいたということを、ほんの一握りもいないであろう読者に知っていただけたらと、思うのである。真に知るものは黙し、知らざる者がとくとくとして語るという愚行は避けたいが、良寛とその文学にはこの程度の一読者にすらも、それについて語らずにはいられないほどの力が秘められているのだと、受け止めていただくほかはない。言わずもがなとの思いを抱きながらも、老来良寛の文学への親炙の度合いが増すにつれて、その思いが募り、それに突き動かされて、衰老によりもはやボケかかった脳髄を絞って、こうして筆を執ったのである。かつて和泉式部、式子内親王、西行についての本を書いたのも、同じ思いに駆られてのことであった。

一休に関する私の関心と態度姿勢は、良寛に関するそれとはやや異なる。実は昨年、本書に先だって詩人としての一休を論じた『表現者としての一休』という小著を書いたのだが、一休の場合はその文学に魅せられてとか強く惹かれてというのではなく、『狂雲集』という、天衣無縫としか言いようのない、比類を絶した、なんともユニークな詩作品を生んだこの天才的奇僧の文学に、著しく知的好奇心をそそられてのことであった。日本人による漢詩の中ではおよそ類を見ない破天荒な詩、とりわけこの風狂僧の晩年を彩った森女との愛を詠った一連の詩について、これまで東西の古典詩をあつかってきた者として、これだけは言っておきたいという気持ちに動かされての、まさに暴虎馮河の所業であった。身の程知らずの一知半解の所業よと世の識者に嗤われるのを覚悟の上で、今回再び一休を取り上げたのも、同じく禅者として出発し、禅道修行者として似たような道程をたどりながら、その後半生において全く異質の詩文学を生んだこの二人の禅僧の生き方に、興味を覚えてのことである。その生きた時代も異なり、おそらくは臨済僧、曹洞僧としての禅風の相違もあるのだろうが、両者にはまた相共通するところもあり、それ以上に対照的な性格や特質を示しているところがあって、それが一読者としての私の関心をそそってやまないのである。これまで一休を読んでは良寛を考え、良寛を読んでは一休を脳裡に浮かべるといったふうに両者の文学を読んできたので、当初は強いて比較しようという意識はなかったが、結果としては御覧のとおりの構成となった。これは、この二人の仏者による文学を、自分の関心に引きつけて身勝手な読み方をしてきたことの、必然的結果とも言える。

今回このような無用の書を世に問うことになったのも、思えば老耄の致すところかもしれない。「身老いて　自ら知る　性益す急なるを」とは、良寛とも親しくまじわった江戸の「儒侠」亀田鵬齋の詩句だが、老来一休や良寛の詩や歌への傾倒が深まると、それを読み味わった折々の感動や、それによって引き起こされるさまざまな想念を、六道地獄へ下る前に誰かに語らずにはいられない衝動に駆られるようになった。「お迎え」が目前に迫り、六道地獄の入り口が見えてくると、生きてまだ世にあるうちに、一休なり良寛なりについて、語っておきたいという気持ちが抑えきれないのである。これも老耄が進んで自制心が乏しくなったことの兆候なのであろう。(もっとも、六道地獄へ下るまでもなく、今いるこの世がすでに十分地獄なのだが。)かといって、もはや世を忘れ世に忘れられた「閑戸老人」の、独りよがりの読後感などに耳傾けてくれそうな人も身辺にはいない。そこでかつてローマの詩人が吐いたSed quis leget haec?「サレドモ誰ガコンナモノヲ読ムカ?」ということばを脳裡に浮かべつつ、敢えて「一休・良寛私記」とでも言うべき無用の書を世に問うてみることにしたのである。私の知る限りでは、久保田展弘氏の『狂と遊に生きる—一休・良寛』以外には、一休と良寛という、全く異なるタイプの禅僧・仏者を、正面から取り上げて比較しつつ論じた著作はないようである。これは興味深い試みだが、具体的な作品への言及が乏しく、両者に関する一瞥、概観の域を出ていないのを憾みとする。であれば、それぞれ章を設けて、両者を絡めて考え合わせることもあながち無意味ではなかろうと思い至った次第である。一休の文学についてはすでに前著で私見を述べたので、本書では一休よりも良寛に重点を置いたつもりだが、あえて二兎を追ったため、あぶはち取らずの、焦点がぼやけた本になってしまったことを懼れている。

一介の読者にすぎない者が、一休と良寛を併せて眺めるなどとは、いかにも不遜かつ恣意的な試みだと嗤われるかもしれないが、私は研究者としてではなく、あくまで一読者としてこの二人の著作やかれらに関する本を読んできた人間なので、そういう一アマトゥールの著作として受け取っていただければ幸いである。

本書は学術書、研究書などではなく、私記であり随想であるから、そこには一貫したテーマも、体系だった記述もなく、客観的な論証といったものはない。そういうものを求める読者は、「参考文献」に挙げた諸家の労作、良書に就いていただいたらよい。述べるところは多くは先学諸家の著作に学んだものである。本書に疎漏と贅言が多く「辞(ことば)に詮次(せんじ)無し」なのは、衰老により脳力が衰えたためにほかならず、読者の御寛恕を請うのみ。

序章

一　「知られざる一休」あるいは「忘れられた詩人」一休

「知られざる一休」などと言うと、何を言うかとただちに反論されるかもしれない。一休なんて誰でも知っているではないか、幼い子供でさえも、頓智小坊主一休さんの愉快な話の一つや二つは知っているくらいだ、と言われるであろう。確かに、今日、日本という国で一休和尚の名を知らぬ者はいない。この国の歴史上の人物で、大人から子供まで最もよく知られている人物の一人は、間違いなく一休宗純和尚であると言ってよい。最近読んだ『ブータンの瘋狂僧ドゥクパ・クンレー伝』（岩波文庫）という本によると、一休より半世紀余り後に、一五世紀から一六世紀にかけて生きた瘋狂聖（ふうきょうひじり）がいて、その奔放な振る舞いや数々の奇行、破戒、あからさまな性行為などで、一休によく似た奇僧中の奇僧だったらしい。とんでもない破戒坊主、エロ坊主でいながら、その言動によって、堕落して形骸化した教団仏教を痛烈に指弾し、批判したことで広く知られていたという。そういう点では一休にあまりにもよく似ていると言えるが、驚くべきはその人気と知名度の高さである。チベット僧でありながら、この奇矯な瘋狂僧は、ブータン国民の間では絶大な人気を誇り、知らぬ者なき人物だという。

この怪僧、奇僧にまつわる逸話が、民衆の間で語り継がれているという点でも、一休を思わせるところがある。ブータン版一休和尚だと言ってもよかろう。

わが国における一休の知名度、国民的人気も、それにおさおさ劣るものではない。それでいながら、その実像が一般の人々にこれほどわずかしか知られていない人物もいないのではなかろうか。以前テレビで動画「一休さん」が放映され、大いに人気を博した頃に比べれば、一休ブームは収まったようだが、漫画や童話の世界では相変わらずその人気は根強いものがあると思われる。頓智小坊主一休さん的なイメージで描かれたり語られたりしている本も、世に出回っている。

一休に劣らず良寛もまた広く知られ、その人気は絶大であるから、一休と良寛はわが国の仏教界の生んだ二大スターだと言ってもよい。一休と同様に、良寛は子供向けの漫画や物語にもなっており、貞信尼との恋をテーマにした子供向けの物語さえもあるくらいである。「一休さん」「良寛さん」と誰しもが気軽に呼べるのが、この二人の名高い仏者の特徴であるが、同じく高名な仏者でも、「道元さん」、「法然さん」、「親鸞さん」などと親しみを込めて気軽に呼ぶ人は、あまりあるいはほとんどいないだろう。一休も良寛もよく知られた存在だが、その知られ方は、実は同じではない。良寛がその歌や詩、書などによって、また世にあふれている研究書や評論などによっても、その実像と言えるものが比較的よく知られているのに対して、その名のみいや高い一休は、その真の姿はあまりにもわずかしか知られてはいないのである。

現在大人から子供までわれわれ日本人が知っているのは、実は室町時代に実在した禅僧にして詩人である一休その人ではなく、主に江戸時代に何種類も出た『一休咄(ばなし)』のたぐいで作り上げられた、機知に富み発明頓悟な頓智小坊主一休さん、あるいは機知縦横な高僧で、あれこれと破天荒で奇矯な行動によって、人々を救ったり、権威主義の偉い坊主たちをやりこめたり、思いがけぬ方法で迷える衆生を救ったりする洒脱で反骨、反俗の人物である。だがもっぱら奇談や滑稽譚、逸話からなる俗伝が伝えるこういう一休像は、歴史上の人物、室町時代に実在し、その時代に大きな影響を与えた人物、空前絶後の奇抜にしてユニークな詩作品を生んだ奇僧としての一休の実像とは、かなりかけ離れていると言ってよい。歴史上の人物でありながら、その生涯などが早くから伝説化され、伝説がまた伝説を生んで分厚い層をなしていて、それが当の人物の実像を覆い隠している場合がある。わが国で言えば、小野小町がその好例であって、作品はわずか二〇首足らずしか伝わっておらず、その出自にしても「出羽国郡司の女(むすめ)」という不確かな伝承しかないのに、小町伝説は山なすほどあって、その中から小町の「実像」を突きとめることは、かえって至難のわざである。一休の場合もそれに似たところがあって、近世以降に成立したさまざまな俗伝や『一休咄』などが、実在の人物としての一休の姿を覆い隠してしまっているので、実体がとらえがたいということがある。それにそもそも、一休という奇僧自体が、容易にはその正体がつかみがたい、なんとも奇妙奇天烈(きみょうきてれつ)な坊主なのである。

無論、多くの逸話で彩られているいわゆる「一休俗伝」が、実在の人物としての一休の面影をまったく伝えていないというのではない。そういう俗伝が生まれた背景には、同時代人であった心敬僧都が「世の人にかわりはべりぬると聞こゆる」人物として伝えた、奇矯な言動、世人の意表を衝くようなふるまいで世の耳目を惹いた「奇行の人」、一代の畸人であった一休の存在があったことは否定できない。俗伝や口碑にしても、一休の面影や行状の一端を伝えている可能性は十分にありうる。それは認めるにしても、加藤周一氏がいみじくも「二人一休」と呼んでいる、『一休咄』の主人公としての一休と、実在の人物としての一休との落差、乖離が大きいこともまた事実である。ほとんどの日本人が知っているのはそのうちの一人、つまりは『一休咄』の主人公、頓智小坊主的な一休であって、室町文化・芸術の精神的指導者、とりわけ詩人としてのその貌は、ごくわずかしか知られていないというのが実情であろう。禅門では異流と見られているが、一休は臨済禅の正系を継ぐ悟達の禅者、それも破戒無慚な稀代の風狂の禅者であり、自らが誇負しているように詩人であった。（一休には『狂雲集』のほかに、法兄で一休終生の敵となった養叟和尚とその一派の禅僧たちを、痛烈に揶揄批判し、悪罵を投げつけた詩と散文からなる『自戒集』、骸骨の絵入りのユーモラスな作品『一休骸骨』を含む仮名法語集、道歌、伝一休作の謡曲『山姥』『江口』などがある。これらは『狂雲集』に比べると、重要度はずっと低く、文学的価値もさほど高くはない。）その風狂禅の精髄が、「詩禅一致」を奉じていた一休文学の表出である詩偈集『狂雲集』なのである。それを覗いた人は、そこに頓智小坊主的なイメージとはおよそ異なる「もう一人の一休」、悟達の禅者にして稀代の破戒僧、人間一休を発見して、「これが一休なのか」と一驚するに相違ない。

私自身初めて『狂雲集』を読んだときの反応は、「こりゃとんでもない坊主だ、これが一休の正体であったか。」という驚きであった。それは『狂雲集』を繙いての話であって、当今のわが国でこの世にもユニークな詩偈集を読もうなどという奇得な読者はごくまれであろうから、そういう驚きを体験する人は多くはないであろう。それゆえ一休の実像は世の多くの人々には、知られぬままとなっている。端的に言うと、『狂雲集』という作品を覗いてこそ、一休という人物の貌を知ることができるのである。とは言っても『狂雲集』は詩（偈）集であるから、一休の生涯の忠実な記録ではなく、いわゆる実録でもない。そこには作者による詩的誇張もあれば虚構の要素もあると考えられる。禅門の側の研究者の中には、『狂雲集』に数多く見られる官能的でエロティックな女色・男色の詩は、すべて虚構であると主張する人もいる。だが表現者・詩人としての一休は、間違いなく稀代の破戒僧であり、一代の風狂僧である。そこにはまぎれもなく一休その人が貌を覗かせていると言ってよい。一休には『明恵上人伝記』のような、自己について語った作品はないので、結局『狂雲集』が、一休という人物の相貌を窺う上での、最も信頼すべきまた依拠すべき資料ということになるわけである。中には自伝的、告白めいた作品もあるので、人間一休を知る上で有力な手がかりともなる。さらには、臨済禅を商業化して堕落させた張本人として、養叟和尚とその一派を激しく糾弾し、明白な嘘まで捏造して執拗なまでに攻撃し、悪罵を投げつけた『自戒集』もまた、一休という人物を知る上で、大いに参考になる。それを読んだ人は誰しも、これが本当に高徳の僧の筆になるものかと疑い、呆れるに相違ない。一休の品格はもちろん、人格さえも疑いたくなるような内容である。だがこれもまた「瞋恚の人」、「憤怒の人」としての一休の側面を伝える貴重な資料なのである。

　ほかに一休の高弟が著した『東海一休和尚年譜』なるものがあるが、そこでは一休の破戒行為などはいっさいふれられておらず、一休に関する不都合なことに関する言及はまったくなされてはいない。一休に紹偵という名の実子がいたことも言及されておらず、その晩年を彩った愛の対象であった森女にしても、「森侍者」という名前が見えるだけで、二人の関係に関する記述は完全に欠けている。一休を知る上での致命的な欠陥となっているのは、その行状、行跡は記述しても、一休の内面に関する記述がないことである。全体としてこの『年譜』は作為が目立ち、『狂雲集』から浮かびあがる稀代の破戒僧、風狂僧とはあまりにも異なる悟達の聖僧の姿が描かれていて、実像そのものとは到底思われない。この『年譜』によって、一休の実像を把握することはむずかしいといわねばならない、それに、専門家以外にかような本を読む人はまずいなかろう。

　今でも良寛の詩や歌を愛する人は数多く、文学者としての良寛は広く読まれているが、これに対して、実際、私の知るかぎりでは一休を読んでいる人は少ない。せいぜいが室町文化の研究者か中世文学の専門家、それに禅門の徒がこれに親しんでいる程度であろう。残念ながら、一休はいまや「忘れられた詩人」、「読まれざる詩人」なのである。中世文学の専門家であっても一休にはさほど関心がなく、『狂雲集』には通じていない人が多いようである。また一休は、漢詩人としては五山文学とはやや外れたところに位置するものとして位置づけられているせいか、数少ない五山文学研究者でこれに正面から取り組んでいる人もまれかと思われる。それを反映してか、『狂雲集』は五山文学史には載っていないし、岩波版新日本古典体系の『五山文学』には、一休の一首の詩も偈も収められてはいない。

そんな中で、一休という人物とその文学を世に知らしめる上で、加藤周一、唐木順三、水上勉といった文学者たちが果たした役割は大きい。加藤周一氏の短編『狂雲森春雨（くるいぐもものはるさめ）』、唐木順三氏の『しん女語りぐさ』、一休研究家としても知られる岡松和夫氏の歴史小説『一休伝説』、それになんといっても水上勉氏の伝記小説『一休』は、実在の人物としての一休の人間像を、現代の読者に広く供したという点で特筆に値する。（水上勉氏にはまた『一休文芸私抄』、『一休・正三・白隠』といった著作もある）。これらの文学者たちが描いた一休像は、文学的想像力を駆使した創作だが、いずれも一休の文学を知悉した上で書かれているので、創作だとは言っても荒唐無稽ではない。いかにも一休とはかような人物であったか、という感を抱かせる作である。その点、現代版『一休咄』、一休俗伝とも言えるのが、川口松太郎氏の大衆小説『一休さんの門』である。そこには一休の実像とはほど遠い風狂僧の姿が描かれているが、通俗的で楽しく読めるし、かなりの読者を獲得したとも思われるから、現代において一般読者の間に、一休への関心を保たせたという点で、それなりの功があったことは確かである。

無論、研究者や宗門の側による一休に関する研究書なども、室町時代の文化を動かした巨人としての一休を世に知らしめる上で、欠かせぬ役割を果たしている。中でも小著ながら名著の名に値する市川白弦氏の『一休　乱世に生きた禅者』、西田正好氏の『一休　風狂の精神』などは、実在の人物としての一休像を、簡潔ながらみごとに描き出している。中川徳之介助氏の『髑髏の世界』も、一休の実体を探った貴重な労作であり、宗門の側による一休論として、山田宗敏師の『大徳寺と一休』のもつ意味も大きい。栗田勇氏のいささか熱がこもりすぎ、讃仰の度がすぎると私の眼には映る一休論も、インパクトは相当なものがある。

だが、詩人としての一休ということになると、果たしてどうであろうか。残念ながら、加藤周一氏、栗田勇氏、柳田聖山氏といった一休文学に高い価値を認めている人たち、平野宗浄師、蔭木英雄氏のような専門家以外の人々によっては、詩人一休が論じられたり批評の対象となったりすることはあまりない。やはり詩人としての一休はあまり知られていないのではないか。それとも、もはや読まれることなく忘れられた詩人になりつつあるのではないか。稀代の破戒僧、風狂僧として、一休が数多くエロティックな女色・男色を詠った詩を書いていること、八〇歳近い頽齢に達して、盲目の美女と爛れるような性愛を経験し、それを詩に詠っていること、それらの一群の詩こそが一休文学の精華であることを知友に話すと、「えっ、まさか、あの頓智小坊主一休さんが、そんな人だったなんて。」と驚かれることが多い。ことほどさように詩人一休は、その貌を知られていないのである。なにぶん一休を読むこと自体が、「いやはや奇特なことで」と憫笑をもって見られる世の中であるから、これも致し方ない。

　こういうことになったのも、一つには一休自身に責任がある、責任というよりもきわめて特殊な詩偈集である『狂雲集』の特質や性格に起因すると言ったほうがよい。

　まず第一に一休の主著であり、禅者・詩人として一休が全身を投入した『狂雲集』は、漢詩の形で書かれた作品である。一〇〇〇首を越えるその近く作品のほとんどは七言絶句の形で書かれている。だが学校での漢文教育が衰え、漢詩そのものへの関心もおよそ高いとは言えない現状では、日本人による漢詩、それも禅の奥義や禅機、臨済禅の祖師たちの行状を詠ったり、腐敗堕落しきった当時の臨済禅の徒を猛烈に指弾攻撃したり、禅に関する偈頌などが多くを占めている『狂雲集』の如き作品が一般の読者に読まれる可能性はまずないと言ってよい。そこが良寛との大きな違いである。

　偉大なる素人文学者、素人芸術家であった良寛の歌を見ればわかることだが、素直に詠み出したその歌は、過度の修辞も修飾もなく、ひねりも奇想もなく、直接にわれわれ読者の胸に訴えかけてくる。破格と言われる良寛の漢詩もそれに近く、「心中の物を写す」ことを旨とし、自由に心中の吐露したその詩は、驚くほど平明で、われわれ現代の読者に訴えかけてくる。一休の詩はまったくそうではない。なんといっても「詩禅一致」の「禅文学」であるから、そのテーマからして禅の心得がないわれわれ一般読者には容易にはとりつきがたく、仏教用語がふんだんに鏤(ちりば)められた詩句や語句は、専門家の注釈や解説なくしては、わからないのである。それに加えて注釈者などの解釈も一致していないから、どの解をよしとすべきか迷うばかりで、素人はほとんどお手上げ状態である。『狂雲集』という作品を、あくまで禅の側から解そうとする論者と、これを文学、詩として解し評する論者との見解の相違があって、実に厄介である。それに難解な語句や仏教関係の故事、禅機にかかわる問題などが作品の中に凝縮されていて、その意味するところを把握するのはなんともむずかしい。それを詩作品として鑑賞するというようなことになると、さらに困難を極める。

確かにそうではあるが、それは一休の文学、その詩が今日では読むに値しないということを意味するものではない。そのすべてはおろか、そこで繰り広げられている禅の哲学、祖師たちの行跡、禅機にまつわる偈頌といったたぐいの作品は、われわれ禅の門外漢、禅の心得がない俗漢にはとりつきがたくまた解しがたいが、『狂雲集』はそういった作品がすべてを占めているわけではない。そこには、詩人としての一休の真面目をよりよく伝えている一群の作品、加藤周一氏が「恋愛詩の極致」と呼び、栗田勇氏がその精華と評した、森女との愛を詠った詩もあることを忘れてはなるまい。そういう詩は、今日でもなお十分に読むに堪えるし、良寛の詩ほどではないにしても、われわれ現代の読者に訴えかけるだけの力を秘めている。それが一休文学の精華であり精髄であるとすればなおさらのことである。

そういう次第であるから、私自身禅の道には暗く、一休の文学にも通じているなどとはとても言えない門外漢ではあるが、良寛禅師が『万葉集』の歌について言ったという「ワカルダケデ事タレリ」という言葉に勇気づけられて、私が理解できた範囲内での一休像を提示してみたい。「はじめに」で述べたように、これまで一読者として一休と良寛を読んできた者として、私の内部ではこの二人の仏者にして詩人が、常に脳裡で交錯していたので、まったくタイプの異なるこの二人の禅者にして詩人を、合わせ鏡のように照らし合わせる形で、その相貌、面がまえを窺ってみようと思うのである。

次節「いま良寛を読み、それを知ること」でやや詳しく述べるが、どう考えても世界全体が澆季末世を迎えているとしか思われない今日、とりわけ経済至上主義が支配し、物質万能、拝金主義、人心荒廃の世界において、良寛を読みかつ知ることは、大いに意味があることだと信じたい。良寛の文学に接することは、われわれの内部において「人間」を回復させることにつながるからである。良寛を知りその詩や歌を読むことによって、現代の苛烈な競争社会に倦みつかれた心をもつ者は、間違いなく癒される。

だが一休となるとどうであろうかという疑念は捨てきれない。一休が室町時代の文化の精神的指導者であり、当時は名のある詩人だったとしても、禅がらみの作品が多いその詩集を、禅者でも中世文化の研究家でもない読者が、知ることになんの意味があるというのか。それに、一休の一介の読者にすぎない者が、一知半解を承知の上で、この国の読者に一代の風狂僧、稀代の破戒僧としての昔の坊主を語ることが、果たしてどれほどの意味をもつものか。ましてや一休を語る上では必須のこととはいえ、いまや専門家以外にはほとんど読む人もいない、世にもユニークな空前絶後の詩偈集である『狂雲集』にふれるとなると、いささか躊躇せずにはいられない。だが敢えてそこへ踏み込んで、一休を考えることで良寛を考え、良寛の文学を読んでは一休の文学を考えてみることで、なにか新たな発見があるかもしれない。誰もが名を知る存在でありながら、一般の人々には、歴史上の人物としてのその姿があまりにもわずかしか知られていないから、角度を変えて一休の貌を探ってみることは、それなりに意味はあるだろう。「いや驚いた、頓智小坊主一休さんとは、実はこんな人であったか」と知っていただけるだけでもよい。同じ禅坊主でも、一休と良寛とではこんなにも違うのかと思っていただけるだけでも十分である。

たとえ新たな発見と言えるほどのものがなくとも、一休と良寛の生き方や考え方を対比したり照らし合わせることで、両者の特質や性格が多少なりともより明らかになるかもしれない。そんな微かな希望にすがって、この偉大な二人の仏者の「風狂と遊戯(ゆげ)」の諸相を眺めてみようと思うのである。禅の道を知らぬど素人が何を言うか、と禅門の側の方々からお叱りを受けることも覚悟の上である。一休を知悉したそういう方々の筆によって、この一代の天才的奇僧の真の姿が、鮮やかに浮かび上がるような著作が世に出ることこそが望ましい。そういう日が切に待たれる次第である。

二　いま良寛を読み、それを知ること

（一）澆季末世の世界と日本

良寛詩の一愛読者として私がまず第一に考えてみたいのは、現在のこの国の状況にあまりにも似た、多難多艱にして末世というほかない暗い時代を、「襤褸是生涯」と固く決意して、三衣一鉢のほか何ももたぬ無所有無欲に徹して、極度に簡素な窮乏のうちに生きたこの乞食僧の文学に接することが、われわれにとって何を意味するのか、ということである。みずから求めて「愚」に徹し、風瘋僧、駑駘をもって任じたこの人物に何を求め何を見たらよいのか。その壮絶なまでに孤独な草庵生活の中から良寛が生み出した、至純の文学・芸術にふれ、それを通じてこの一介の野僧の生き方を知ることが、われわれに何を教えてくれるのか。日本という国が日々凋落衰退し滅亡の予兆が見えるこの暗い時代に、そこに住むわれわれが良寛を知りその文学を読むことが、なにを示唆しもたらしてくれるのか。それは何を戒めまたうながし、またどんな救い、慰藉を与えてくれるのか、それをまず考えたい。またわが国をはじめ、世界各地で悪しき者たちが支配権を握り、強者が弱者を圧迫し苦しめているこの時代に、明らかに社会的敗者であった良寛という至純な魂の持主が、どう生きたのか、そ

れを見てみたい。一部の強者を除く世の大多数の人々が、弱者としてまた敗者として生きることを強いられているこの澆季末世にあって、良寛という存在は、われわれにどのような生き方を示唆しているのかということをも、併せて考えてみたいと思うのである。それには、いくつかの点で良寛と共通点をもつと同時に、対照的な存在である一休の生き方を考え合わせると興味深いと思われるので、これについては、次に一章を設けて述べることとしたい。

いま世界はまさに末世そのものであって、われわれが住むこの国も、およそ楽観を許すような状況にはない。「澆季末世」という言葉が、観念としてではなく現実としてこれほど切実に感じられる状況が、未曽有の世界大戦を経験してからわずか七〇年あまりでやってこようとは予想もつかぬことであった。

既に前世紀に悪化の兆候を見せていた世界情勢や地球環境が、今世紀に入ってから急激に悪化し、どう考えても人類が滅亡の方向へと向かっていることが明らかなのが、この時代である。世界制覇をもくろんでいるかに見える、赤い帝位に就いた権力者を擁した膨張主義の大国や、領土的野心に燃える新たなツァーリ（皇帝）を擁した大国をはじめ世界各地で独裁者が君臨し、右翼勢力が台頭し、偏狭なナショナリズムや排外主義がはびこり、イスラム原理主義者に代表される狂信者たちが荒れ狂って、世界を不安に陥れている。大ロシア主義の亡霊に取りつかれ、ロシア帝国の復活を夢見る新たなツァーリは、核兵器による攻撃をちらつかせて隣国侵略に踏み切り、暴虐のかぎりを尽して世界の脅威となっている。世界平和はまさに累卵の危うきにあると言っても過言ではない。

そういう状況下では宗教はまったく無力である。人類に平和や安寧をもたらすどころか、むしろ民族間の対立や敵愾心を煽るマイナスの作用をしていると言っていい。イスラエルとアラブ諸国の対立も、北アイルランドにおける内紛も、またかつてのコソボ紛争や旧ユーゴスラヴィアで、同じ民族同士が血を血で洗う戦いになったのも、宗教上の問題が深くかかわっている。あろうことか、隣国ロシアでは正教会のトップが平和に貢献するどころか、侵略者の首魁の精神的支柱となり、その蛮行を祝福している始末である。今日のわが国における仏教も、実質葬儀屋と大して変わることなく、衆生の救済や安寧になんの役割も果たしてはいない。京都などで立派な伽藍に住み、寺の拝観料で潤っている僧侶たちにしても、頭を剃った観光業者のごとき者にほかならない。あるかなきかの如きキリスト教も、土着の宗教である神道も、この国の民の劣化を防ぐのにまったく無力であり、国家神道ともなると右翼人士の精神的拠り所となっている。魂の救済などとは実質無縁な存在となり果てているのが、今日の宗教である。

民主主義がもはや事実上崩壊して衆愚政治に堕し、国民が国を二分する不毛な対立の渦中にあるアメリカは弱体化して指導的地位を失いつつある。ただ金のことしか考えない道化者を大統領に戴いたほど愚民化した国民は人心また荒廃し、中国の台頭にもはや抗し得なくなろうとしている。先の世界大戦であれほどの悲惨な経験をしたにも拘らず、その記憶もまだ消えやらぬうちに、征服欲や支配欲に眼の眩んだ権力者の野望が暴発したり、先制攻撃に過度に怯える、核保有国の愚かな領袖の恐怖心に発する、核兵器を用いた新たな世界規模の戦争の勃発によって、人類が滅びないという保証もない。と同時に、ひたすらに豊かさと繁栄を追い求め、テクノロジーの発達による利便性を追求してきた物質文明はその極に達して人間社会に歪みをもたらし、そのことが人類を存亡の危機に追い込んでいる。近代以降、科学技術は高度に発達したが、残念ながら人類の叡智や理性はそれに見合うだけの発達はしていない。人間の「非人間化（dehumanization）」、人間性喪失、そこに現代に生きる人間の悲劇があると言ってよい。古代ギリシアの文学や思想を学んだ者の眼からすれば、近・現代人は叡智知力という点では、単純に古代人に優っているとは到底言いがたいものがある。科学や文明の異常な発達によって、それに依存するあまり、近代以降の人間はロボット化して、強靭な思惟の力や総合的な知力、判断力が衰え、なによりも豊かな想像力を失ったのではなかろうか。プラトンやアリストテレスをはじめ、古代人や中世人の著作を読むたびに、そんな思いを深くせざるをえないのである。

古生物学者によれば、過去にさまざまな生物が絶滅した最も大きな要因は、自己矛盾だという。人類の悲劇は頭脳が発達しすぎたことにあり、もはや止めるにも止めようのない科学技術の異常なまでの発達によって、ついには人類は自分の手で自分を容易に滅ぼし得る手段を持つに至っている。核を手に入れたことによって、既に地球上には人類を何回も滅ぼすに足るほどの大量の核兵器が蓄えられ、配備されていることがそれである。かつてオルテガ・イ・ガセットが警告したように、人文知が力を失い、哲学的叡智を欠いたテクノラートが世界を支配するようになったことが招いた危機である。ひたすらに物質文明の発達を追い求めて、地球環境を大々的に破壊し汚染した結果、温暖化の影響による地球規模での大洪水の頻発をはじめ、各種の天変地異や災害は、年を追って激しさを増している。

事態はわが国においてはさらに深刻である。近年のわが国の凋落と衰退は著しく、目下われわれの置かれている状況は、およそ楽観的な見方を許すようなものではない。先のアジア・太平洋戦争における無残な敗北によってこの国は首都をはじめ大都市は焦土と化し、唯一の被爆国となり、国民全体が疲弊窮乏して悲惨な状態にあったのは、わずか七〇年余り前のことである。その体験者がまだ存命であり、私自身も微かながら敗戦の日の記憶を保っている一人である。その中で日本人は死に物狂いで働き、「経済動物」と嗤われながらも、経済の高度成長によって奇跡的なまでの復興を遂げて、経済大国にまでのし上がった。しかしそれも束の間のこと、「ジャパン・アズ・ナンバーワン」などというおだてに乗って、バブル景気に酔い、技術革新を怠ったりしたこともあって、「失われた二十年」を経て、経済力もまた低下して気が付けば国民の貧困化が始まっている始末である。企業家のモラルもまた低下して、日本を代表する自動車産業が、自社製品の欠陥を隠蔽して贋のデータを公表していたというような恥ずべき現象が見られたりもする。国力の低下に伴って国際的地位や影響力もまた低下し、世界の中で日に日にその存在感を薄くしているのが、現状である。テクノロジーの面でも、もはや日本は世界の最先端をゆく先進国から転落しつつあり、中国に大きく後れをとっている。工業生産の面でも、やがては東南アジア諸国に追いつかれ、その後塵を拝することになる可能性はあるものと思われる。

経済的に貧困化しているだけでなく、精神的にも貧困化しつつある時代をわれわれは生きている。これまた深刻な問題である。われわれ日本人は高度成長の時代を経て、経済面では一時的に豊かになった時代も経験したが、内面的、精神的にはかえって衰弱し、貧困化しているとしか思われない。生産至上主義に走り、経済的に豊かになれば幸福感も増すと思ったのは幻想にすぎなかった。果たして現在の日本人が、頽廃の時代ではあったが、文化爛熟期でもあった文化文政時代のこの国の人々より、教養豊かだと言い切れようか。実利万能の世では手軽な実用的知識のみが重んじられ、読書人、教養人というようなことばは、もはや死語と化しつつある。世はまさに澆季末世との観があり、世道の荒蕪頽廃は実に眼を覆いたくなるものがある。良寛は腐敗堕落した世相を痛嘆して、

年々また年年

義を見ては潜かに身を抽き
利を聞いては頭を競うて奔る
世を挙げて険巇に赴き
人の曽顔に希う無し

と詠い、また三条大地震の後の詩でも、堕落の一途をたどっている世を、

四十年来　一たび首を回らせば
世の軽靡に移ること　信に馳せるが如し
況や　また久しく太平に褻れ
人心は堕地す

と慨嘆を込めて詠ったが、その状況は百数十年後の今日もさして変らないように思われる。

将来になんのヴィジョンももたず、権力欲に眼がくらみ、金銭欲の塊としか見えない無能で愚かな為政者たちの専横ぶり、その強権的体質もまた眼に余るものがある。一国のトップの座にありながら、政治を私物化して鉄面皮にも国会で大嘘をつき、その犠牲となった死者まで出しながら、恬として恥じるところなく、已然として政界で

闇の帝王としてふるまっている傲慢無恥な権力者がいる。かと思えば、漫画しか読まないという、無教養丸出しの悪相の政治屋が政界の大親分として陰で糸を引いている。

短期間とはいえかような頭の程度の男が、一国の首相の座にあったということ自体が、道化者を大統領に戴いて熱狂していたどこかの大国を嗤えないものにしていると言ってよい。恥多き国民だとの感を抱かざるをえない。

残念ながら、いまこの国には本物の保守政治家すらいなくなった。嘗ては政権与党の政治家の中にも、確たる信念や識見、国家観を有する政治家がいたものだが、それも過去の話となってしまった。いま強者として危殆に瀕しているこの国を動かしているのは、偏狭なナショナリズムを奉ずる右翼人士であり、権力亡者以外の何者でもない。表向きは民主主義者を装った独善的な国粋主義者、排外主義者が、国民の政治への無関心、若者の保守化を利用して、またぞろこの国を危険な方向へと誘導している。

そんな政権下で、ひたすら出世欲に凝り固まり、保身にこれ努めて権力者にへつらい、公文書さえも平然と改竄する利権屋集団と化した官僚たちの劣化もまた顕著である。富める者はますます富み、貧しい者はいよいよ貧しいという富の偏在、経済格差は、救いがたいまでに拡大しつつある。非正規労働者たることを強いられて、将来の見通しも立たぬままに、不安定な生活に追い込まれている若者世代や、乏しい年金生活で、日々の暮らしにも窮する貧窮と孤独の中で暮らさざるを得ない老齢人口の増大という問題も、この国に重くのしかかっている。その上、なんの有効な手も打たぬままに少子化は歯止めがかからず、生産・労働人口は急速に減少しつつあるという有様である。

そういう状況下で、政界であれ言論界であれ、「勝ち組」と称する強者が弱者を圧迫し苦しめているのが現在のこの国である。それをよいことに権力者にへつらう御用評論家や言論人が、マスコミの世界でわがもの顔にのさばり、商業主義に堕したあざとい出版社の宣伝に乗せられて、右翼団体御用達のようなタコ入道の書いた小説が好んで読まれ、何十万部と売れるという奇怪な現象が見られたりもする。

為政者の無能無策によって、もはや先進国中の最貧国へと転落しつつあるにもかかわらず、この国がまだ富裕であるかのような幻想にとらわれ、怒りを忘れて無気力に現状を肯定する若い世代の保守化もまた顕著である。それに加えて、「もっと社会に役に立つ教育を」などと煽り立てる近視眼的な為政者や財界人、文部官僚の策動によって大学はもはや学問研究の場ではなくなり、単なる促成丁稚教育の場と化している。それを反映して、学術方面での国際的競争力も眼に見えて低下しつつあって、このままではこの国では純粋な学問はますます衰退の道をたどることは、明らかである。基礎科学研究の軽視、「実利偏重」による人文科学の衰微など、どれをとっても、この国の衰退の兆候を物語ることばかりである。こういう文化力軽視の方策は、必然的に国民の精神的な貧困化を招く。

自然との接触が薄れたことによる、「非人間化」とも言うべき現象もまた顕著である。豊かな自然に恵まれた美しい国土に生まれながら、われわれは大自然との接触を次第に失い、日々おびただしい数の人工物に取り巻かれて生活している。「ハイテク」という言葉に踊らされ、ひたすら利便性を求めてテクノロジーに支配され、人間性を失いつつあるのではないか。多くは無用の情報を追い求めることに日々狂奔して、「スマホ」の奴隷と化した人々で世はあふれている。教養の低下もまた顕著で、大学の学生の半数近くが年に一冊の本も読まないという、驚くべき調査結果が明らかになったのは、もう何年も前のことである。世界にそんなたわけた国がほかにあるだろうか。現在では事態はさらに悪化しているものと思われる。読書人口の減少による言語水準の低下、日本語の貧困化もまた著しい。「国際化」などという掛け声に乗って、日本人が千数百年あまりにわたって培い養ってきた民族の魂である日本語を捨て、英語に乗り換えようなどする愚かな人士が少なからずいる。

そういう世相を反映してか、コロナ禍の渦中での医療従事者や感染者への差別などという信じがたい現象が見られたり、卑劣にも匿名でネットなるもので他人を誹謗中傷したりする風潮が広がったりしていて、人心は荒廃し、いっそう険しくなっていることは明らかである。いわゆる「勝ち組」つまりは強者になれなかった者たちが、さらに弱い者を見つけては陰湿ないじめや中傷に奔ってうっぷん晴らしをするという、劣化現象が見られる。また敗者に追い込まれた者たちの中には、その恨みを罪もない他の人々に向け、「拡大自殺」を図るような輩が出てきたりもするのが当節のこの国である。

確かに今の日本はモノはあふれているが、心は貧しくなっているとしか思えない。自信の無さの裏返しなのだろうか、「日本人はこんなにすごい」、「世界中で尊敬される日本人」といった夜郎自大的独善的な番組がテレビなどでしきりに流されている。良寛がいま生きていたら、やはり

嘆く可し　世上人心の険しきを
知らず　何れの処にか生涯を保たん

という嗟嘆を洩らすに違いない。

そんな中で、帝政時代の頽廃したローマの民衆が年中「パンとサーカス」(panis et circus)を求めたのにも似て、暗い世相の中で唯一の明るい話題であるスポーツのスター選手の活躍に国民全体が熱狂し、また愚にもつかないお笑い芸人がテレビに登場して浅薄な芸で連日マスコミ全体をにぎわし、それによって人々は危機に瀕している現実を忘れて日々生きている。それが現在の日本であり、日本人ではないかと思う。それに加えて、目下世界的規模で拡大して、人類を脅かしている新型ウィルスの襲来である。この上既に警告が発せられている首都直下型の大地震にでも見舞われたら、

この国は壊滅的な被害を受けるであろう。右を見ても左を見ても、暗い世相ばかりで、明るい展望は容易に開けそうにもない。これが老人の杞憂であればと切に願うばかりである。

もはや余命いくばくもなく、未来に希望をもてない老耄者の、あまりにも悲観的な見方だと嗤われるかもしれないが、これが日本の現実ではないだろうか。まさに澆季末世であり末法の世である。かく言う私もまた、日々そういう現実に流されて生きている、無力な日本人の一人にほかならない。良寛に倣って「嗟吾(ああ)れ胡為者(なにする)ぞ」と嘆いても現実には為しうるところなく、せめて時代を超えた普遍的価値をもつ古典を後世に伝える一助ともなればと願って筆を執っても、それも虚しい。

無力な老人が暗い将来を憂え、この国の現状を痛嘆してみても所詮は「ごまめの歯ぎしり」にしかすぎず、世人の冷笑や嗤笑を買うだけである。良寛がその時代の仏教の堕落頽廃を嘆き、痛憤した詩で言っているように「大廈(たいか)の将(まさ)に崩倒せんとするや／一木(いちぼく)の支うる所に非ず」との嘆きを深くするばかりである。

そんな暗い時代、末世に生きるわれわれ日本人にとって、いま良寛を知り、その文学・芸術を知ることに、どんな意味があるのだろうか。まずはそれを考えてみたい。

（二）　良寛の生きた時代―人間を回復し、魂を洗う文学

良寛は村の子供たちと手毬をついて遊ぶ日々を詠った詩で、自嘲の念を込めて己の姿を、「無能にして飽酔す太平の春」と詠い、また

飽食して何（なん）のなす所ぞ
騰騰（とうとう）として　太平に老ゆ

とも詠い、世が太平無事であることを「如今（じょこん）四海清平（せいへい）の世」とも言ったが、その実彼の生きた時代は「太平」無事どころではなかった。一休が遭遇した狂気のような戦乱の時代でこそなかったものの、やはり多難多艱な時代であったことに変わりはない。それは幕藩体制が行き詰まり、末期症状を呈しつつあった幕政が破綻し、賄賂政治が横行した田沼金権政治の時代であり、新潟を見舞った大地震をはじめ、水害、旱魃など天災地異が頻発し、疫病が大流行し、よく知られた天明の大飢饉をはじめ各地に慢性化した飢饉が起って酸鼻を極めていた。天明の大飢饉で一二万人もの餓死者を出した奥羽地方では、道端に行倒れの餓死者の死体が累々と重なり、牛馬はもとより草も木も食べ尽して、ついには人間同士が愛食（は）むという、まさに地獄絵図のような光景が

眼前に広がっていたのであった。農村は疲弊し、各地で農民一揆や強訴、打ちこわしが爆発した時代であった。良寛が生まれた出雲崎でも困窮した農民が大規模な米騒動を引き起こしている。隣の信州では浅間山が大噴火して近隣の田畑がことごとく荒廃し、飢渇に苦しんだ農民が蜂起し強訴するということも起こった。良寛が十一歳で大森子陽の塾で学んでいた頃、佐渡でも幕府の苛政に苦しんだ農民が大規模な反乱を起こしている。

俗に「越後名物、大地主、米搗き、遊女」と言われてきたというが、越後は富豪が数多くいたことで知られ、農村部でもごく一部の大いに富める者たちがいたが、一方で領民の大半を占める貧しい農民は、苛酷な租税の取り立てにより容赦なく収奪されて喘ぎ、飢餓線上をさまようことを余儀なくされていたのである。江戸の遊女や娼妓の多くが、越後の窮迫した極貧の農民によって売られた娘たちであったということが、その悲惨な実態の一端を物語っている。売春によって生きていた江戸の飯盛女はほとんどが越後の出であったという。当時の越後の農民の生活の悲惨さは、エリートとしての教育をうけながら、戦後越後にあって一庶民として過ごしつつ労働運動に邁進し、後半生を良寛研究に捧げた北川省一氏の大著『良寛游戯』、『良寛・その大愚の生涯』に、つぶさに描かれているとおりである。北川氏は「地主王国・越後が、一層農村の窮乏と貧農の増大をもたらした」と書いている。越後は低湿地地帯で水捌けが悪く、腰まで水に浸かるような田で収穫した血と汗の結晶である米も、「五公五民」

どころか三分の二は年貢に取られ、自家用米だけでも確保できる百姓は稀であったという。

米作によって生きながらも、農民自身は白米すらもめったに口にできない暮らしを強いられていたのである。それに加えて頻発する洪水が、田畑そのものを押し流してしまったというから、越後農民の窮乏はまさに筆舌に尽くしがたいものだったわけである。

北川氏の著書によると、現在この国で顕著になりつつある富の偏在という現象は、幕末の越後では他の地域にも増して、いっそうあらわな形で見られたことがわかる。強者による弱者の圧迫、貧しき者の苦しみと悲惨という点でも、現在の日本とさして変わるところがない。当時も今も良寛の詠った

富家（ふうか）は　不急の費（ひ）
日日　輸（おく）るに究（きわ）まり無し
貧士は　口腹（こうふく）の為（ため）に
区区として　東西に走る

という状況は、随所に見られるからだ。良寛の時代の腐敗した金権政治の横行や堕落した宗教者の存在は、その結果として道義の失墜と人心の荒廃を招いた。辻善之助『田

沼時代』によれば、旗本をはじめ士風は廃頽し、風俗は淫靡に流れた。そんな状況下で、檀家制度に守られた仏教は、幕政の末端を担って庶民農民を管理する権力機構と化し僧侶も堕落して、民の救済に無力であるばかりか、荒廃した人心を匡す役割すらも果たしてはいなかった。どこを見ても「頭ハは剃レドモ心ハ剃ラヌ」「出家貪世」(これは無住法師の言葉である)の葬儀屋坊主ばかりという時代だったのである。仏法は地に墜ち、良寛をして

仏祖の法燈漸く将(まさ)に滅せんとし、
誰れ有りてか続(つ)ぐ和尚の社

のような状態にあった。程度の差こそあれ、政治は腐敗、庶民困窮、風俗頽廃、人心荒廃、宗教は無力というその暗い状況は、現代の日本によく似ていると言っても過言ではなかろう。その構図、その状況は本質的に同じだと言ってよい。

そういう時代なればこそ、いまわれわれが良寛を読み、その生き方や考え方を知ることに意味があるのではないかと思う。良寛の生んだ文学は隠者による閑文字、文人僧の風流韻事といったものでは決してない。良寛という人物の文学を知ることは、われわれの内部での「失われた人間」を回復することだと思うのである。文学や芸術は悲惨な現実そのものを変える力はもたないが無力ではなく、それにふれるわれわれ人

間の内面を変えることはできる。二〇〇年近い昔に、越後の一隅でほとんど世に知られることもなく、自然に随順し、慈愛に満ちた至純の魂を保って生き抜いたこの野僧の文学には、われわれの魂を洗い、失われた「人間」を蘇らせるだけの力を間違いなく秘めている。その詩や歌に託された無限の慈愛、ぬくもりを感じさせる人間愛は、荒廃して険しくまたとげとげしくなっている現在の日本人の心を癒し、やわらげ、慰めを与えてくれるものである。戦後の生産至上主義の結果として、少なくとも物質的な豊かさには一応恵まれてはいても、なおも「足るを知る」ことを忘れ、過度の欲望を抱いてそれに苦しむことへの反省を迫ったり、日々人工物に取り巻かれそれに支配されて、いつの間にか非人間化している自分たちの姿を見つめなおしたりする契機を与えてくれることは確かだ。自然との接触を断たれ、過度なまでに発達したテクノロジーに支配されて非人間化し、いつの間にか機械文明の奴隷と化している現代人の心の歪みを気づかせてくれるのも、やはり良寛の文学である。

権力に奢る専横政治家たちの愚行醜行や、大企業経営者の欺瞞や、マスコミを支配している傲慢な言論人の言動や、近年の日本人の劣化、人心の荒廃の様を日々見せつけられると、暗澹たる気持ちにならざるをえないが、そんなとき救いとなるのが良寛の詩であり歌なのである。実利優先ですべてが効率によって測られ、息苦しいまでの閉塞感に閉ざされているこの社会で、より人間らしく生きることを身をもって示してくれるのが良寛であり、その表出が彼の詩や歌である。暗い世に生きることへの不安や疑問に駆られるとき、さらには悲惨な澆季末世を嘆き苦悩しつつも、なおも人間らしく生き抜き、「優游また優游」の境涯に達した良寛のような人がいたことを知るのは、なんと大きな救いであることか。それは甘えだと知りつつもなお、良寛の文学を通じて感得されるぬくもりに浸ることができるのは、幸せだと言わねばならない。しかもその良寛にしても、物外に超然とした悟りきった仏者などではなく、無為徒食する者としての己を責め、時に自嘲し「嗟(ああ)　吾れ　胡為(なんす)る者ぞ」という自省の念を絶えず抱いていた人物だったのである。良寛自身はそういう自覚はもたなかったとしても、かれは人々の心田を耕し、そこに慈愛の種を蒔いたのだ。そこで実ったものは、今日なお枯れてはいない。それが良寛の文学である。

　空海、最澄をはじめ、日本仏教を築いた歴代の偉大な仏者たちはいずれも仏教信仰に関する著作を遺しており、良寛が修めたわが国における曹洞禅の開基道元にしても、『正法眼蔵』ほか数多くの禅書を著しているが、だが良寛には「法華讃」、「法華転」、その他数少ない賛頌のほかは仏教信仰に関わる著作はない。『狂雲集』を著した一休は「詩禅一致」であったが、良寛の詩や歌は、少数の偈頌・賛などを除くと、そのほとんどが宗教的というよりも文学そのものとしての性格を帯びている。少なくとも自然を詠う詩人・歌人として良寛にはいささかも抹香臭いところはないと言える。佐藤正英氏のように、「良寛において詩作は、仏道修行と厳格に区別せられている。」と断言する人さえいるくらいである。禅門の側からすると、これは「達者のゆとり」と見

えるらしい。例えば新井勝龍氏は、良寛の文学や書を「芸術的遊び」と見て、（良寛の詩や歌は）

仏道とはかかわりのない叙景・酒や折りにふれての人間的な感興を述べたのも多いが、これは道元にも見られる達者のゆとりともいうべきものに思える。（「良寛和尚と道元禅」）

という見解を示している。これに関しては、飯田利行氏や石田吉貞氏、長谷川洋三氏など、良寛の文学の根底にあるものはやはり禅であるとする見解がある。また『良寛ノート』の著者であり、曹洞宗の僧侶である大場南北氏は、良寛は黄檗禅風曹洞門の法系の一人である、と主張している。それはそれで良いが、飯田氏の手にかかると、良寛の詩は、あたかも禅の奥義の絵解き図であるかのような印象さえ受けるが、これには強い違和感を覚えざるをえない。そういう印象を受けるのは、氏が、これまで良寛の詩や和歌や書を研究してきた人は多いが、それはみな言葉文字の表面だけに捕われて、良寛の真面目を解しようとしたものは稀だとし、「**良寛さんの詩や歌は、あげて道元禅師の真実を、良寛さん独特の美しい言葉で注釈し、祖述したものというべきです。**」（「太字―引用者」『大愚良寛の風光』）という見解に立って、良寛の文学をひたすら道元禅によって解き明かそうとしているからである。

禅に暗く良寛に関しても一介の読者にすぎない私には、そのあたりの当否を論ずる能力はないが、良寛の文学をもっぱら禅によって解き明かそうとする禅門の側の論者には、素直に従いがたいところが大きい。帰郷後の良寛を禅僧から表現者への転身をなした者としてとらえたい私としては、その信仰に関しても、上田三四二氏がその著『西行・実朝・良寛』で言っているように、「草庵に独居する良寛は、禅と浄土とを問わず、教義や教義に由来する細目から自由になっていた。」という見方に、最も共感を覚える。一休の『狂雲集』ならば、「禅文学」と言われても納得できる部分はあるが、良寛の生んだ文学は宗教文学ではなく、文学そのものと言える性格が濃厚だと思うからである。なお飯田氏は良寛について、

> 良寛さんは偉大な知識人であったが、**本質は只の禅人であった**。良寛さんは、禅者ではあったが、**知的遊技**ともいうべき言葉文字の芸術師(たくみ)でもあった。［太字—引用者］

と言い、鈴木文台の「良寛上人の書後に跋す」という一文の中の「参禅の余、和歌詩篇筆墨を以て遊戯となす」というくだりに満腔の賛意を表して、

> 和歌詩篇筆墨は、まさしく遊戯にすぎなかったと。まこと表現しえて絶妙。奇事、

遊戯、風流、音韻文字は詮なきものという、叢林の規制が、ずっと薫習されていた。
（飯田、前掲書）

とも述べているが、良寛がその後半生をかけて養った文学を、あくまで禅者の余技、手慰み程度のものとしてしか見ていない氏の見解には、到底納得できないものがある。

確かに良寛は自作の詩について、「さらに逸興に乗じて頻りに篇を成す」と言ってはいるが、かれはその詩の中に、仏教思想や哲理を含めたさまざまな想念や所感、体験を投入しているから、その作品は「知的遊技」だの手慰みといった域を超えており、およそ風流韻事などではないことを忘れるべきではない。飯田氏の著作は自慢話と唯我独尊の高姿勢が鼻につき、自画自賛に満ちていて不快な本である。氏はどうやら良寛から謙虚の美徳は学ばなかったらしい。あたかも

祇今無人識良寛　　祇今良寛を識る人なし
唯有余輩解其禅　　唯だ余輩のその禅を解する有り

とでも言いたげな口ぶりである。

良寛には仏教信仰に関する著作がわずかしかないばかりか、良寛は帰郷後に山中独棲の隠遁僧となってからは、誰に向かっても法文一句も口にせず、説法もせず、下化

衆生はしなかった。同じく禅僧ながら、破戒無慚な稀代の風狂僧であった一休が、上は天皇、大名から下は下層民に到るまで多くの人々に接して教化に努め、その名隠れもなき存在となって、多くの帰依者を獲得したのとまさに対照的である。徹底した羞恥の人であった良寛には、為人説法して衆生救済に努めようなどという気負いは一切なかったと思われる。いや良寛は説法や下化衆生をしなかったのではなく、できなかったのだと言ってよい。敢えてアッシジのフランチェスコと同様に、慈愛そのものであるその姿その清廉な生き方が、当時の周囲の人々にとっては救済となり、その作品が、後世のわれわれにとって救いとも癒しともなっているのではなかろうか。法文を口にせず為人説法はせずとも、その生き方そのものが無言の説法となっていたのである。言葉によらずとも、その存在自体が周囲の人々を人徳で薫染していたわけである。

良寛に接した人々は、この人物の中に仏性を見て、いわば「生き仏」のように感じていたのであろう。

確かに、一休とは異なり良寛は積極的に衆庶の教化はしなかった。だが、長谷川洋三氏が『良寛禅師の真実相』という著書で言っているように、それに代えて「言葉による布施」をしたのである。良寛はその禅の指針とした『正法眼蔵』の中でも「菩提薩埵四摂法」の「愛語」という箇所に格別に深い関心を示し、これを謹書している。手許にある『道元禅師全集』で当該の箇所を見ると、そこには、

> 愛語といふは、衆生をみるにまず慈愛の心を起こし、顧愛の言語をほどこすなり。おほよそ暴悪の言語なきなり。（中略）しるべし、愛語は愛心より起こる、愛心は慈心種子とせり。愛語よく廻天の力あることを学すべきなり。ただ能を賞するのみにあらず。

とある。唐木順三氏によれば、良寛がこの「愛語」という言葉に格別の関心を示したことにふれて、

> 良寛がなぜこの「愛語」の説になぜ格別な關心を示してゐるかについてはすでに書いた。外の布施は己れには出来ないが、**言葉の布施だけはできる**。その言葉、言葉遣ひを大切にしよう。言葉の本来の使ひ方、美しい書き方、話し方を自分で實行して、**せめてそれを一般の人々、衆生へのほどこし物にしよう**といふ志が沙門　良寛のかくされた意思であつたらう。［太字―引用者］（『良寛』）

と言っているが、いかにも良寛は、その言葉による布施をおしみなく周囲の人々に与えたのであった。言うまでもなく良寛における愛語の実践とは、良寛が嫌い、戒めとした「ことばの多き。口のはやき。」といった言葉の濫用を言うのではない。もろもろの生あるものに慈しみの言葉をかけ、また時には無言の言葉をもってし、またその

心をこめた詩や歌を造形することだったと考えてよいのではなかろうか。長谷川氏の指摘によって吉野秀雄『良寛和尚の人と歌』という本を見ると、そこには「良寛は慈愛の人、つまり〈愛語〉の行者だつたといつてもよく」というくだりがある。「愛語の行者」とは人間良寛の本質をよく言い当てたものよとの感が深い。帰郷後転身して表現者としての途を選んだ良寛の文学とは愛語の実践にほかならず、その「言葉による布施」が、二〇〇年近く後の暗い時代、この澆季末世にわれわれの手許に遺されている彼の詩や歌なのだと言えると思うのだ。それはこの国の多くの詩人や歌人・文人による風流韻事などではなく、人間愛と仏教信仰を根底にもち、それを包み込んだ至純の魂の滴りそのものなのである。

良寛は野に生きる一介の野僧乞食僧として、自然の美を讃え、自然の中で生きるよろこびを詠い、子供らと無心に手毬をついて生きるよろこびを詠った。名利名聞を離れ、さまざまなものを捨てきった諦観自適がその生き方であった。また信仰を詠っては仏道の堕落頽廃を指弾し、しばしば自嘲を込めて仏者として生きる己の姿勢への懐疑や悔恨を詠い、社会的敗者としての無力を嘆き、病に苦しむ己の姿や迫りくる老いの歎きを詠い、無限の慈愛の念を込めて死者を悼む詩や歌を作った。最晩年には夕映えのようにその生涯の最後を彩った貞信尼への恋を詠った。時にはまた仏教思想を核とする、形而上学的な哲理をも詠った。そこには信じがたいまでに純粋な魂の持主の眼に映った、人間を大きく包み込む自然の姿、その中に生きることの哀歓、生と死をめぐる良寛の思念が映し出されている。そしてその基底には、彼個人の、また人が生きて世にあることの悲哀の感情が暗く横たわっているように私には思われる。超脱洒脱の人と見えながら、良寛はまた受苦の人、苦悩する人でもあった。仮に良寛が悟達の禅者として、人間的苦悩も生死の不安も超脱した境地を詩や歌に託していたとしたら、われわれはさような文学に惹かれることも、魅せられることもないであろう。「いやはや悟りきった禅者、仏者とは大したものだ」と感嘆はするかもしれないが、そういう人物はわれわれとは隔絶した存在だとして敬遠することになるだろう。人間的苦悩を超脱した聖人などというものは、ありがたいが弱き存在である凡愚のわれわれ俗人とは、所詮は無縁の存在である。途方もない破戒僧であると同時に悟達の禅者であり、この国では空前絶後の風狂僧であった一休の文学は、そのユニークさでわれわれを瞠目驚倒させ、天才を感じさせ、知的好奇心を掻き立てるが、共感や感動を呼ぶことはないし、慰めをもたらすこともない。良寛の文学はそれとは質を異にするものだ。良寛が世に言う悟達の禅者ではなかったこと、悟りや孤高の境地に達していたか否かについて、栗田勇氏が次のように言っていることは私の共感を呼ばずにはおかない。

良寛が求めたのは孤高を絶した悟りではなく、むしろ俗のうちにあって、あるいは悩みのうちにあって、そのような定めを受け入れながら、また受け入れることによって、天然の理にしたがい、したがうことによって自分の自由をつかむという、いわば逆説的、パラドクシカルな生き方だったのではないだろうか。(『良寛』)

良寛が現世的欲望を捨て去り、無物無欲の境涯に身を置いて、「優游又優游」と観ずる一方、「四大まさに不安」と詠って生きることの不安を言い、「嗟(ああ) 吾れ胡為(なんす)るものぞ」と己の生き方への懐疑や苦悩を詩や歌に表出しているからこそ、われわれはそこに純粋な人間そのものを感じて、それに惹かれ共感を覚えるのである。

無物無所有のこの乞食僧が、後の世に生きるわれわれに遺してくれた、詩と歌という形でのこの「言葉による布施」を押し頂くこと、それが良寛を読むということなのではないだろうか。そんなのは勝手な思い込みで、身勝手な読み方だと嗤われるかもしれないが、少なくとも私にはそう読めるし、そういうふうに読みたいと思うのである。

残念ながら今世紀に入ってから世界は日々悪しき方向へと向かい、この国は衰退の道をたどりつつあって、国民もまた劣化しつつある。人心も荒廃し当節の世相は暗い。高度消費社会の常としてさまざまな物質的欲望をかき立てられ、競争に駆り立てられ、人を押しのけてまで生きてゆくことを強いられているのが、この時代である。そこには「勝ち組」として奢る少数の成功者と、苛烈な競争社会に耐えられず、それに敗れて敗者の側に追いやられた大半の人々がいる。敗者とは言わぬまでも、強者たちの専横や圧迫にじっと耐えて生きてゆかねばならぬ人たちの方が圧倒的に数が多い。

抑圧され収奪される農民の側に一貫して立っていた良寛の文学は、そういう人々のための文学だと思う。

少数の強者には時に反省をうながし、弱い立場にある者には大いなる慰藉をもたらし、傷ついた心を癒し、貧しくとも心豊かに人間らしく生きられることを身をもって教えてくれるのが、良寛とその文学だと独り思うのである。

（三） 自然とともに生きること

良寛の文学がまずわれわれに教えてくれるのは、自然に随順し、自然と共に生きるよろこびである。

彼の　日新の化に乗じ
優游　年を窮むべし

「日々新たにうつろう自然の成り行きに身をゆだね、ゆったりとこの生涯を送ろう」と詠ったのが詩人良寛である。とはいえ、良寛はただ風流としての自然詠に生きた詩人・歌人ではなく、それを超えた存在、人間が自然とともにあって、自然を呼吸して生きる存在であることを、身をもって教え示してくれた人物であると言ってよい。芭蕉の言う「造化に従い、造化に帰れ」をみごとなまでに実践したからである。

地球が生み出した生命体の一つである人間もまた自然の一部である。文明の過度の発達は、自然の一部であった人間の非人間化という悲劇的な現象をもたらした。物質文明の産物に押しつぶされ、自然との接触を断たれて、豊かな感性を喪失して歪んでしまったのがわれわれ現代人である。われわれはもはや自然の中に生き、自然の中に死ぬということをやめてしまった。

良寛はそうでなかった。世上の塵埃を離れて大自然の懐に身をゆだね、そのリズムや移り変わりに従って生きたのが良寛という人物であった。一鉢一衣のほか何ももたず、無用のものをすべて捨て去った極度に簡素な生活を送り、山野と溶け合って、人間をはぐくむ大自然の美しさまた厳しさを、虚飾や余分な修辞・技巧を去った詩や歌でおおらかに詠い上げたのが、良寛という稀有の偉大な素人芸術家なのである。良寛の詩や歌の究極の到達点にあるものは、大自然と溶け合い、一体となった人間良寛の姿だと言っても過言ではなかろう。(良寛にはまた、人間に関する明察に富んだ、哲学的、形而上学的な詩人としての一面もあった。)良寛は確かに自然を詠ったが、その自然の中にみずからを投影し、自然の中にその感情を溶かし込んだ形で詠っているところがその特質である。感情移入が濃厚なその詩は、同じく自然を愛しその美を追い続けた謝霊運の山水詩が、自然を客観的かつ絵画的にとらえて表現しているのとは、大いに趣を異にしていると言ってよい。そこからは自然を慈しみ、その美を愛し、それに感応している作者良寛の姿が常に浮かび上がってくる。

良寛は生涯自分を詩人、歌人、書家として意識したことはなかった。むしろ詩人の詩、書家の書を嫌っていたことは、当時の人々が伝えるところである。

都市化が進んで、国土の地表の多くがコンクリートやアスファルトで固められ、高速道路に貫かれ、鉄筋コンクリートの建築物が林立する現在のこの国では、百年前の人々のように日々自然に接して、自然の呼吸に合わせて生きることはもはやかなわない。かく言う私自身が田舎で野山を駆けまわって育ったにもかかわらず、現在は大都市の一隅で、小川のせせらぎも風のそよぎも聞こえない鉄筋コンクリート造りの長屋で呻吟しつつ、老病の日々を養っている始末である。素足で土を踏んだことも、もはや遠い日の感覚でしか覚えていない。かつて江戸の詩人広瀬旭荘は、

終歳街中に住む
何に由りてか俗情を洗わん
窓前数干の竹
日夕秋声を起こす

と詠ったが、同じく街中に住んではいても、風にそよぐ窓前の竹の葉音で日々の俗情を洗うことさえも望めない。都会に住む多くの人々が経験することだろうが、こんな

生活を続けているうちに、樹木を揺する風のそよぎも、小鳥のさえずりも、蛙の鳴き声も、枯れ葉を踏み分ける音も耳にすることが稀となり、自然への感覚が鈍くなっている自分に気づいて愕然とすることもある。過日王安石の

澗水(かんすい)　声無くして　竹を遶(めぐ)りて流る
竹西(ちくせい)の花草(かそう)　春柔(しゅんじゅう)を弄す
茅簷(ぼうえん)　相対して坐すること終日
一鳥(いっちょう)啼(な)かず　山更に幽なり

という詩を読んでいて、自分の日常がいかにそういう自然界から断絶しているかを改めて気づかされたものであった。良寛が国上山中の五合庵や乙子神社の草庵で詠んだ、

鶯の聲を聞きつるあしたより春の心になりにけるかも
むらぎもの心楽しも春の日に鳥の群がり遊ぶを見れば
草の庵(いほ)に足さしのべて小山田の山田のかはづ聞くが楽しさ
秋山をわが越えくればたまほこの道も照るまでもみぢしにけり
夜もすがら草のいほりにわれをれば杉の葉しぬぎ霰ふるなり

といった歌や、春の美しさを嘆賞した、

鳥を聴いては絃歌に充て
雲を瞻ては四隣と為す

八月　涼気至り
鴻雁　正に南に飛ぶ
我も亦　衣鉢を理め
得得として　翠微を下る
野菊　清香を発し
山川　秀奇多し

薪を担って　翡岑を下る
翡岑　路平らかならず
時に息う　長松の下
静かに聞く　春禽の声
芳草萋萋として　緑は天に連なる

桃花乱点して水悠々
我も亦た機を忘ずる者
風光に脳乱して未だ休まず

といった詩で詠われている、自然と和合し、一体化した生活にはほど遠い、潤いの乏しい日々である。「風光に脳乱すること」、大自然の中で呼吸しその息吹きを感じ取る機会も稀となり、自然に対する感性もいつの間にか鈍っている。現在人工物に囲まれ大都会に住んでいる人々のほとんどは、そんな生活を送ってはいないだろうか。

自然との接触が薄れ、物質文明の重みに押しつぶされて歪んだ心を抱いて、いわれのない孤絶感と焦燥感を抱き、ささくれだった心に悩みながら、焦慮のうちに毎日が過ぎてゆく。私個人に関して言えば、生きることの意味をよろこばしい無為のうちに見出し、遊戯三昧の境地で良寛が到達した「優游又た優游」という心境とは、似てもつかぬ、索漠たる「憂憂又憂憂」の老残の日々なのである。自然に溶け込んでこころなごむこともないままに、人心の荒廃を感じさせる暗い世相や残虐な犯罪を見聞きするにつけ、また醜悪な政治家どもの言動を見せつけられ、内外の権力者たちの専横や非道を知らされるにつけ、自分でもはっとするほど心が険しく、とげとげしくなっているのに気づいて、愕然とすることも稀ではない。

澆季末世を迎えたこの国で、こういう思いを胸に毎日を送っている人は、何も私ばかりではあるまい。私と同様に、強者が弱者を押さえつける激烈な競争社会での喧騒に疲れ、敗者としての意識を抱いて傷つき、自然によって癒されることなく孤絶感を抱いて、どこか空虚で、満たされぬ思いを抱いて過ごしている人は多いはずである。ましてやいまや増大しつつある老年者ならば、それに加えて迫りくる死や病への不安、「払えども葉の如く尽き難い」老愁などにも悩まされたりもしよう。

そんな私にとって救いとなり、暫時なりとも心に平安をもたらし、大いなる慰めとなっているのは陶淵明の詩であり、荘子であり、西行の歌であり、そして何よりも良寛の詩や歌である。陶淵明も荘子も遠い昔の異国の人だが、良寛はいまわれわれが住んでいるこの国土に、同じ自然を呼吸して生きていた人物である。幕末に生きた良寛が死んだのは一八三一年のことであるから、いまから二〇〇年足らず前の人であって、決して大昔の人ではなく、その存在が身近に感じられると言ってよい。日本人なら誰しもそうだろうが、芭蕉などとはちがって、不思議なほどの近しさ親しさが感じられるのが、良寛という人である。その人柄も詩も歌もかぎりなく慕わしい。

明治以後の日本は大きく変貌し、良寛の生きた時代とは生活様式も自然環境も大きく異なり、自然破壊によって失われた部分も大きいとはいえ、彼の文学を養った山河や風土そのものがなくなったわけではない。良寛が諸国行脚の中で、また多くは国上山中の草庵や乙子神社の寓居で生んだ至純な詩や歌は、われわれの中にある「自然の一部」としての人間を意識を目覚めさせ、それを回復させてくれるものだ。われわれは良寛の時代に戻ることも、彼のように生きることもできない。だが自然を呼吸し、自然に身をゆだね、それと一体化したところから生まれた良寛の詩や歌を読むことで、自然の美しさを再発見したり、追体験することはできる。過度の国土開発によって自然破壊が進み、治山治水を怠った報いで山は荒れているが、それでもまだこの国の山河は、われわれの心を魅了し癒すだけの美しさを保っている。「草木を以て隣と為す」良寛はそれと和合し溶け合い、その美を詠い歌や詩に造型した。良寛の詩や歌で、そこに自然が影を落としていないものは稀である。自然の中ではぐくまれた、おおらかで至純なその文学にふれたり浸ったりすることで、現代社会での過酷な生活に倦み疲れた心の傷を癒し、俗塵にまみれて荒んだ魂を洗うことはできる。少なくとも私はそういうものを求めて、これまで良寛を読んできた。身勝手な読み方だと言われればそれまでの話だが、今日良寛の詩や歌に心惹かれ、それを好んで読む人は、同じようなものを求めているのではなかろうか。実際、

蕭条（しょうじょう）たり　三間（さんげん）の屋（おく）
終日　人の観（み）ゆる無し
独り坐す　閒窓（かんそう）の下（もと）
唯（ただ）聞く　落葉の頻（しき）りなるを

寒夜

草堂深く掩う　竹渓の東
千峰万山壑　人蹤絶す
遥夜　地炉に榾柮を焼き
閑に聞く　風雪の窓を打つを

老病覚め来って　寝る能わず
四壁沈沈として　夜正に深し
燈　焔なく　炉に火無く
只凄涼の枕衾積もるあるのみ
知らず　何を以てか我が心を慰めん
暗に烏藤を引いて　庭陰を歩む
衆星羅列す　禿樹の花
遠渓流れ落つ　無絃の琴
此の夜此の情　聊か自得す
他日異日　誰に向かってか吟ぜん
千峰　凍雲合し

万径（ばんけい）　人跡（じんせき）絶ゆ
毎日　只面壁（ただめんぺき）
時に聞く　灑窗（さいそう）の雪

良晨（りょうしん）行く行く逍遥し、
衣を褰（かか）げて東皐（とうこう）を歩む
杖を以て幽篁（ゆうこう）を挑（かか）げ、
谷に下って清泉に淘（あら）う

というような世外孤独の境涯から生まれた詩や、

子どもらよいざ出でゆかむ伊夜日子（いやひこ）の岡の菫の花にほひ見に
時鳥（ほととぎす）汝（な）がなく声をなつかしみこの日くらしつその山のべに
あしひきの国上の山を越え来れば山時鳥をちこちに鳴く
草の庵（いほ）に足さしのべて小山田（おやまだ）の山田のかはづ聞くがたのしさ
さよふけて岩間の滝つ音せぬは高嶺のみ雪降りつもるらし

といった自然に溶け込んだ歌で詠われている世界は、現代に生きるわれわれの多くにとってはもはや失われた世界である。だが良寛の詩や歌にふれ、その中に浸ることで、その失われた世界を心の中で取り戻し、蘇らせることはできると思うのだ。それがいま良寛を読むよろこびのひとつであることは、間違いない。

静寂に包まれた、寂寥の草庵での山中独棲の生活によって、生来鋭敏であったと思われる良寛の自然の美への感覚は、一層繊細で澄み切ったものとなり、聴覚は異様なまでに鋭いものとなっていったことが、その詩や歌からわかる。四季折々の樹々や草木の移ろうさま、谷のせせらぎ、風の音、木の葉の散り敷く音、降りしきる時雨、鹿の鳴き声、蛙の鳴き声。虫のすだく声などが、研ぎ澄まされた感覚でとらえられ、良寛の心中にある無玄琴を奏でて歌や詩となってほとばしっているのである。そこには自然に呼吸を合わせ、自然の美に心中の無弦琴を震わせている良寛の姿がある。かれが耳傾けていたのは、かつてこの国に住んだわれわれの先祖たちが、日々の生活の中でその耳でとらえていた自然の声であった。「秋夕」と題された

秋気　何ぞ蕭索（しょうさく）たる
杖に椅れば　風稍（や）や寒し
孤村　苦霧（くむ）の裏（うち）
行人　野橋の辺（あたり）
老鴉（ろうあ）　古木に宿り

斜雁　遥天に没す
唯だ緇衣の僧ありて
立ち尽くす暮江の前

という一幅の水墨画のような詩は、良寛の優れた絵画的感覚を感じさせずにはおかない。良寛の詩によって、われわれにはもはや失われた日本の原風景を脳裡に描くことは、現代人には大いなる癒しとなるはずである。

良寛の歌に、「大宇宙の仏教的表現。沫雪の降る中に宇宙があり、宇宙の中に沫雪が降るといふの、主観対客観・心対物・人間対自然の微妙甚深な相関を暗示象徴してゐる。」と吉野秀雄がその歌意を説いている、

あわ雪の中に顕ちたる三千大千世界またその中に沫雪ぞ降る

という、まさに絶唱と言うべき一首がある。詩人でも歌人でもなく仏心をもたぬ私如き俗漢でさえも、初めてこの歌を読んだとき、その詩的想像力の豊かさ、澄み切った美しさに、一瞬息が止まるような思いを味わったものである。良寛の詩や歌について実に炯眼な深い理解を示した歌人上田三四二氏が、これを「遊戯三昧の世界観のあらわれともいうべきものであろう」と評した歌である。

これも釈教歌には違いないが、釈教歌と呼ぶには、幻想はあまりにも美しい。ただの観念で推していってこんなに美しく生き生きとした歌が生まれるはずがない。良寛は雪の中に、真実、三千世界の実相を見たにちがいない。

と賛嘆の念をあらわにした、文字通り珠玉の一首である。これもまた、雪深い越後の山中で絶対孤独の草庵独棲の生活を送った、純粋な宗教者良寛のみが生み出せた詩的世界にほかならない。こういう歌に見られる、仏者としての良寛の深い宗教性と豊かな詩的想像力とが相俟って生み出した、美しい幻想世界にふれることは、日々俗塵にまみれ、現実に苛立ち、ささくれだってとげとげしくなっている心を、どれほど洗いまた癒してくれることだろう。

やまかげの岩間をつたふ苔水のかすかにわれはすみわたるかも
やまかげの岩根もりくる苔水のあるかなきかに世をわたるかも
霞立つながき春日に子供らと手毬つきつつこの日暮らしつ
このゆふべねさめて聞けばさを鹿の声の限りをふりたてて鳴く
草の庵(いほ)にねざめてきけばあしびきの岩根に落つる滝つ瀬の音

ああ、こんな生活は私には、それに現在のこの国の人々にも絶対にできない。それはかなわぬまでも、良寛の詩や歌を読むことで、彼が創り出した詩的世界に瞬時なりとも参入し、それに溶け込み、汚れ切ったすさんだ魂を洗うことはできる。良寛の想い出、人柄、行状を綴った解良栄重の『良寛禅師奇話』には、良寛が彼の家に泊まっていただけで、「上下自ラ和睦シ、和気家ニ充チ帰去ルト雖モ、数日ノ内人自ラ和ス。」という状態が続いたと記されている。良寛の詩や歌にもそれと似たはたらきがあって、それを読んだだけで、未だに煩悩や現世的欲望を捨てきれぬ俗漢である私ごとき者でも、少しく人間性を回復し、人に対するやさしい気持ちやあたたかな心を、しばし保てるように感じるのである。良寛の愛読者には、同様な思いを抱く人が多いのではなかろうか。

(四)「足るを知ること」と「捨てること」

良寛がこの飽食の時代に生きるわれわれに教えてくれる最も大事なことのひとつは、「足るを知ること」、そして「捨てる」ことに徹して生きることではないかと思う。実際、「足るを知ること」、「捨てきる」ことは、そう容易ではない。

世人が挙げて富の獲得、事物のより多くの所有を望んで狂奔する中で、良寛は「捨て聖」として進んで一切を捨てた。地位を捨て、富を捨て、家を捨て、親を捨て、名利を捨て、極限まで切り詰めた生存ぎりぎりの簡素な生活を山間の草庵に求め、忍辱に耐える慈愛の人、一介の乞食僧、野僧としてその生涯を貫いた。われわれ俗人が物の獲得と所有に努めるのに対して、良寛は捨てることに努めた。捨てることがその生の原理だったといってもよい。『正法眼蔵』「行持」で道元禅師が出家者に説く、

> ただまさに家郷あらんには家郷を離れ、恩愛あらんには恩愛を離れ、名あらんは名をのがれ、利あらんは利をのがれ、田園あらんは田園をのがれ、親族あらんは親族をはなるべし。

という教えを、そのまま敢然と実行したのである。これには大変な覚悟が必要である。良寛のように一切を放下して生きることは、日々さまざまな欲望の擒となり、物欲にとらわれ、安楽な生活を望み、名利に心を奪われ、俗塵にまみれて日日を送っているわれわれには、絶対にできない生き方である。すべてを捨てた者を待つのは、

> 孤貧　是れ生涯

という世にも厳しい生活であり、生き方である。貧と窮乏と孤独に耐えて、その上で絶対の自由を獲得すること、それが良寛のよく成しえたことなのである。捨てること

のできないわれわれ俗人の誰がそれを望もうか。実際、先にも言ったが、現在この国で生きている誰が、

やまかげの岩間をつたふ苔水のかすかにわれはすみわたるかも

といった、余計なものをすべて捨て、俗塵を離れ澄み切った境涯に住むことができようか。多くの人々は私と同様に、良寛の無欲恬淡、自由の境涯に生きたその生涯に賛嘆の声を放ち、人間良寛に限りない慕わしさを感じはしても、「到底自分はあんなふうには生きられない」という諦めと羨望の念を抱くのではないか。良寛の清高、清廉な生き方と現在の自分の生き方との間に隔絶した距離感を感じながらもなお、人は良寛の生涯とその到達点を知って、今の自分を省みて愧じ入るところがないだろうか。

繰り返し言えば「知足」、足るを知ること、潔く物を捨てきって身軽になり六道地獄へ降ること、これが実に容易なことではない。良寛に倣って無一物に徹するどころか、物への執着を捨てきれずその重荷に呻吟しながら、日日を送っている人々が圧倒的に多いはずである。

現に私にしても、いみじくも山崎鯢山先生が「少達多窮は文士の常」と仰せられたとおり生来金銭には縁がなく、生涯貧であるから金銭欲はなく、齢長けて六道地獄も目前に迫るともはや物欲もなくなったが、それでもまださまざまな煩悩や人間的欲望

から脱しきれていない。いろいろなものを捨てきれば、より大きな自由を獲得できると思いつつも、そこへ踏み込むだけの決断がつかない。良寛なみに「足るを知る」ことには程遠い俗漢であることを免れていないのである。そればかりか、物を捨てきることもできてはいない。あの世までは何ひとつ持ってゆけないことを承知していながら、六道地獄目前の歳になってもなお、捨てきれぬ無用の品々に囲まれ生きているのはわれながら情けない。江戸の詩人館柳湾は、

　行年　七十を逾ゆるも
　猶お　新書を買わんと欲す

と詠っているが、この私も愧ずべきことに未読の架蔵書を山と抱えながら、それを手放し捨てることもできず、八〇歳を越えて「猶新書を買わんと欲す」という有様である。その執着心にわれながら呆れつつ忸怩たる思いである。

　一に思う　少年の時
　読書して　空堂に在り
　燈火　数　油を添えれども
　未だ厭わず　冬夜の長きを

とその詩にあるように、良寛は幼少より読書を好み、晩年に到るまで驚くべき熱心さで実に多くの書物を読んでいる。良寛の詩や歌を読むと、その博学のほどが如実に窺われる。その良寛にしてなお、生涯（少なくとも出家後は）蔵書というようなものはほとんど持たなかった。あれほど熱心に読みかつ研究した『万葉集』でさえも、すべて知人から借りたものである。わが身を顧みるに、もう読むはずのない書物でさえも潔く捨てきれないのはなんとしたことか。考えれば、良寛の無物無所有に感じ入りながら、いつの間にか机辺に集まってしまった良寛関係の本だけでも六〇冊を越えてしまったこと自体が、お笑い草である。老耄が進んで記憶力が衰え、「書は多く貪るを為し、読み且つ忘る」（広瀬旭荘）というという情けない状態であるだけに、なおさらのことである。一体自分は良寛から何を学んだのかと、改めて思わざるをえない。

　世を棄て身を棄てて閑者（かんじゃ）となり
　月と花とに余生を送る

という境地に憧れながらも、日々そんな境地には無限に遠い塵世、濁世を呻吟しつついわれなき焦慮の裡にいる己を愧じるばかりである。
　良寛の生前に書かれながらもついに刊行されることのなかった大関文仲の『良寛禅

師伝』に、「師僧となって已来（いらい）四十余年、今に清浄無欲一点の塵垢を惹かず」とあるように、無欲無所有は一貫して良寛の信念であり、道元の「僧は清貧なるべし」の戒めは、その胸中に生きていた。人から奪うことも奪われることもないかれには、無所有の人間のみがもつ強さがあると同時に良寛はまた、「足るを知る」ことの肝要を詠って、次のように言っている。

無欲一切足　　無欲なれば一切足り
有求萬事窮　　求むる有れば万事窮す
淡菜可癒餓　　淡菜（たんさい）飢えを癒す可（べ）く
衲衣聊纏躬　　衲衣（のうえ）聊（いささ）か身に纏（まと）う

つまりは無欲恬淡、無物無所有に生きる己の姿を描き詠うことによって、真に人間らしく生きること、精神的に豊かに生きることの何たるかを、それと意図せずして教えてくれるのである。良寛は代表作とされる詩で、その簡素極まる自足の生活を、

囊中　三升の米
炉辺　一束の薪

という詩句に託して詠っているが、その無欲無所有の生活の中から生まれたのが、

夜雨　草庵の裡(うち)
双脚　等閑に伸ばす

「雨ふる夜に苫(とま)のいおりのなかで
両の足をのんびりと伸ばす」（入矢義高氏訳）

という精神上のゆとりと絶対的自由の境地であった。ここには足るを知り、無欲に徹した裸形の人間像があると言ってよい。もろもろの物欲にとらわれ、潔く捨てきることもできないわれわれには、少なくとも私のような俗漢には、到底到達できない清高な境地である。とはいえ、われわれ俗人とは隔絶した境涯、境地ではあるが、それでもなお少しでも良寛に学びたい、学ばねばと思う。それが欲望からの解放や精神の自由をもたらすものならば、ほんの少しでもその境地に近づきたいという願いだけは捨てたくない。

江戸の儒者にして文人の亀田鵬齋が良寛の住む五合庵を訪れた際に、すり鉢で足を洗わせ、この豪傑を驚かせたという話が伝わっているが（それでさまざまな用を済ませていたのだろう）、良寛の生活を見ると、およそ余分な物を一切もたぬ、極度に簡

素な生活でも、人は満ち足りた気持ちで生きられるのだと、改めて思わされる。良寛はそれを、

為に報ず　当途の子に
意を得るは多きに在らず

「さて当路のかたかたに申し上げる
満ち足りることとは物に恵まれることとは無関係だと」（入矢義高氏訳）

と言っているが、実際そのとおりだと納得しつつも無欲になりきることは容易ではない。人間の欲望は果てしがなく、「足るを知らない」ことがまた苦を生む。暖衣飽食して無用の物を多く抱え込み、「求むるあれば万事窮する」日々を送っているのが、私のような俗人を含む多くの人々の実態であろう。食事ひとつとっても、昨今の日本人の異様なまでのグルメブーム、飽くことなき美食探究は、どう考えても異常である。グルメなどと言うが、この国が始まって以来、国民のすべてが毎日白い米の飯を食べられるようになったのは、わずか半世紀あまり前のことでしかない。（近年それすらも十分にかなわない貧困母子家庭が出てきていることも事実だが）。ただ食い意地が張っているだけの人間がしたり顔で、「私はグルメでして」などとは片腹痛い。本来

グルメなどというものは、家に専属料理人がいるような階層の人間の間で、何代かかかって生まれるものである。この国にはそんな人間は数えるほどしかいないだろう。

さらに見るに堪えない愚行は、テレビなどでよく見かける「大食らい競争」である。

地球上には餓えている人々が何百万人もいるというのに、食料自給率わずか三七パーセントの国民がやることではない。「大食いタレント」とやらがいるらしいのは、あきれるほかない。そういう馬鹿げた行為を煽り立て、必要以上の多くは輸入された食品を浪費することは、結果としてはアフリカなどの飢えた人々の食糧を奪っているのに等しいことを思い至らないのだろうか。ここでもまた近年の日本人の劣化ということを感じざるを得ない。

われわれは俗人であるから、一休和尚のように「粗茶麁飯（そちゃたんぱん）」で生きることも、良寛のように「淡菜で飢えを癒す」だけで済ませることもできないが、血道を上げて美食を求めるようなことは慎みたいと思う。健康な生活を維持できるだけの、一日三食ちゃんと食べられれば、それで十分ではないか。

過剰なほどにモノはあふれているが、それでいて心は貧しく、心にゆとりがない。日々の生活における幸福感は薄い。私はそれを読んでいないが、たしか山崎正和氏の著書に『不機嫌の時代』というのがあったように思う。その表現を借りれば、現在の日本人はまさに「不機嫌の時代」を生きている。際限なきモノへの欲望が、人の心を険しくまた貧しくしているのである。

「求むる有るがために万事窮し」つつあくせくと生きている――それが澆季末世にほかならぬこの時代に生きるわれわれの悲劇ではなかろうか。実際、人間の欲望にはかぎりがない。利を追い求め、富の獲得を目指し、苛酷な競争社会で互いにしのぎを削って生きることに不安を抱えている人は多いはずである。経済的な繁栄は必ずしも人間に幸福感をもたらすものではないことを、今多くの日本人が実感しつつあるのではないか。外物、自分の内部ではなく外側にあるものにいくら多く囲まれていても、それは人の心を満たしてはくれない。人間にとって本当の豊かさとはなんなのだろう。

索索たり　五合庵
実に　磬を懸くるが如く然り
戸外　杉仙株
壁上　偈数編
釜中　時に塵あり
竈裏　更に烟無し

と詠われているような、「竹の柱に菰すだれ」の四面ただ壁が立つのみのがらんどうの無一物の庵で、清貧を通り越した「凄貧」とでも言うほかない生活を送り、「騰騰として天真に任せ」て生き、なおかつ「優游また優游」と観じたのが良寛であった。言ってみれば、すべてを捨てて最後に究極の精神の自由と充足をかちえた人間の姿にほかならない。それは現在この国に生きているほとんどすべての人々とは、無縁と言ってよいほど隔絶した境地に達した人間の姿だと言ってよい。確かに、俗な上にもまた俗な存在として、この濁世をのたうち回っているわれわれには似てもつかぬ清高な人物だが、にもかかわらず、人間らしく生きることの大切さを身をもって示してくれる、かぎりなく慕わしい人でもあるのだ。その人と文学を知ること自体が、読者に大いなる救いをもたらすのである。

ついでに言えば、良寛が達したのは、われわれ俗人は無論のこと、立派な寺院に住み、「般若湯」をきこしめし、金襴の袈裟をまとって御布施の徴収に忙しい今日の葬式仏教僧、寺院拝観料で潤い、時に祇園などに上客として繰り出しているらしい観光僧の方々でも絶対に得られない、澄み切った境地である。現在のこの国の仏者・禅僧で、良寛の生き方によく迫っていると言える人が果たしてどれくらいいるものか。

良寛のような境地に近づくことはわれわれ俗人にはほとんど絶対に不可能だが、それでもなおすべてを捨て、生涯極貧の乞食僧として生きながら「優游として年を窮（きわ）めた良寛は、物に豊かにして心貧しいわれわれに、「足るを知ること」、「捨てること」の大切さを教えてくれると思うのである。

（五）　社会的敗者たること―弱者の側の文学

良寛は一五歳で元服し一八歳で名主見習役として、実社会に踏み出した途端に次々と失敗を重ねて挫折した。西郡久吾『沙門良寛全傳』に、

> 師は十五にして元服し、姓氏称し、双刀を帯し、一たび荘官となりて世職に試みられしも、所謂昼行燈然たる名主の若旦那にて、俗務を処理して齷齪たること能はず

とあるとおりである。鋭敏な頭脳の持ち主であるにもかかわらず、およそ経世の才というものを欠き、実務能力をもたぬ栄蔵青年は、己の無能を思い知らされ、早くも敗者としての意識を抱くこととなった。良寛が自らの姿を「愚」と言い、「痴」と言い、自分が「駑駘（のろまの愚か者）」として世人の眼に映る存在であることを繰り返し詠っているのは、そういう己の資質を、早くから痛感させられていたからに相違ない。

良寛の詩には、「無能にして生涯作すところ無く」、「一度法社を出でてより／錯ってこの風顛となる」、「誰か道う　数に入らずと／伊れ余が身すなわち是」、「一度　保社を出でてより／錯ってこの癡獃となる」といった、実社会、俗世間における己の無

能をしばしば自嘲を込めて吐露した詩句が見られ、ほとんど痛々しいほどである。社会的敗者、弱者たることは人間として少しも恥ずべきことではなく、ましてや良寛の場合は、その代償として宗教者、文学者・芸術家として、比類ない高い境地に達したのであるから、実社会において躓き、敗者としての意識を抱いたとしても、なんの問題もない。

世にはあまりにも純粋で繊細な魂の持主であるために、俗世間や現実社会での競争に耐えられず、そこで逞しく生き抜く能力を欠いているため、社会的敗者たることを運命づけられている人がいるものである。そういう人は、実社会では否応なく敗者の立場に立たされる。だが社会的敗者であることは人間として敗者であることを意味するものではなく、しばしばその逆である。世の芸術家、中でも詩人の多くは社会的敗者であり、しばしば落伍者である。ヴェルレーヌやボードレールがその好例である。萩原朔太郎もその一人に数えられる。良寛もまたそういうタイプの人間であった。加えてその強い自閉的な性格は、彼を一層強く山中独棲の隠遁生活へと駆り立てたといってよい。弱肉強食の競争社会、強者がのさばって弱者を圧迫する醜悪な現実社会は、あまりにも純粋な魂をもつ人間を必然的に敗者へと追い込む。

次章「風狂と遊戯（ゆげ）——一休と良寛」でやや詳しく述べるが、良寛が出家者となって曹洞禅を深く究め、師から印可状を与えられながらも、帰郷後はいかなる寺の住持にもならず、極貧に生きる一介の乞食僧としての途を選んだのは、堕落し体制化した宗門への反発と拒否があり、また深く影響を受けた高徳の「諸国乞食僧」こと宗龍和尚への共感もあったろう。だがそれ以上に、その要因として社会的無能者としての自覚、敗者としての意識が大きくはたらいていたからだと思われる。良寛にしても、出家した当初から、方外の者としてあらゆる名利を離れ、無物無所有に徹した仏者であったとは思われない。念願かなって出家し、その師国仙和尚に従って、玉島への道を歩んでいた頃には、仏道を深く究めて悟達の禅僧となり、いずれは高僧として仰がれる日を夢見ていたであろう。救世済民の志にも燃えて、いずれ弘法に努めることを願っていたに相違ない。良寛は後に、父母に別れを告げ、出家となって師に従って玉島へと赴いた場面を回想して長歌を詠んでいるが、その一節には、

父にいとまを　こひければ　父がかたらく　世を捨し
すてがひなしと　世の人に　いはるなゆめと　いひしごと

とあって、宿願かなって出家したからにはいつの日か名僧知識と仰がれる存在として帰郷することを父に期待されていたのであった。

それが一六年ないしは一七年後に再び故郷の土を踏んだ時には、世に仰がれる高僧どころか住持として迎える寺も無い、一鉢一衣、破れ衣のまったくの乞食僧として姿を見せたのである。禅師の称号を得ることはおろか和尚と呼ばれる資格もなく、僧と

しての位階も「蔵主」という低いものにとどまっている。国仙師が遷化した後もなお続けていた行脚生活に終止符を打ち、彼に与えられていた覚樹庵をも捨て、円通寺に別れを告げて故郷へと向かって旅の途中、糸魚川で病を得てそこに宿った折に読んだ詩にはこうある。

　一衣一鉢(いちえいっぱつ)　裁(わずか)に身に従う
　強いて病身を扶(たす)けて　坐して焼香す
　一夜蕭蕭たり　幽窓の雨
　惹き得たり　十年逆旅(げきりょ)の情

「惹き得たり　十年逆旅(げきりょ)の情」という最終句には、久方ぶりに郷里へ帰るよろこびではなく、十年もの間行脚放浪の旅を続けたにもかかわらず、成る無くして故郷の土をふむことになった、無限のわびしさと虚しさが漂っていると見るのは、私の僻目だろうか。落魄の帰郷というほかない。

　故郷に定住して村里の民人と接し、交わりを深めてゆくうちに、その人柄と高徳により次第に周囲の人々の尊敬、敬愛を深めていったとはいえ、当初故郷の人々が、落魄の乞食僧として帰郷した良寛を迎えた眼は、およそ温かなものではなかった。

　俗世間的な眼で見れば、帰郷後最初にしばらく腰を落ち着けた出雲崎に近い郷本での破れ小屋で味わった体験からして屈辱的なものであった。近くの塩焚小屋が火事になり、あの乞食坊主が怪しい、あいつの仕業だというので、無抵抗のまま近隣の者たちに危うく生き埋めにされるところであったが、運よく居合わせた医師によって助けられている。つまりは外面だけを見て俗世間的に言えば、尾羽打ち枯らしてのみじめな帰郷であったと言っても異を唱える人はいまい。良寛は円通寺にいた頃にも、同様な奇禍に遭っている。

若くして仏教界に身を投じ、刻苦精励して禅の道を究めながらも、良寛は宗門内で栄達し大寺名刹に住持として出世することも、高僧として崇められ、名僧知識として世に知られ、紫衣や金襴の袈裟をまとうこともなかった。体制化した宗門の側から見れば、取るに足らないただの乞食坊主、地を這って生きる一介の野僧にすぎなかったわけである。帰郷後は誰に向かっても法文の一句も口にせず、いかなる教化もせずひたすら自己修養に努めて禅境を深めたとしても、それは良寛個人の内部の問題である。仏者としての影響力という点では、畿内一帯で上は天皇大名から下は下賤の民に到るまで、広く下化衆生に努めた一休は無論のこと、大教団を組織して民衆を動かした親鸞や蓮如などとは比較にならない。一休もまた宗門の異流としてその外辺に身を置き、一介の野僧として衆庶に混じって生きたが、それでも中年以後は「紫野の一休和尚」としてその名はいや高く、晩年には、実質は名目上だとはいえ、勅命によって大徳寺四八世に出世している。一休は勅許によって紫衣の僧となったことを愧じた詩を遺してはいるが、以後しばしば「前大徳寺一休」と名乗っており、内心はそれを誇りに思っていたのではないかとさえ疑われるのである。良寛にはさようなことは一切なかったから、当時の仏教界でも日本仏教史の上でも、無に等しい存在だったと言ってよい。

仏教者を評するに勝者敗者という言い方は当を得ていないかもしれないが、敢えてそういう見方をすれば、良寛は真の仏者として到達した高い宗教的境地は別として、少なくとも外面的には、仏教界においても敗者、脱落者として位置づけられる存在であった。それと対照的なのが、良寛の師国仙和尚の跡を襲って円通寺住持となり、その五年後には曹洞宗の総本山である道元ゆかりの永平寺五〇世に出世した玄透即中である。黄檗禅に押されて衰微し、火災に遭って後には一時は無人の廃寺にもなっていた永平寺を大改革して復興させ、「永平寺中興の祖」と仰がれた玄透即中は、間違いなく宗門の中の成功者であり、勝者である。玄透が禅者としてどの程度の域に達していたのか、いかなる高徳の僧であったかは知らないが、宗門内部で確実に栄達の道をたどった人物であることは確かである。幕府の許可を得て開基道元の『正法眼蔵』を開版していることからしても、辣腕の宗政家であると同時に、宗教的情熱にも燃えていたことは疑いない。ひたすら禅道修行に邁進し、「己事究明」につとめていた良寛とは、まったく異なるタイプの仏者だったと言ってよかろう。

良寛は晩年近くになってから仏者としての来し方を回顧して、

四十年前　行脚の日、
辛苦　虎を描いて猫にも似ず。
如今（じょこん）　嶮崖（けんがい）に手を撒（はな）って看（み）るに、
只是れ　旧時の栄蔵子

と、厳しい修行に明け暮れたのに、結局は高僧の端くれにもなれなかったとの慚愧の念を洩らし、また

少小より文を学べども儒となるに懶（ものう）く
少年より禅に参ずれども法燈を伝えず

若き日から諸方に参禅したが、衆生に禅を伝える禅者として身を立てるにも至らなかったとも言っている。臨済禅を究めた一休が、自分こそがこの国で唯一臨済禅の正系を継ぐ存在だと自負し高言したのと、なんという違いであろうか。良寛の言葉は単なる謙遜や卑下とは受け取れない。良寛は帰郷後はみずから選んで宗門外に身を置き、禅者・仏者としての境地を深めながら、仏教史の上から言えば無にも等しい乞食僧としてその弧貧の生涯を終えた。その仏学の知識造詣の深さは、東大で初めてイン

ド哲学を講じた明治時代の碩学原坦山をして「永平寺高祖以来の巨匠」と言わしめたほどのものであったというが、それほどの域にまで達しながら、良寛が仏教史の上ではほとんど影響力をもたなかったこともまた事実である。

良寛自身は彼が到達した境地を「優游また優游」と詠ったが、その心底には、自分の「愚」ゆえにそういう生き方を選ぶこととなった宿命を嘆く、諦念が横たわってはいないだろうか。入矢義高氏も指摘しているところだが、

　癡頑(ちがん)　何(いず)れの日か休(や)まん
　孤貧(こひん)　是れ生涯
　日暮　荒村の路
　復(ま)た空盂(くうう)を掲げて帰る

という詩句、「癡頑(ちがん)　何(いず)れの日か休(や)まん」という苦い思いを含んだ言葉の中には、そういう諦念、敗退者としての意識が色濃く出ているように思われる。

ところで古来、世の大半の人々は何らかの意味で敗者ではなかろうか。「敗者」という言葉が言い過ぎで不適当ならば、少なくとも社会的弱者であるかそれに近い意識をもって生きているのではないか。また脱落者、落伍者としての意識を抱いて生きている人も少なからずいるものと思われる。現代の苛烈な競争社会では、ごく一握りの

成功者や栄達者を除けば、われわれ庶民の大半は社会的弱者であり、しばしば敗者である。悪辣な権力者や為政者、強欲な企業経営者、どう考えても一人の人間としての労働に見合わない富を不当に得ている大金持ちなどが勝者である。この国ではそれはさほど顕著ではないが、アメリカや中国ではその現象が極端なまでに露骨な形であらわれている。それと明確に自覚しないまでも権力機構の一端を担い、庶民を見下して傲慢にふるまっている高級官僚などもそのたぐいに入る。文学や研究にたずさわっていても、あざとい出版社の商業主義に乗せられて無内容なつまらぬ本を書き、それが何十万部と売れて富裕になり、得意の絶頂にあるような人物も、やはりそちらの側の人間である。時流を読むことに長けていて、権力者や勝者の側に身を置くことを得と見て、彼等に諂ったり寄生している評論家、言論人もその仲間である。マスコミを支配し高姿勢でものを言い、強者が奢って弱者を圧迫するのに手を貸している輩もやはり同類だと言える。

良寛の文学はそういう勝者、強者のためにあるのではない。みずからが社会的敗者であった良寛の文学は、本質的に弱者、社会的敗者の側に立った者の立場から生まれた文学であって、弱者を、具体的に言えば良寛の周辺にいた後の農民を、圧迫支配し、管理し、収奪する者たちの側にはいない。北川省一氏の

彼は死に至るまで、越後の大地と百姓のかたわらに、もっとも身近な者として

立っていました。死んでからもなおジッと佇んでいるのです。(『良寛游戯』)

という言葉は、そこを衝いたものである。現在われわれが良寛の詩や歌に接して眼にするのは、二百年後の今もなお弱き者の側に「ジッと佇んでいる」良寛の姿にほかなるまい。極度の貧困生活を営みながらもなお、みずから生産労働に携わっていないことを愧じていた良寛の、農民を見つめる眼は慈愛にあふれ、かぎりなく温かくまたやさしい。そのやさしさは非人とされた者たちにまで及んでいる。それは堕落しきって、幕府の権力機構の末端を担っていた、当時の仏教界の人間たちに対する痛烈な批判と際立った対照をなしているのが見られる。

良寛の文学は、世才に乏しく、性格の弱さと無類の純粋さのために、実生活で挫折した社会的弱者としての敗亡の意識を根底にもつ文学である。それだけに、彼の詩や歌は、同じ側に立たされている現代の読者に大きな慰藉をもたらしてくれるように、私には思われる。決してあらわな形での社会批判、体制批判の文学ではないが、敗者のみが知る人間の悲哀を根底に秘めていて、それがわれわれの深い共感を誘うのだ。そこに良寛の文学の魅力があると言える。

第一章　風狂と遊戯（ゆげ）——一休と良寛

一　一休と良寛の没後の運命

　日本仏教は過去において世に名僧と言われ、傑僧と讃えられる知的巨人を何人も輩出したが、その間にほぼ四百年近い時を経て、その後の日本文化、日本の芸術・文学にきわめて大きな影響力をもつこととなった、二人の仏教者を生んだ。一人は室町時代を阿修羅のごとく駆けぬき、京の都が地獄と化した応仁の大乱を生き延びて、八八歳という当時としては異例な長寿を保って遷化した風狂の僧一休宗純（一三九四年—一四八一年）である。もう一人は、幕藩体制が行き詰まりを見せ、頽廃堕落した時代でありながら、同時に文化爛熟の時代でもあった幕末に近い文化・文政時代に、越後の一隅の山中で孤絶の後半生を送った野僧良寛（一七五〇年—一八三一年）である。この二人は、その存在と活動が単に宗教界だけではなく、その後の日本文化に大きな影響を与え、その俗伝や数多くの逸話などによっても、広く国民全体の関心の対象となった知的巨人である。今日日本人でこの二人の傑僧の名を知らぬ者はいない。しかしこの二人の没後の運命はかなり異なっていると言ってよい。ともに禅僧であったことをはじめ、卓越した詩人であること、奇行や逸話が数多く伝えられていることなど、両者はいくつかの共通点をもつが、むしろ多くの点で対照的であって、その面からしても、甚だ興味深い存在である。禅僧であると同時に、一休、良寛はともに第一級の文学者・詩人であって、同じく作詩に秀で、きわめて質の高い漢詩（詩偈）を生んでいるのだが、その詠うところが大いに異なっており、両者の生き方を反映して、その詩風もまた大いに質を異にしている。「詩禅一致」を奉ずる一休の詩偈集『狂雲集』は、稀代の風狂僧としての一休の破戒の所業や逆行の跡を伝えると同時に、悟達した禅者としてこの奇僧の臨済禅の奥義に関する禅思想をも伝えている。これに対して良寛には「法華転」、「法華讃」、それに少数の偈頌などの作品はあるが、『草堂集』をはじめ、その詩集は全体としては宗教色が薄いと言える。

また一休は道歌や狂歌は遺しているものの、歌人としては卓越した存在ではないが、良寛が歌人としても古今独歩の地位を占めていることは、周知のとおりである。私が最も興味を覚えるのは文学者、詩人・歌人としての良寛であるが、それについても本文で少々ふれるつもりである。

以下いくつかの点にわたってこの二人を比較しつつ、その禅者としてのあり方、生き方や、二人が生み出した文学・芸術などについて、気が付いたところ、思うところを綴ってみたいが、まずは文化史、文学・芸術史的な面からみた、その後の運命とでも言うべきものをたどってみよう。

一休が生まれたのは明徳三年（一三九四年）つまりは時の将軍足利義満が絶大な権

力をふるっていた時代であり、長らく皇位をめぐって対立抗争してきた南北朝の統一がようやく成って、北朝側の後小松天皇が即位して二年後のことである。一休は庶出ながら、その第一皇子として生まれている。（研究者や歴史家の中には一休皇胤説を疑う人もいるが、現在では彼が後小松帝の皇子であったことは、ほぼ定説化しているようである。）時の将軍足利義満の意向により幼くして出家を強いられたが、その後足利義政とその子らの時代まで一介の野僧として衆庶にまじわりつつ、地を這うようにして生きた。晩年は洛中洛外をほとんど廃墟と化さしめた応仁の大乱をくぐり抜け、臨済禅の正当な継承者たることを自負しつつも、宗門の異流、破戒と自戒とを一身に抱え込んだままの風狂に生きる奇僧として、独自の生涯を貫いた人物であった。一休は室町時代つまりは中世の人であって、みずから「扶桑国裏の瘋癲漢」と名乗った風狂の僧として、その奇矯な言動によって、既に在世中から稀代の不羈奔放な破戒僧として広く知られていた。その奇行ぶりは、連歌師心敬が『ひとりごと』の中で、

　禅門修行の命匠たち、数を知らず聞こえ侍れども、今の世に、行儀（ぎやうぎ）も心地（しんち）も、世の中の人に替（かは）り侍ると聞こえぬるは、一休和尚也。万（よろず）のさま、世人（よのひと）には、はるかにかはり侍ると、人々語（かた）はりべり。

と伝えているほどのものであった。事実、正月早々髑髏を竹の棒に突きさして、「これ、

このとおり、ご用心、ご用心」と連呼しつつ都大路を徘徊したり、朱鞘の木刀を腰に泉州堺の街中を闊歩したかと思えば、川で水浴する裸女の陰門を拝したり、不邪淫戒不飲受戒（ふおんじゅかい）もなんのその、肉食も女犯男色飲酒も厭わず、酒肆淫房へ出入して女色を楽しみ、名高い遊女と歌を詠み交わしたりするなど自由無碍に生き、その奇行奇言と逆行は世に名高く、それが後に江戸時代の『一休咄』などの俗伝によって尾ひれがついて増幅され、広く一般大衆にまで知られることとなったのである。

それと同時に、徹底した破戒僧でありながら、一面堅固な持戒者でもあった一休は、臨済禅の奥義を極めた悟達の僧として、上は天皇、大名から下は下賤の民に到るまで、上下貴賤を問わず教化に努め、多くの信奉者を得て慕われてもいた。『東海一休和尚年譜』（これは一休没後に弟子の没倫紹等らによって編まれたもので、師を破戒とは無縁の悟達の高僧としてのみ描いていて、あまり信用できないところも多いのだが）によれば、都の人士であれ、田舎人であれ、こぞって一休を慕ってその徳をよろこび、老若を問わず師の周りに蝟集したというから、「紫野の一休和尚」としてその声望は高く、民衆の間での人気とは絶大なものだったことがわかる。その不可思議な人間的魅力に惹かれてであろうが、多くの人々が会下の衆としてこの傑僧に参じたのである。その法弟や帰依者のなかには、画人としては墨斎こと没倫紹等、曾我蛇足などが、また連歌の宗祇、柴屋軒宗長、俳諧の山崎宗鑑、茶道の祖である村田珠光、能楽の金春禅竹、詩僧として令名のあった南江宗沅といった、当時有数の文化人ともいうべき人々を数えており、それらの人々に与えた多大な影響力によって、この時代の文化や芸術を突き動かし、室町文化の方向性を定める原動力ともなっていたことは、周知のとおりである。室町時代、とりわけその後半は戦乱・動乱に明け暮れた暗黒時代、狂気の時代でもあったが、同時に貴族文化に代わる新たな中世文化創造の時代でもあり、一休がその創造、発展に大きく寄与した巨大な存在であったことは、史家の一致して認めるところである。一休という存在が無ければ、その後の日本文化の様相が変わっていたであろうとさえ言われるほどに、その影響力は甚大なものであった。茶道や能楽、水墨画といったものも、一休の存在なくしてはその成立は考えにくいと言われている。茶道ひとつとっても、それは村田珠光が一休の精神的な指導を受けて創り上げたものだとされているが、一休がその創造、成立に深くかかわっていることは明らかである。一休が、日本のルネッサンスの先駆者としての役割を果たした人物と見なされているのは、故なきことではない。その意味で、中世における日本文化史・精神史の指導者として、この人物の占めている位置は極めて大きかったことは確かである。それにもかかわらず、文学者、詩人としての一休のその後の運命は、良寛のそれに比べるとむしろ不運だったと言ってよい。

これに対して文学者・芸術家としての良寛は、没後一休とは逆の運命をたどったと言える。良寛は偉大なる素人文学者・芸術家であり、その文学は文学作品を作ろうという意識をもって生まれたものではない。その詩にしても、一休の『狂雲集』のように「詩禅一致」の結果として生まれたものではなく、その歌もまた西行のように「歌道仏道一如」という観念の産物ではないし、神品とまで評されるその書も書家として書かれたものではない。良寛はその作品を公にすることを拒んだため、文学者・芸術家としては、在世中にはごく一部の人々を除いて世に知られることもなかった。わずかに自筆による歌集、詩集などが一部の具眼の士によって高く評価され、筆写によって伝わり読まれていたにとどまっている。その存在も、せいぜいが彼が生きていた越後の富農や地主階級から成る知識層、僧侶、学者、それに江戸の知識人の一部などの間で知られていたにすぎない。当時の文人などの著作にその名があらわれているのも、村童らと遊び戯れる「奇僧」、「手毬上人」としてである。その名が知られていたのも詩人・歌人としてではなく、もっぱら当時から高く評価され、人々の垂涎の的となっていた書によってであった。それが、その死後明治の世になってから漢詩集や歌集が刊行され、また西郡久吾氏の『沙門良寛全傳』を皮切りに伝記的研究が始まり研究が進むにつれて、その実像が明らかになり、彼が遺した文学の高い芸術性や真価が認められ、われわれの前に大きな存在として姿を見せるようになったのである。相馬御風、会津八一、斎藤茂吉、吉野秀雄といった高名な文学者がその詩や歌を高く評価し称揚したこともあって、文学者良寛の名は頓に高まるに至った。今日ではその文学は日本古典文学上ゆるぎない位置を占めている。

　良寛の人気と名声は高まる一方であって、今日では「良寛学」と呼ばれるものが形成されるまでになっている。これまでに出た良寛に関する本は膨大であり、毎年出版されるおびただしい数の研究書や評論、論文などが、その絶大な人気を物語っている。その名声は海を越えた海彼の国々にまで及んでおり、良寛は今や国民的文学者と見なされていると言っても、誰も異を唱えまい。生前は、越後以外で一般に流布していた菅江真澄の言う「てまり上人」、「手毬法師」、子供たちと無心に手毬を突いて遊ぶ一風変わった奇僧という良寛のイメージは、もはや薄れたと言ってよい。これは一休が生前は『狂雲集』によって詩名が高かったのに、時代が下るにつれて詩人としての影が薄くなり、江戸時代以降は、もっぱら「頓智小坊主一休さん」的なイメージに矮小化されてしまったのと、まさに対照的だと言えよう。ほとんどの日本人にとって、一休とは歴史上の人物であるよりは、さまざまな逸話の主人公と化していると言っても過言ではない。

さて再び一休だが、臨済禅の異流、と言うよりもむしろ異端に近い存在のように、宗門の中では見られていた一休の『狂雲集』という作品は、そこに作者の破戒無慚な姿が誇示されていたり、激烈な宗門批判を繰り広げていたりしたためか、大徳寺をはじめ臨済禅の中では禁書あつかいをされ、宗門内部でさえも一般の禅僧たちには読まれてはいなかった。『狂雲集』が世に流布するようになったのは寛永一九年に木版本で刊行されてからのことだというが、読者は限られていたであろう。内容が難解であることも手伝って、その文学的価値にもかかわらず、江戸時代以降は一般には広く知られ読まれることはなかったと言ってよい。宗門の側からすれば、天下に隠れもなき悟達の高僧として名高い一休和尚が、女色、男色の所業を堂々と詠っているのは困ったことであろうし、淫詩とも見られる赤裸々な性愛詩を数多く収めている作品が、修行僧に好んで読まれたりしては都合が悪かろう。

そういう事情もあって、一休文学の精髄であるこの詩偈集はその後明治時代まで刊行されることはなく、また私の知るかぎりでは、その詩が江戸漢詩になんらかの影響を与えたということもなさそうである。早熟な少年で早くからその詩才を謳われ、みずから「天下の詩人」と名乗る一休は、一方で「詩文は元地獄の工夫」と文芸否定の言葉を吐きながらも、その八八年の長きにわたる生涯において実に一〇〇〇首を越える詩偈を生み出している。それが已にもたらしたものを、

慚愧す声名の覆蔵せざることを

と詠って自ら詩名隠れもなきことを誇った。世にもユニークな漢詩（詩偈）集である『狂雲集』こそは、「詩禅一体」を旨とする一休が、詩人・禅者としてそのすべてを傾注した禅学思想・文学の中枢をなす作品であった。だが一休が詩人・表現者として生み出した畢生の大作でありながら、今日世に広く知られることも読まれることも少ないのがこの作品である。つまりは『狂雲集』が難解な漢詩（詩偈）集であるため、禅

学の知識を欠くわれわれ一般の読者には容易には近づきがたいのである。ましてや、漢籍の知識がほとんどの人々の間で失われた今日では、その文学が禅学の徒や専門家以外の人々に読まれることはまず稀だと思われる。少数の中世研究家などを別とすれば、文学研究者ですらも一休が詩人であったことを知らない人が多い。つまりは一休の文学は、文学史の片隅を占めてはいても、もはや今日では生きた文学として読まれてはいないということである。

これに対して破格と言われる良寛の漢詩は、思想性が豊かで思弁的な詩をも含んでいて、難解な作を数えながらも全体としては平易で、訳注などの助けを借りればわれわれの胸中にすっと入って訴えかける力をもち、琴線にふれることが稀ではない。良寛という人を知るためには、とりわけその思想や人間観などを知るためには、その歌よりもむしろ漢詩の方が重要であることは、多くの人々によって指摘されているとおりである。その良寛の漢詩だが、中国古典詩の作詩法や格調に適った一休の詩などとは異なり、良寛独自の措辞や表現を含む作が目立つ。にもかかわらず、そこにはわれわれ読者を惹きつけずにはおかない不思議な力があることは、入矢義高氏によって次のように指摘されているところである。

良寛の漢詩には破格なものが極めて多い。五言や七言の詩の基本的なリズムを無視したものは比較的少ないが、近体詩の場合は平仄（ひょうそく）のルールは無視されるのが常であり、脚韻さえも誤用している例が珍しくはない。時としては、はなはだしく措辞が拙劣なために、意味をなさない句さえ散見する。しかしふしぎなことに、読んでいてそれほどこういうことが気にはならないし、違和感を覚えることもあまりない。これは一体どういうことなのであろうか。（禅入門12『良寛』）

良寛は自分の詩がしばしば破格のもので、漢詩作法を厳格に守ってはいないことを承知していた。それは詩作というものに関するその信念を吐露したことで名高い、

誰か我が詩を詩と謂う
我が詩は是れ詩に非ず
我が詩の詩に非ざるを知って
始めて与に詩を言うべし

という一首のうちに明確に見られる態度である。良寛は漢詩の作法、作詩法に適い、いかにみごとな措辞や修辞を凝らした作品であっても、それが作者の心が流露し、その心情を映した出したものでなければ価値を認めなかった。良寛に言わせれば、そういう詩は「奈可脱体非なるを（自分本来の心を詠んでいないから、まるで駄目である）」

ということなのである。

心中の物を写さずんば
多しと雖も復た何をか為さん

というのが、詩作に臨んでの確固たる姿勢だったのである。

しかるに禅の奥義や臨済禅の祖師たちを詠った偈などを多く含む一休の詩は、多くは中国古典詩を踏まえ、その詩法や措辞に拠った本格的な「一級品」であるが、禅学に疎いわれわれ一般の読者には取り付きがたいところがあって、それが現代の読者を遠ざけていることは間違いない。そのため今日一休の文学を知る人は少ないのである。(一休には、かれの文学の真髄である詩『狂雲集』のほかに、『続狂雲集』とも呼ばれている『狂雲詩集』があるが、宗教色が薄く禅的な要素がほとんど見られない純然たる文学作品であるこちらは、意外にも題詠的性格が濃厚で知的な構成物という感じが強く、われわれ現代の読者に訴えかけるところは少ない。詩人としての真面目は、なぜかような作品が偈の部に入れられているのか理解しがたい、露骨なまでの性愛詩や恋愛詩をも含む『狂雲集』にあると言うべきであろう。)しかしこれが実に難物であって、わからない部分があっても一読われわれの心に迫ってくる良寛の詩などとは違って、容易なことではその世界に参入できないのである。実際、禅の祖師たちを詠った

数多くの偈や、禅の奥義にふれた、

即現観音(そくげんかんのん)　奴婢の身
饅頭胡餅(まんじゅうこびょう)　精神を谷(やしな)う。
旧時(きゅうじ)　忘(ぼう)じ難(がた)し　見聞(けんもん)の境、
満目山陽(まんもくさんよう)　笛裏(てきり)の人。

古仏　堂中に露柱(ろちゅう)と交わる、
斬って　両段(りょうだん)と成して　誵訛(ごうか)を定む。
青山緑水　一閑(いっかん)の客、
咲(わら)うべし　岩頭(がんとう)の黒老婆(こくろうば)。

といったたぐいの偈なぞは、禅学の知識を欠いた私などには容易には理解できないものだと認めざるをえない。注や訳文を参照しても、なおその意を把握しかね、茫然とするばかりである。ましてやその解釈をめぐって、専門家の間で見解が分かれている作品が少なくないとなれば、作品から足が遠のいたとしても不思議ではない。『良寛禅師奇話』の著者解良栄重が良寛に、歌を学ぶには何を読むべきかを問うた折に、良寛は「万葉ヲヨムベシ」と答え、栄重が万葉は私にはわかりませんと言うと「ワカルダケデ事足レリ」と言ったという。果たして一休が「ワカルダケデ事足レリ」と思っていたかどうかは知らないが、『狂雲集』などは「わかるだけでよい」とでも開き直らないかぎり、読むこと自体がすでに難業なのである。今日一休の文学、とりわけその中核をなす『狂雲集』の読者がきわめて限られており、中世文学の専門でさえもこれに通じていない人が多いのは、そういう事情によるのである。

それゆえ、良寛の生んだ文学つまりは詩や歌が、とりわけ万葉調を主体とするその歌が、今日なお多くの愛読者を得ているのに比して、芸術性が高いにもかかわらず、一休の詩は、もっぱら専門家や中世史家だけのものになっているというのが、実情であろう。加藤周一氏、唐木順三氏をはじめとする文学者たちによって高く評価され、少数の専門家による高度な研究がなされており、水上勉氏その他の作家などによってその人物像が造形されたりもしているが、文学者・詩人としての一休は忘れられつつあって、世に広く知られるまでには至っていない。

一休が最初五山の詩僧に漢詩を学び、五山詩の影響をも受けていることは指摘されているが、『狂雲集』の詩は五山文学からも外れたものと見なされており、その枠内での研究対象にはなっていないということもある。いずれにせよ、詩人としての一休は、ほとんどの日本人にとって、もはや過去の人となっていると言っても過言ではない。それを考えれば、その詩や歌の評価や人気がますます高まる一方の良寛に比べ、文学者・詩人としての一休のその後の運命は、やはり不運であったと言うほかないだろう。その運命は、ルネッサンスが輩出した人文学者たちを主体とする名高いラテン語詩人たちが、在世中は広く詩名を謳われ、その作品が文学性や詩的結晶度が高いにも関わらず、ラテン語教育の衰退によって、今日ではほとんど忘れられ、過去の存在になってしまったのと、軌を一にしている。

加藤周一氏に「二人一休」という興味深い一文があって、それによると一休という人物は事実上二人いることになる。一人は歴史上の人物としての臨済僧一休宗純であり、もう一人は一休伝説の中にいる、後世の人々が創り上げた一休である。今日われわれ日本人の多くが知っているのは、実在した室町時代の禅僧、比類を絶した独自の詩偈集『狂雲集』の作者としてではなく、もっぱら江戸時代に成立した『一休咄』のたぐいによって、数々の逸話に包まれた頓悟利発の小僧「頓智小坊主一休さん」としての一休である。また洒脱磊落であると同時、体制化した寺院仏教の権威や権力に、その縦横無尽の機知機略で逆らい、これを痛烈に批判する高僧としての一休である。この「二人一休」の人間像には、実際にはかなりの開きが認められる。

奇狂と飄逸で知られるこの天才的奇僧は、今日なお多くの日本人に親しまれ、世人を驚かす奇矯な行動で知られる風狂僧として、国民の間で根強い人気を保っている。一休は在世中からその絶大な人間的魅力によって、伝説化された存在であり、生き仏、民衆の師父のごとくみなされていた。慕い来る多くの人々を親疎を問わず温かい人間愛で包み込む包容力の大きさが多くの人々をその身辺に引きつけ、天皇から、大名、下賤の民までを信奉者としていたのであろう。現在は文学者・詩人としての声望はその昔の在世中のように高くはないにしても、全体としての存在感は依然として大きい。常に増幅するいわゆる「一休伝説」につつまれて、その生命を保っているのである。『一休咄』はその大半が後世の作り話だとはいえ、一休作の道歌や散文作品から話の種を得ている部分もあるため、まったくの虚構とは言い切れず、そこには、一休の実像がなにがしかは反映していることも、また否めないとされている。それがこの奇僧にして傑僧が、国民の間で今日なお根強い人気を保っている理由であろう。栗田勇氏によれば、一休が今日でもなおアニメや漫画の世界で生命力を保っているのは、この風狂僧が「一揆的日本イデオロギーのエネルギーにつながるものといえるからだ。」(『一休』)という。氏は一休を「バサラ的な日本人の傑(すぐ)れた典型」と見ており、

一休さんはきわめて室町的イデオローグであると同時に、日本人の精神的なシンボルとして、中世から江戸にかけても、いや現代にも甦りつづける。一種の曖昧さと、強烈な独自性を持ちつづけている。(同書)

と述べているが、正鵠を射た見方だと思う。それにもかかわらず、詩人・文学者としての一休は、次第に影が薄れつつあることもまた事実なのである。

このように、詩人・文学者としての一休と良寛は、一方が文学者としての認知の度

合いが時代とともに下降線をたどったのに対して、他方はそれが上昇の一途をたどるという好対照をなしているのは、詩人・文学者の運命というものを考える上で甚だ興味深い。無論時代の好尚ということもあろうが、一休の場合は、やはり作品自体が「禅文学」という性格を帯びていることと、何よりもその表現・表出自体が、専門家ですらも頭を悩ませるほどに、しばしば秘教的(エルメティック)であることが、漢学の知識がほぼ失われた現代の読者の接近を妨げていることは否めない。注釈や解説の力を借りてもなお容易には理解しがたいほどに、その作品が難解であるがゆえに、詩人としての一休が忘れられ、専門家だけのものになってしまうのは、惜しんでもうあまりあることなのだが。

今日一休、良寛が肩を並べているのは、その書、墨跡によってである。両者ともに書の芸術家としての声価、名声は依然として高く、その書風が広く尊崇され、多くの人々を魅了しているという点で、共通していることは確かである。それだけに、両者ともにその墨跡は贋作が多いことでも知られている。書、詩、歌にわたる良寛の芸術の中で、書を最も高く評価する人たちも少なからずいる。良寛の場合は存命中から贋作が出回り、その書の贋作を作ることを生業としていた輩までいたというから恐ろしいが、それだけ良寛の墨蹟が人気が高かったということだろう。人も知るごとく、良寛は既に在世中から書の名手として江戸にまで名を知られ、その墨跡とりわけその草書は神品とまで評されて人々の垂涎の的であった。晩年病を得て、もはや死の床に就いていた良寛の下にまで書の依頼がしきりにきており、良寛は律儀にもそれに断りの手紙を書いている。儒侠と言われた江戸の文人で書家としても名が高かった亀田鵬斎が、越後に遊んで良寛と交わりその書に影響を受け、大いに学ぶところがあったことが、蒲生重章の良寛伝に見えるという（井本農一『良寛』による）。そこには、

亀田鵬斎北遊し其の書を観て神品と為し、往いて其の居を問ふ……乃ち款語す。後に鵬斎人に語りて曰く、「吾良寛に遇ひ、草書の妙を悟る。我が書此より一格を長ず」

とある。良寛のその書法の影響を受けて江戸に帰ってから後に、

鵬斎は越後帰りで字がくねり

などと川柳で揶揄されたことからも、良寛の書がいかに高く評価されていたかがわかろうかというものだ。良寛がどこへ行っても書を書くことを求められて辟易していたことは、「我と筆硯と何の縁かある」と言っていることからも知られるが、「感有り」と題された詩に、

如今　到る所紙筆を供して

只だ道う歌を書け　また詩を書けと

という詩句が見られるところからも窺われる。良寛は書家ではなく、また書家の字を嫌った。だが書法を学ぶことには精魂を傾け、王羲之や懐素、道風に学んでその法帖の臨模を怠らなかった。だが字を書くのはあくまで自分のためであって、揮毫を求められても気が乗らない限り応ずることはなかったし、ましてや書を口に糊するための手段とし、それを鬻ぐような真似はしなかった。気が乗らなければいくら懇願しても筆をとろうとはせず、逆に書きたくなれば、他人の家の襖でも障子でも勝手に筆を揮って好きなことを書きつけた。大関文仲の『良寛禅師伝』に、「時有って吟哦し、時有って字を作る。皆偶然に之を作すのみ」と言われているとおりである。

　一休もまたその禅風を反映した独自の書の巧みさと書格の高さによって知られ、残された数少ない墨跡は世の人々の珍重あたわざるところとなっている。それだけにやはり贋筆が多く、入手しても安心はできないという。超脱した禅者としての境地から生まれた、気合の籠った機峰鋭い筆致、闊達自在な書法は類を見ないとされ、凡百の書家の遠く及ぶところではない。つくづく書は人也という感を深くするのも、こういったたぐいの書に接した折のことである。一休の書は「心の禅者が、筆を執って行為したその跡にほかならぬ」(吉田鷹村)と評されるもので、これまた書家の書ではない。良寛に比べると一休の墨跡は少ないが、奔放で野性的と評される、気韻生動する洒脱な書を遺しており、私のごとき悪筆で書道芸に暗い人間でも、思わず惹きつけられるだけの芸術性の高さと力を秘めている。その墨跡の最大の特質は、暗さがなく禅風を反映した洒脱さにあるというが、そう言われればいかにもとの感が深い。俳人の永田耕衣は一休の書についてこんなことを言っている。なかなかいいところを衝いていて、正鵠を射た印象だと私には思われるので、少々長くなるがここで引いておきたい。永田氏は一休の書には「適度のユーモア」、「どこかユーモア以上の「酷しい稚気」が横溢していると言い、続いてこう述べている。

一休の書をむやみに禅的機鋒の塊のように見て親しみ難いとする向きもあるが、そういう面は確かにある。しかし、そうした書風の底流に、物にとらわれぬ自由人としての野性味が何ともいえぬ「酷しい稚気」を湛えていると見る。ソレを「麗しさ」といえばいえぬこともない。精悍な美しさである。それはまたザックバランとも雄勁とも枯痩とも客気とも壮大とも何とでもいえる虚空的野人、その妖気な自由人ぶりを発揮した、無遠慮な普段着、野良着の書ともいえるだろう。箸にも棒にもかからぬ天衣無縫の面構え、その貴種精悍な雑草的墨蹟は、総じて一休自身の面構えそのままである。(『一休存在のエロチシズム』)

私も何年か前の一休展で実際にその墨跡を眼にした折には、不思議な魅力に惹きつけられて、しばしの間思わずそれをじっと覗き込んだものであった。中でも竹筆を揮って豪快な筆勢で書かれた「諸悪莫作」、「衆善奉行」という二軸は、一休墨蹟の最高傑作と評されるだけあって、気迫にあふれ見る者を圧倒する力が籠っているのが感じられた。これは、その書に接した人が等しく体験するところであろう。書の上にも「狂風」が吹き渡っているなと感じたのは、私の個人的印象にすぎないが。

一休と良寛は、詩人・文学者として広く世に知られるという点では後世において格差を生じたが、両者の書家としての声望は、今後も変らないものと思われる。

一休　円相画讃「み地能邊爾　清水奈可流々　柳可気
志ハ之しとてこそ　堂地登まり徒連　東海純一休筆」紙
本墨書　81×20cm

良寛「やまたづの　むかひのをかに　さをしかたてり　かみなづき　しぐれのあめに　ぬれつつた（て）り　良寛書」紙本墨書　27×13cm

二　禅者としての生き方―共通点と相違点

（一）一休の場合―禅門の異流

今度は禅僧としての一休と良寛に眼を移してみよう。既に言ったとおり、一休も良寛も禅僧であった。一休は臨済を祖師とする臨済宗の僧であり、良寛は道元を開基とする曹洞宗の僧であった。禅僧である点は同じだが、この二人は出家の動機も、その後の禅者としての生き方も大きく異なっており、日本仏教史の中での位置付けは隔絶していると言っても言い過ぎではない。一休の場合はみずから絶法を宣言したこともあって、その禅は事実上一代限りのもので、その法脈は以後栄えることなく終わったとはいえ、禅門の異流として、その存在は日本仏教史において無視できない位置を占めている。それは、一休派の禅について、今泉淑夫氏が、「一休の遺志が数代にわたって門流に継承され、集団活動を維持した家風は、室町期禅宗史において際立っている。」（『一休とは何か』）と指摘しているところである。これに対して、文化史・芸術史上の一巨人であった良寛が、仏教史・禅宗史の上で占めている位置は無に等しい。禅の奥義を究めた悟達の禅者であった良寛に関する記述は、曹洞宗の記録からは完全に漏れているという。

一休は庶民の間に身を投じて地を這うように生きながら、広く下化衆生に努め、上は天皇から下は下賤の民に到るまで貴賤を問わず接化、教化し、その文化的影響力は多大なものがあった。良寛の場合は、曹洞禅の奥義を極めた仏教者でありながら、生涯誰に向かっても仏法を説くことはなく、下化衆生をせず、独棲してひたすら修養に努めた異色の僧、『法華経』に言う「自行の法師」であった。ここにまず大きな相違があると言ってよい。また修行時代を終えて「聖胎長養」に入って以降の一休は、京の都や堺の諸方を絶えずあちこち移動し続けた「一所不住」の蓑笠の禅に生きる放浪僧であった。対する帰郷後の良寛は、国上山中の五合庵や乙子神社の社務所などに何十年も腰を据え、一時奥羽地方へ行脚に出たほかは、そこを動こうとはしなかった。ここにも両者の生き方の違いが認められる。出家以前は北面の武士であった漂泊の僧西行も、

世の中を捨てて捨てえぬ心地して都離れぬ我身なりけり

と詠ったが、「鬼窟黒山　何ぞ尊しと称せん」と言っているように、一休は根っからの都会人で都会の喧騒を好み、山中や辺境を嫌い、一所不住ではあっても、終生洛中や堺の町を離れられなかった。世の喧騒や俗塵を避け、山中で世俗との交わりを避けて只管打坐、自己究明の修養生活を送るのではなく、頽廃堕落し淫風の吹きすさぶ俗

世間の真っただ中に身を置いて、その禅を養ったのである。これはひとつには、曹洞宗の開基である道元が都を遠く離れた辺陬の地である福井の永平寺に拠ったのに対して、一休の奉じた臨済禅が、京都五山、鎌倉五山を擁し、深山幽谷ではなく都市に寺院を構えていた都会的宗教だったことにもよろう。これに対して、本質的に田野の人である良寛は、郷里の自然を深く愛し、自然と一体化して山中独棲の後半生を送った。その点でも両者はまさに対照的である。一休の詩に純粋な自然詠がきわめて少ないのに対して、良寛には自然を詠った詩や歌が数多く見られるのは、両者のこういう生き方の相違を反映したものである。

とはいえ、禅僧としての両者に共通する点も幾つかはある。それらをいくつか挙げると、まず第一に一休も良寛もともに詩人であり、禅者としてまた人間としての己を詩という形で造形したということが挙げられる。両者は道元、法然、親鸞のように、その仏教思想・仏教哲学を体系化したような著述は遺しておらず、むしろ文学の世界にその跡をとどめた存在であると言ってよい。表現者としての一休の基本的姿勢は「禅一致」であり、その手になる詩偈集が『狂雲集』である。良寛もまた、彼自身は詩人としての意識はもたなかったにせよ、後世の眼から見ればまぎれもなく傑出した詩人であった。ただし一休がその詩偈を自らの風狂禅を直截に伝える手段としたのに対して、良寛がその詩を自らの禅思想・仏教思想を表出する場とすることは稀であったということは言っておかねばならない。

次いで挙げるべきは、両者とも権威に背き、体制化した仏教界を嫌い、純粋な仏者として生き抜いたということである。まず一休だが、本来人はひとたび出家の身となればすべて釈尊の弟子であって、その出自身分にかかわらず平等な存在となるはずである。出自の尊卑は問題にならず、皇族、貴族もみな方外の者としては同じである。しかるに当時五山僧の内部では、宗門内の栄達を願い、高い出自を誇り、身分の低い出の修行仲間を蔑む風があった。臨済禅の高僧たちは、皇族ないしは身分の高い貴族出身者で占められていた。一休が若き日から五山僧のそういう態度に激しい怒りを抱いていたことは、まだ一六歳で慕喆に詩を学んでいた頃、氏俗の尊卑を説き、己の出自家系を自慢する僧たちに対して、痛烈な批判の眼を向けた偈を二篇作っていることからも知られる。右の一件があってから四〇年後に、それを追懐して序文を添えたものが『狂雲集』に収められている次の二首である。（序文は省いて引くが、四〇年経っても、禅の宗門では一向にその弊風が改まっていないのでそれを四方に示す、と述べられている。）

法を説き禅を説いて　姓名を挙ぐ、
人を辱むるの一句　聴いて声を呑む。
問答　若し起倒を識らずんば、
修羅の勝負　無明を長ぜん。

犀牛（さいぎゅう）の扇子　誰人（だれびと）にか与えん、
行者盧公（あんじゃろこう）　来って賓となる。
姓名議論す　法堂（はっとう）の上、
恰（あたか）も　百官の　紫宸（ししん）に朝（ちょう）するに似たり。

一休の憤慨に対する慕喆の反応は、「当節の叢林の頽廃は一本の柱のよく支えうるところではない。三十年後には、おまえの言ったとおりになるから、それまで忍耐して待て。」というものであった。貴種であったにもかかわらず、一休が若き日から反権力の姿勢を見せていたことをうかがわせる出来事であった。

また同じく清叟仁の下で学んでいた頃、将軍義持が寵臣赤松持貞を伴なって師のいた庵を突然訪れ、そのころ禁制となっていた金襴の袈裟を着た師の寿像（肖像画）を見せよと要求したことがあった。一休が一段高いところからそれを直接将軍に渡そうしたので、その無礼を怒って代わりに受け取ろうとした赤松の手を握って、「あっかんべえ」をしたという逸話も、その反骨、反権力の姿勢を物語っている。その気骨に呑まれてか、義持も敢えて一休を咎めることもせず、そのまま踵を返してそそくさと寺を後にしたという。ここにも相手が将軍と雖も、その権威に屈しなかった反骨の精神が、早くも見られるのである。

それとまったく同じではないが、温順そのものであった良寛も、仏教界の堕落に対しては、別人のごとく激しい憤りを見せて、その詩の中でこれを指弾、批判しているのが認められる。出家の身となりながら仏道修行専一に修行に励まず、体制化した宗門内の栄達を図ったり、世俗的な利ばかりを追い求める僧侶に対しては、仮借ない厳しい批判の矢を放っているのである。また弱者たる農民の側に終生身を置いていた良寛は、権力者、支配者たる武士階級の人士とは交わりをもとうとはしなかった。長岡藩主牧野忠精が良寛の奇行を慕って、わざわざ五合庵まで赴き、師を城下に迎えようとした折にも、良寛はこれを謝絶している。その根底にあるものは、やはり一休と同様な反体制、反権力、反俗の姿勢であって、両者に相通じるものがあると言ってよい。道元禅師の「王侯に近づくなかれ」という教えを固く守って、権力に近づく宗教者は必ずや自立性と自由を失うことを、しかと心得ていたからである。

民衆を踏みつけにして安逸を耽る足利幕府の暴政に怒りを抱いていた一休は、権力者に対して一貫して強い嫌悪感を示し、終生反権力、反権威という姿勢を保った人物であった。なによりもまず一休は、権力と結びつき体制化した寺院仏教組織を意識的に拒否離脱し、名利を嫌って庶民の間に身を投じ、奔放不羈、「狂」に生きる破戒無慚な風狂僧、「水宿風飡」の蓑笠の禅者としての生涯を貫いた。宗門の権威への反発と強烈な自負の念は、「今の時代に真の禅者はいない、臨済禅はその開祖一代で滅びてしまった。もし臨済禅の正系を受け継いでいるものがあるとすれば、草の草鞋に竹の杖に生きる蓑笠の禅を実践している自分以外にはいない。曲椽木床に坐って為人説法するのは真の禅ではなく、名利のためのものだ。」ということを詠った、

臨済の児孫　誰か的伝
宗風滅却す　瞎驢（かつろ）の辺
芒鞋竹杖（ぼうあいちくじょう）　風流の友
曲椽木床（きょくろくもくしょう）　名利の禅

という一首に見ることができる。さらには

華叟の子孫禅を知らず
狂雲面前誰か禅を説く
三十年来肩上（けんじょう）重し
独り加担す松源禅（しょうげんぜん）

という詩偈も同様に、自分こそが祖師たちの法燈を継ぐ純粋な臨済禅の正当な後継者だという自負の表明にほかならない。（後に「虚堂七世の孫」と称するようになった一休は、自分の頂相（ちんぞう）つまりは肖像画に附した賛で、「扶桑國裏今まで禅無し」とま

で言っているが、大変な自信と鼻息である。）

『狂雲集』を開いて驚かされることのひとつは、その随所に見られる一休の仮借ない宗門批判である。『自戒集』となると、それはもはや批判を超えて罵詈雑言にまで堕している。武士階層に多くの帰依者を出した禅宗とりわけ臨済禅は、義満の足利幕府と緊密に結びつき、その権力機構の一端を担うまでに世俗化し堕落したが、禅者としての一休の生涯は、全身を傾けてのそれに対する批判、反抗、糾弾に彩られていると言ってよい。一般に宗教者が権力に近づくことは危うく、堕落や腐敗につながるのが常である。純粋禅に生きる仏者として、一休はその危険性をよく知っており、そういう方向へと流れて官僚化したり、政僧化したりしていた禅宗の徒、中でも臨済僧の堕落を激しく攻撃した。「仏法を以て渡世の謀（はかりごと）とする、これ世上の栄衒の徒なり」と断じて、権力に諂い、名利を慕って世俗的出世の身を願う「栄幻の徒」と化した禅坊主どもを指弾して、

官に諂って只佳名の発するを願う
真の菩提心一点無し

と容赦なく切って捨てたのが一休である。一休は足利幕府の保護を受けて堕落し、求道精神を忘れて禅道修行を怠り、表向きは持戒堅固とみせかけながら酒色に明け暮れ

たり、禅を忘れて詩文に耽ったりしている禅坊主たちを指弾し、敢えて偽悪的なまでの己の逆行を誇示して、彼等を嘲笑した。その舌鋒は鋭くまた容赦ない。なにぶん「臨済禅の堕落ぶりは「禅家ニハ金殿玉楼ヲミガキ」「禅僧ハ珍膳妙衣ニ飽ケリ」というありさまで、僧綱位階が公然と売買され、金銭をもって僧位を贖う輩さえも少なからずいたのである。禅者批判、攻撃の詩偈はあまたあるが、そのうちの一休自らがその正系を継ぐ者と自負していた大燈國師の系譜を引く臨済僧の堕落ぶりを、痛憤を込めて罵倒した一首を引いておこう。

　大燈門下　単于（ぜんう）の境。
　姦賊（かんぞく）　此の時　法筵（ほうえん）を開く、
　厚面無慚（こうめんむざん）　誰だ畜類、
　古今（ここん）に此（かく）の若（ごと）きなる邪禅無し。

このような堕落僧を攻撃嘲笑する詩偈の多くは、体制化して堕落した宗門に対峙した一休の姿勢を物語っている。

　中でも目立つのは、堕落して『密参』という形で禅を商業化して印可状を乱発し禅を安売りした、大徳寺の法兄養叟一派の僧たちに対する激烈な批判と攻撃である。

得菓投機(とくかとうき)　多く人に教う、
青銅の定価　両三緡(みん)。

と詠って、古則公案を人に教えて金を取ることを批判し、さらには、養叟とその法嗣である春浦の古則公案はすべて嘘であるとまで言い切って、攻撃しているのが見られるが、その調子は極めて辛辣である。

頤煕が禅話　太(はなは)だ新鮮、
露呈して　拳を開き　また拳を出す。
竜宝山中の悪知識、
言詮(ごんせん)の古則　尽(ことごと)く虚伝。

だがこれなぞはまだ手ぬるいほうであって、養叟一派の僧たちを「法中の姦党」などと呼び、「癩児」、「猢猻（しっぽの無い猿）」と呼んで罵倒するなど、一休の人格、品格を疑わざるをえないような詩偈も何首かある。養叟一派を「栄衒の徒」と呼び、その「密参」禅を痛罵した「栄衒の徒に示す」と題する偈では、

人家(にんけ)の男女(なんにょ)　魔魅(まみ)の禅、

室内に徒を招いて玄を悟らしむ。
近代の癩人　頤養叟、
弥天の罪過　独り天然。

とまで言い、『自戒集』では、養叟が癩病に罹って死んだなどという嘘まで捏造している。養叟一派糾弾は、『自戒集』ではさらにエスカレートし、しばしば批判、指弾の域を越えて、痛罵、悪罵にまで達しているのが見られる。そのマニアックなまでに執拗な攻撃は、一休の気性の激しさを感じさせずにはおかないものがある。良寛は曹洞禅のみならず、宗派を問わず堕落した当時の教界や仏者全般を厳しく批判したが、一休の場合は、その批判や糾弾が、臨済僧それも大徳寺派の僧に対して集中して向けられているのが特徴である。『狂雲集』には曹洞禅を批判した詩偈は、「曹洞の悪見を毀破す」と題された一首しか見られない。良寛もそうであったが、一休は他宗に関してはきわめて寛大であって、法然、親鸞などには深く敬意を抱き、また蓮如とは大変親しい仲であった。禅を究めながら、一時期浄土宗への改宗を宣言したのも、他宗に対してそういう態度で臨んでいたことを考えれば、あながち奇とするにはあたらないかもしれない。

総じて一休という人物は、良寛とは違って気性や感情の起伏が激しく、自己顕示欲が強烈で挑発的である。ギリシアの哲人エピクロス風の「隠れて生きよ（lathe bibeos)」という教訓と無縁なタイプの人物だったと言えるであろう。「瘋癲」、「一段の妖怪」、「狂客」と自称して、『狂雲集』の数多くの詩偈の中で酒肆婬房に出入しては女色男色に耽る破戒僧としての己の行状を誇示しつつ、それを逆手にとって、似非禅に堕していた当時の臨済禅を指弾しているのが、その本領なのである。同じく体制化し堕落した宗門、仏者の批判者であっても、良寛はその点では大きく異なっている。「隠れて生きよ」と説いたエピクロス的な生き方を実践した良寛は、自己顕示欲とはまったく無縁で、ひたすら草庵に隠れて生き、深く沈潜した自己の内面も、その激しい仏者批判をも詩の中に封じたまま、在世中はついに公にすることはなかった。彼の詩集や歌集が世に出たのは、その死後のことである。

（二）　良寛の場合―宗門の批判者

さて一方良寛は、一休と同じく、堕落して幕府の権力機構の一端と化していた当時の寺院仏教に背を向けて生きた人物であり、あたかも禅僧たることを捨てたかのように、印可を得て帰郷後はいかなる寺の住持にもならず、山中の草庵に隠遁独棲して一鉢一衣の極貧層、一介の野僧、乞食僧として生きる途を選んでいる。みずから「僧に非ず、俗に非ず」と称した半僧半俗の後半生であった。元来キリシタン弾圧のために幕府が設けた檀家制度は仏教界の体制化と堕落をもたらした。加藤周一氏の言葉を借

りれば、「すべての人間が仏教徒にならざるをえなかったから、誰も仏教信者でなくなった」のが、徳川時代であった。良寛は、

我が道　首を回らせば実に嗟くに嘆へたり
天上　人間　今幾人ぞ

「わが仏教界を振り返ってみるに、実に嘆かわしいことばかりだ。この世で正しく仏道をおこなっている人が、果たして何人いようか。」

と詠って深く嘆いているように、当時の堕落しきった仏教界の状況に絶望していたと言ってよい。それゆえ仏者が権力へ近づくことへの拒否も、驚くほど激しい。檀家制度に安住して、ひたすら宗門組織内での栄達を図る堕落僧に対する良寛の指弾は、まことに厳しいものがある。よく知られている「僧伽」と題する長詩の中で、道心をもたぬ僧侶を痛烈に批判して、次のように言っている。

白衣の　道心無きは
猶尚　是を恕すべし

出家の　道心無きは
その汚（お）や　之（これ）を如何（いかん）せん
髪は　三界（さんがい）の愛を断ち
衣（ころも）は　有相（うそう）の句を破る
恩を棄てて　無為に入（い）るは
是　等閑（とうかん）の作（さ）に非ず

……………

今　釈子（しゃくし）の子（し）と称し
行（ぎょう）も無く　亦悟（ご）も無し
徒（いたず）らに　檀越（だんおつ）の施（せ）を費やし
三業（さんごう）　相顧（あいかえり）みず
首（こうべ）を聚（あつ）めて　大和（たいわ）を打ち
因循　旦暮（たんぼ）を度（わた）る
外面は　殊勝を逞（たくま）しうして
他（か）の　田野の嫗（おうな）を迷わす
謂（い）う　言（われ）好箇手（こうこしゅ）なりと
吁嗟（ああ）　何（いず）れの日か寤（さ）めん
縦（たとえ）　乳虎（にゅうこ）の隊に入るとも

名利の路を践むこと勿れ
名利　纔かに心に入らば
海水も亦澍ぎ難し

このように、体制化した寺院仏教の上にあぐらをかき、堕落して求道精神も厳しい仏道修行も失って形骸化した当時の仏者全般に対する良寛の眼は厳しく、その批判は容赦ない。当然のことながら、それは彼の報じた宗門すなわち曹洞宗の禅者にも向けられている。良寛は、ただ旧来の宗門の習慣に従い形だけの修行や名刹への行脚をおこなうばかりで、禅学の奥義に迫りそれを究めようとはしない曹洞僧を批判して次のように詠っている。良寛から見れば、そういう禅僧は「可怜生」つまりはあわれで情けない連中にすぎないのである。

我　行脚の僧を見るに
都　是可怜生
三刹の地を　履まずんば
衲僧の名を　汚すと謂えり
所以に　本師を辞し
茫茫と　策を杖いて行く

一夏　この地に住し
三冬　彼の郷に到る
徒に　師の口頭を采り
之を以て　平生に充つ
相逢うて　裁に一問すれば
旧に依る　可怜生

気性激しい一休が、憤怒に満ち烈々たる気合を込めて、舌峰鋭く臨済禅の堕落腐敗を攻撃したことは先に述べたとおりである。それに対して、温和そのものの人柄で、和顔相語、憤怒とは無縁であるかのように見える良寛だが、事ひとたび仏教界への批判となると、別人のように激しく燃えて仮借ない言葉を吐いているのである。真の信仰を自己の内部に確立し、禅の奥義を究めて悟達した仏者であっただけに、形骸化した似非仏教、葬式仏教に対しては、心底許しがたいものを感じていたのであろう。禅者への批判は、「偶作七首」と題された一連の詩の題三首目の作の

経は名相を数えて　永く返らず、
禅は寂静に執してし　終に遷るなし

「経家は諸方の名と姿を分析することにのみ熱中し、
禅家は心身断滅の境に拘われてそこに尻を据える」（入矢義高氏訳）

という詩句に見え、また第六首目の作の

嗟あ今時の参玄の客を見るに
祗だ推敲に向かって　此の躬を老いしむ
裁かに意識を度らば　何ぞ能く堪えん
縦い玄旨に契うも　我が宗に非ず

「ああ、当世の参禅者を見たところ
ただ言葉の吟味だけに励んで齢を重ねている
だから少しでも心が認識へ傾くともうかたなしだ
たとい禅の要をつかんだとて私の宗とは無縁だ。」（同）

という詩句のうちには、禅を究める修行を怠り、形だけの禅に終わっている当時の禅僧への手厳しい批判が見られる。

ところでまた一休は宗門批判だけでなく、その詩で、台風の被害に遭って苦しんで

いる庶民をよそに、夜な夜な宴会を開いては遊楽に耽っている将軍義政の堕落した愚行を、

大風洪水　万民憂う
歌舞管弦　誰が夜遊ぞ

と詠って糾弾したり、「世上三分の二餓死に及び、骸骨衢に満ちる」という悲惨な状況下でも遊楽をやめない義政に怒りを爆発させて、

幽客は憂えず亡国の苦しみを
海棠花下（かいどうかか）　明皇を咲（わら）う

と詠ったりしている。一休がこうして塗炭の苦しみにあえぐ庶民をよそに、安逸享楽の日々を送っていた室町幕府の暴政を厳しく指弾した詩を何篇か遺しているのに対して、良寛は作品の中で表だって幕政を批判するようなことはしていない。ただ虐げられ収奪されて苦しむ農民の苦しみを限りない同情の念を混めて詠うのみであった。(もっとも一休にしても、洛中だけで八万人余りの餓死者を出した飢饉に際して、念仏宗の願阿なる僧侶が、先頭に立って飢民の救済と弔いに努めたのに対して、とりわ

けこれというはたらきはせず、ただ詩を作って幕政や、庶民の苦しみをよそに安逸を貪っている僧侶たちを批判、糾弾するにとどまっていた。）注意すべきは、上記の事実をもって、一休が直ちに民衆や下層民の側に立ち、その味方であったとするわけにもいかないということである。一休が権力やそれに諂う体制化した禅門の徒を嫌悪して、好んで庶民の間に生き、庶民と共棲したことは事実だが、常に彼等の側に立っていたというわけではない。

如何なるが苦しきものと問ふならば人をへだつる心と答へよ

と詠った良寛が、常に弱き者、虐げられ蔑まれている者たちへの限りない同情と暖かいまなざしを向けているのに対して、一休は台頭してくる民衆、庶民に対しては厳しい態度で臨み、蔑視を隠さないからである。『狂雲集』で一休はしきりに「酒肆婬坊」への出入を誇示しているが、彼が交わったであろう妓楼の女たちや、辻君と呼ばれた街頭で春を鬻ぐ女たちが、食い詰めて飢餓に迫られた貧しい民によって売られた娘たちであったことに思いを致した風はない。また『自戒集』に見るように、癩を病む者への差別意識をも抱いていた。自らが地を這うようにして生きた野僧でありながら、一休がこういう差別意識を脱しきれなかったのは、元来が貴種であったためか、それとも時代の制約によるものだろうか。

良寛が後半生に、隠遁者として宗門の外にある生き方を採ったのは、当時堕落して宗門の内部で対立が起こり、黄檗禅に押されて本山の永平寺でさえも衰え、一時は無人の廃寺にまでなっていたという、当時の曹洞宗に絶望したからだと説く人もいる。また宗門のあり方に批判的だったために、曹洞宗の側から締め出されたのだと見る人もいるが、いずれも推測の域を出ず、真相は明らかではない。ただ良寛が玉島の円通寺での修業を終えて帰郷してから、いかなる禅寺にも近づこうとはしなかったことは事実である。後半生の大部分を過ごした国上山中の五合庵も真言宗の寺の隠居所であり、郷里で関係をもった寺はすべて他宗のものであった。

禅を深く究めた良寛が、敢えていかなる寺の住持にも出世しようとはせず、野に生きる乞食僧としての途を選んだのはなぜであろうか。それに関しては諸説あるが、私個人としては、修業成って印可状を得て、玉島の円通寺で庵まで与えられていた良寛が、敢えてそれを捨てて郷里に帰り、草庵独棲の一介の乞食僧となったのは、やはり己の資質を知っての決意だったとする説に与したい。己の「愚」と「弧拙」を深く知っていた良寛は、制度化した寺の住持としてその経営にたずさわったり、檀家制度により幕政の一端を担って信徒を管理し束ねてゆくことが自分には出来ないことを、強く自覚していたはずである。一山を束ね、寺門を経営しつつ為人説法することは、所詮良寛のよくなし得るところではなかった。自分が実務における社会的無能者たることを自覚していた上に、檀家制度に安住し、体制化した寺院仏教にあぐらをかいて生きるのは、真の仏者・禅者としての自分のなすべきことではないとの固い信念に基づく決断だったと思うのである。良寛自身がそのことを、

　孤拙（こせつ）と疎慵（そよう）と
　我は出世の機に非ず

とはっきりと自認し、明言している。「騰々忍運」、ひたすら忍恥（にんにく）の日々を重ね、草庵で己の禅境を深めること、「和光同塵」に努め、その存在自体によっておのずと周囲の人々を教化すること、これが良寛の採った仏者としての途であった。本質的に含羞の人、羞恥の人である良寛は、帰郷後誰に向かっても法を説いたり、一段高いところから説法したりすることはなかった。しかし無欲恬淡にして清廉なその生き方、その存在自体がおのずと周辺の人々を感化し、教化することとなったのである。その生き方そのものが無言の説法となっていたのだと言ってよい。弘法説法はわが任にあらずと自覚していたのだと思う。宗門で栄達を遂げ、大寺に出世して紫衣や金襴の袈裟をまとい、ありがたそうに衆庶に説法することを峻拒した仏者・禅者としての生き方を選んだという点に関しては、一休と同じである。

　玉島での修行時代と、それに続く「聖胎長養」の諸国行脚を終えて帰郷してから後の良寛の信仰については、論者評者により見解が異なっている。良寛は最後まで曹洞

禅の禅者としての信仰を貫いたと主張する人もいれば、晩年は他力本願の浄土宗への傾斜を深めたと説く人もあり、宗派を超越した仏者となったと見る向きもある。禅道修行に挫折し、「風光に誤られ」て、仏道よりも文学への傾きを深めたのだと説く人もいる。仏教信仰に関する格別の知識をもたない私には、そのいずれを是とすべきか、正直言って判断がつかない。帰郷後の良寛を「禅僧から表現者（詩人・歌人）への転向」を遂げた人物と見る私の立場からすれば、長谷川洋三氏の次のような見解に最も共感を覚えることは言っておきたい。

> ところで学んだ宗派から離脱することは、反宗派ではなくとも超宗派であり離宗派である。「超」も「離」もその宗派から見れば所詮は異端であろう。良寛は曹洞　禅からも異端であり、浄土門からも異端であり、仏門界からすでに異端であった。「半似社人半似僧（なかばはしゃじんになかばはそうににる）」とみずから述懐する所以である。彼の本領は、一切の虚構を抜けでたところで自然を賞で、自然に随順し、子供等と遊ぶところにあった。彼は宗派宗旨に膠着しない。また膠着することの限界や無意味性を理論として説きはしない。理論はすでに限界であり、不立文字に反している。彼はただ己のありようを歌い詠ずるだけだ。（『良寛の思想と精神風土』）

いずれにせよ、繰り返しになるが、一休も良寛もともに体制化した仏教のあり方に背を向け、禅門の異流ないしは、宗門の外に身を置いた存在であったことを、共通点としてもう一度確認しておきたい。両者ともに堕落頽廃した既成仏教・宗門の鋭い批判者であり、徹底した反権威、反俗の人物であったことも改めて強調しておかねばならない。時代を異にし、その性格、気質、処世の仕方、社会的態度、行動様式、禅風詩風など、多くの点でむしろ対照的なこの二人であるが、この一点に関しては、深く相似たところがあるのである。

三　時代背景と出家の動機

（一）一休の出家

一休と良寛というこの二人の禅者には、生涯にわたって反権力反俗を貫いた姿勢以外にも、生きた時代背景に共通するところがあった。良寛が生きた時代が、台風、洪水、飢饉といった天変地異や様々な厄災に見舞われ、その上腐敗し堕落した世であったこと、人心もまた荒廃し狂乱が支配していた末世であり、実に多難多艱な時代であったことは、すでに述べたとおりである。一休が生きた時代はさらに悲惨な現実が眼前に繰り広げられた暗黒時代であって、同時に足利義満によるいわゆる北山文化、風流将軍義政による東山文化が花開き栄えたという矛盾した時代でもあった。不思議なもので、太平の世にはあまり天才偉才といった人物は出現せず、かえって悲惨な戦乱動乱や騒擾が渦巻き、人倫が退化した暗黒時代に、各方面での天才、巨人が現れて目覚しいはたらきをし、歴史上に大きな足跡を残している。戦乱と狂気の時代であった室町時代には、仏教者を見ただけでも夢想国師、一休、蓮如、兼好、心敬僧都などが出ているが、一休こそはまさに、そういう戦乱と狂気の時代が生んだ一大奇才、天才の一人であった。

一休の生きた室町時代という時代には、台風洪水などの天災が頻繁に襲い、飢饉や疫病が日常化し、庶民や下層民が餓えに苦しみ、おびただしい数の人々が日々死んでゆくなかで、上流階級は庶民の惨状をよそに日々風流を楽しみ、宴遊に明け暮れていたのであった。それは一休が、

大風洪水、万民憂う
歌舞管弦、誰が夜遊ぞ

と悲憤をもらして指弾しているところである。また足利幕府の庇護を受け、体制化して幕政の一端を担っていた五山の禅僧たちは、禅道修行を怠り、庶民の救済を忘れてひたすら世俗の快楽に耽り、風流な詩文の世界に遊んでいたことも言っておかねばならない。それについても一休は、「寛正二年餓死」と題する詩の一首で、その頽廃、身勝手を、

寛正の年無数の死人。
輪廻、万劫、旧精神。
涅槃堂裏、懺悔なし。
なお祝う、長生不老の春。

と痛烈に批判、糾弾しているが、仏教界、禅の世界の世俗化と堕落頽廃は、いかんともしがたい状態に陥っていたのである。一休が最初五山派の僧を師として学びながら、やがてそれを離れて林下の寺で禅者としての己を養うことになったのも、そういう状況があったればこその話である。

　この動乱の時代は、まず支配階級となった武士団による権力闘争とそれに起因する内乱が起ったことに端を発した。それはまず一休が母の膝元を離れ安国寺に童行（ずんなん）として入った年に、兵火にかかって京や堺が焦土と化した応永の乱として始まり、一休の晩年に一〇年あまり続いた応仁の大乱を見るに到っている。さらには戦乱に加えて疫病が大流行し、大飢饉が発生して数十万人に及ぶ餓死者を出したと言われているが、京の都だけでも死者は実に八万人を越えたという、文字通りの地獄絵図が繰り広げられたのであった。賀茂川の流れが死体で埋め尽くされて止まったと伝えられているのは、その折のことである。民は飢えて流民となり、洛中の乞食数万人、賀茂の河原は餓死者の死体が累々と横たわるという惨状であった。それに加えて、大風、地震、洪水と、天災がうち続き、農民一揆の頻発があり、ありとあらゆる厄災が度重なって、民の疲弊も極限にまで達していた恐るべき暗黒時代であったと言うほかない。その最後に来るのが、一休が晩年に遭遇した未曽有の戦乱で、京の都の大半が廃墟と化したほどの応仁の大乱であった。一休の生涯の大半は、このような空前の動乱の狂気と未曽有の厄災に覆われていたと言ってよい。恐るべき逆境が稀代の風狂僧誕生の背景にあったわけである。

　こういう相似た時代を背景に生きたことが、一休と良寛をして、悲惨な現実を前に無力であるばかりか、安逸をむさぼり、権力に飼いならされて体制化し、仏道修行を怠っていた、当時の寺院仏教批判へと駆り立てたことは、容易に理解できることである。

　次にこの二人の禅僧の出家の動機と、その後の禅道修行の跡を見てみよう。

　まず両人が出家し、禅僧となった契機は同じではない。良寛とは異なり、一休が出家し、臨済僧となったのは、本人の意思によるものではなかった。先に述べたように、彼は後小松天皇と南朝の遺臣である公家の娘との間に生まれた。後小松天皇が、成人して立派な禅僧となった一休を何度か宮中に召していること、薨去するに際して一休に形見として硯などを下賜していること、そればかりか皇位を誰に継がせるべきか一休の意見を徴していることなどが、その証拠として挙げられている。わが子でなければ、いかに悟達の禅僧だったとしても、帝位にあるものが宗門の異流にすぎない一介の野僧であった一休に深く帰依し、親しく語り合うことは考えられないからである。ましてや帝位を誰に継がせるべきかについて、ただの野僧に下問するなどということはありえないと思われる。

　一休自身皇胤であることを決して明かさなかったが、自分が後小松帝の皇子だと意識していたことは、

天の沢東の海を渡り来て後の小松の梢とぞなる

という歌を詠んでいることも、皇胤説を裏付けるものとされている。「天の沢」とは「天沢つまりは、一休が終生尊敬してやまなかった南宋の禅の祖師虚堂智愚のことで、その師が日本にやってきて、後小松天皇の梢となったというのである。「後の小松の梢」とは、一休自身を指している。また一休には、後小松天皇亡きあと雲龍院にあるその廟堂を訪ねて詠んだ詩が何首かあるが、その中の

三皇日月　一乾坤、
五十余年　百帝の孫。
万里　雲竜　門下の客、
慈心深き処　君恩に似たり。

古寺の残僧　是非を忘れ、
雲竜の風月　皇畿を帯す、
庭前に王孫草の有るを知り、
猶斜陽に到るも　帰り得ず。

という二首などは、後小松帝を偲ぶ一休の心情が切々と伝わってくる作であり、やはり一休が皇胤であったことを窺わせずにはおかないものがある。(一休の詩にみずからを指して「王孫」と言っている箇所があることを根拠にして、皇胤説を唱える人もいるが、「王孫」という語は、『楚辞』以来、「貴公子」「若様」というような意味で用いられているので、これは決め手にはならない。)一休は庶腹の子ではあるが第一皇子であり、成人後登極して皇位に就く可能性もなかったわけではない。しかし『東海一休和尚年譜』には、一休の母となった女性と一休の誕生に関して、

後小松帝に事え、能箕箒を奉じ、帝寵渥し。后宮譖りて曰く、彼に南志あり、常に懐剣を袖にして帝を伺うと、因りて宮闈を出て、民家に編入す、以て師を生む。

と述べられているように、母は宮中を追われたのであった。つまり帝が一休の母となった、南朝の遺臣日野中納言資朝の娘だったと言われるこの女性を深く寵愛したため、彼女は皇后周辺の者たちの嫉妬を買って、「南朝の遺臣の娘が懐剣を懐にして帝の命を狙っている」と讒訴されて宮中を追われた。彼女は側室としての地位も奪われて、洛外嵯峨の民家で一休を生んだというのである。(一休の母となったこの女性の出自

についてはは、確かなことはわからず、すべて後世の推測である。仮に日野資朝の娘であったというのが事実だとすれば、良寛とは不思議な縁があることになる。なぜなら日野資朝は鎌倉幕府によって佐渡流罪に処されたが、配流の地に渡る前に、出雲先の山本家つまりは良寛の生家に数日逗留し、出船の意に際に「わするなよ程は波路をへだつとも替らず匂へ宿の橘」と詠んだ自筆の短冊を山本家にとどめたからである。とすれば、良寛は出家以前の山本栄蔵時代に、山本家の家宝とされていた、一休の祖父の自筆による歌を眼にしたことになる。そうだと面白いが、所詮は推測の域を出ない。山本家が屋号として「橘屋」と名乗るようになったのも、この一件に因むのだという。）

後小松帝は南北朝統一後最初の北朝系の天皇であったが、統一後まだ日も浅く宮中では南朝方への警戒心が解けてはいなかったことがわかる。幼名を千菊丸と名付けられたその子は、親王宣下もなく皇子として認知もされぬままに養育され、数え年でわずか六歳にして母の膝元から引き離され、「周健」と名付けられて、足利幕府の管理下にあった安国寺長老の像外集鑑の侍童として寺に入れられたのであった。（一休の全生涯にわたって強烈な女人思慕、女体思慕がつきまとい、『狂雲集』に色濃く影を落とし、特異な彩を添えていることは後にふれるが、それには幼くして若く美しい母から引き離されたことが大きく作用していると、研究家たちは説いている。また一休が「宮女失寵」というテーマに異常なほど深い関心を抱き『狂雲集』の中でそれを繰り返し詠っていることも、宮中を追われた母への思慕の念に発するものだと、やはり研究家たちによって説かれているが、納得できる見解である。また修行時代の若き日に、『平家物語』の「妓王失寵」の段を聴いて三頓棒の公案を解いたなどということも、母の悲運と深くかかわっていると考えなければ、解しがたいことだと言えよう。）

一休の出家に関しては、当時絶大な権力をふるっていた足利義満の意向が大きく働いたものと見られている。当時絶対的な権力者としてふるまっていた義満は、独断で南朝を北朝に吸収合併するような形で南北朝を統一し、後円融天皇皇子であった幹仁親王が即位して後小松天皇となった。後円融天皇とは従兄弟同士であった義満はますますその専横を募らせ、天皇から次々と皇権を奪い、それを骨抜きにしていったのである。密かに皇位簒奪をもくろんでいた義満は、わが子義嗣に皇位を継がせて太上天皇となろうと企み、その邪魔になる南朝の皇統の断絶を図って、皇子たちを次々と出家に追い込んでいった。当時皇族が出家するということは、皇位を継ぐことを断念することを意味したのである。「治天の君」である天皇と雖も、義満の意向には逆らえなかったのである。（ただし義嗣を天皇に即位させようという義満の野望は、その子義持が、上杉禅秀と組んで謀反を起こした義嗣を殺したため、実現しなかった。一休はこの義嗣と親友であったというが、これも皇胤であったればこその話で、官寺とも縁の薄い寺の只の修行僧が、義満の子で「立太子礼」まで済ませていた義嗣と、そうやすやすと親しく交われたとは思われない。）南朝の後裔の皇子たちが悉く出家を強いられたのは、幕府に対して謀反を起こしたりせぬように、義満がその芽を摘んでおいたのである。出家させられた南朝方の皇子たちは、いずれも幕府管理下にある夢窓国師派の寺に配置されたが、これは彼等を幕府の監視下に置こうという義満の指図によるものであった。庶出ではあるが皇位を継ぐ可能性が絶無ではなかった千菊丸もまた、その野望の犠牲者の一人となったのである。つまり本人の意図とは別なところで、仏者・禅僧としての途が敷かれ、その第一歩を踏み出したということになる。幸いにもこの不遇な皇子は求道心が篤く、禅道修行に邁進したため、結果としては日本文化史、仏教史の上の一巨人たる奇僧にして傑僧一休が誕生したのは結構なことではあるが、皮肉と言えば皮肉である。一休の出家に関しては、仏教信仰の篤かった母の意向もはたらいたと説く人もいるが、仮に親王宣下もないままに野に在って成長したとしても、不幸な一生を送ることになった可能性が高いと思われる。南北朝統一後、南朝側の皇族、遺臣が冷遇されていることに遺恨を抱いた尊秀王が日野中納言有光とともに宮中に乱入して神器を奪い、比叡山に逃げ込んだが、僧徒に殺されたことを考えても、やはり南朝の血を承けた皇胤にとって、出家は保身の道であったと言うほかにない。いずれにせよ、一休の場合は、本人の意思とは別なところで、仏者・禅者への途が敷かれていたことだけは確かである。

同じく義満の意向で出家させられた南朝方の皇子であった高峰顕日などが高僧の位を得たのに比して、一休が皇胤であることを決して明かさず、敢えて林下の臨済禅の異流に身を置き、一介の野僧、放浪僧としての生涯を貫いたのは、義満の野望の犠牲となったことへの反抗心もなかったとは言い切れまい。母を宮廷から追って父を奪った権力者義満への怨みが、後に一貫した反権力の姿勢、足利一族による幕政に対する容赦ない指弾という形で噴出したとしても怪しむには足りない。

幕府への憤懣を詩偈に綴って批判攻撃した一休とは異なり、良寛は表立って幕政を批判したりはせず、反権力の姿勢を見せたりはしていない。だが生涯常に農民の側に身を置いて、支配者である武士階級とは一切交わりや交渉をもとうとはしなかった。そういう姿勢自体が体制批判であったし、一貫して庶民の側に身を置く野僧としての生き方を選んだ一休と共通するところがあると言える。一休が「紫野の一休和尚」として隠れもなき高名な僧であったにも関わらず、その名が当時の公家の日記などにほとんど姿を見せていないのは、その生活行圏が常に民衆の中にあったためであろうと、中川德之助氏は見ている。

一休が官寺の住持などに決して出世しようとはせず、地を這うような生き方をしながら、常に衆庶と接してその生涯を終えた背景には、上述のような事情もあったと考えられるのである。反権力、反権威の僧一休は、義満の跡を継いだ将軍義持、義教、その最後に来る義政の暴政に対しても、甚だしく批判的であり、苦難にあえぐ民をよそに奢侈遊楽に耽るこの「風流将軍」やその妻日野冨子を、その何首かの詩の中で、高飛車にまた手厳しく批判しているのが見られる。足利氏への怨みがその反抗精神の根底にあったと考えるのは、行き過ぎであろうか。

（二）　良寛の出家

前節で見たように、一休の出家は時の権力者足利義満の意向によるものであったが、これに対して良寛の出家は、既に成人してからのみずからの強固な意志によるものであった。そこがまず決定的に違うところである。そもそも仏祖釈迦以来、人が俗世を捨てて出家する動機、原因はさまざまである。「家富み」と言われた豪族の出で、北面の武士だった西行の突然の出家は早くから伝説化されており、「文覚上人荒行」で世に知られた文覚の出家の動機や、平敦盛を討ち取った熊谷直実の出家の動機は広く知られている。それ以外にも古来さまざまな動機や原因によって、人は俗世を捨て、出家をとげてきた。『明恵上人伝記』を読むと、この高徳の仏者はわずか二歳にして乳母に抱かれて清水寺に詣で、僧侶の読経の声を聞いて仏法を貴く覚え、四歳にして出家を志したと述べられている。姿形が美麗だというので父親が御所へ仕えさせようとしているのを厭って、自らの体を傷つけ顔を焼いてまでそれを逃れて法師になろうとしたと語られていて、その発心の時期の早さと道心の堅固さには驚かされる。西行作と伝えられる『選集抄』は、やはり先人たちの出家に関するさまざま動機や原因を物語っていて興味深い。時雨で木の葉が散るさまを見て無常をさとり、わずか一三歳で出家した僧都もいれば、妻がさしたることもないのに瞋恚の炎を燃やしたのを、あさましく覚えて発心し、法師となった剛の者もあり、愛する女に死なれて、それを機にかねて願っていた出家を遂げた大江定基のような人物もいた。また鴨長明の『発心集』には、俗世で豊かな所領をもつ身でありながら、無常を強く感じて突如高野山に上って出家した筑紫上人の話だの、農夫が田畑で牛を鞭打っているのを見て、このような罪深い所業によって得られた作物を受け入れるのは罪深いことだと覚り、それによって発心して出家したというような話がいくつも載っていてこれまた興味深い。『今昔物語』には、妻を愛するあまり、その死後もなお久しく葬ることなく屍を抱擁し続け、その口を吸ったところ、口から「あさましくくさき香出できた」ので、世を憂きものと思って、忽ち道心をおこして出家した大江定基なる男の話が載っている。かように人を出家に誘う動機はさまざまだが、出家にまつわる話の大部分は、やはり無常観に発するものである。道元にしても、八歳で母を喪い、「我れはじめてまさに無常によっていささか道心を発し」と語っている。そして一三歳にして「いたずらに塵俗に交はらんとは思はず、ただ出家せんと願ふ」とその一途な出家願望を叔父の良観法眼に訴えて、出家を遂げたのであった。

では良寛の出家の動機や原因はなんであったのか。やはり過去の多くの仏者と同様に無常観に出るものであったのか、それともほかに何か決定的な要因があったのだろうか。またその立場からすれば、容易には出家の許されない身であったにもかかわらず、いかにして初志を貫徹し、宿願を達して出家できたのか、そのあたりを少々窺ってみることとしよう。

良寛はみずからは出家の動機について語っていないが、若き日からすでに出家願望があったことは、かれ自身が往年を回想した詩の中で、

少小にして筆硯を抛ち
窃かに　上世の人を慕う

と詠っているところから知られる。「上世の人」とは釈迦牟尼仏を指すから、「ごく若いころに学者（儒者）になろうと思ったが、その志を捨てて、心密かに釈迦を慕うようになった」ということである。なぜ釈迦を慕うようになったのかは語られてはいない。なんらかの動機によって濁世を厭い、穢土厭離の心が早くから芽生えたのか、世の無常を感ずる心が格別に深かったのか、そのあたりは明らかではない。右に引いた詩によれば、元服して文考と名乗っていた山本栄蔵青年つまりは後の良寛は、一八歳で父以南の後を継いで大名主となるべく、名主見習いの任に就くために退学するまで、当時北越四大儒の一人と言われた大森子陽の私塾三峰館で儒学を学んでいたが、後に京に上って儒者として名を馳せた末弟香と同様に、最初は儒者として身を立てることを考えていたものの、内心出家願望が募っていったことを、後年に告白したので

ある。
　出家の動機に関してはこれまでにも多くの人々が論じているが、良寛自身がそれについては口を閉じて語らないので、すべては推測の域を出ない。良寛の在世中に書かれたが、本人の同意が得られないためついに世に出ることなく終わった、大関文仲の『良寛禅師伝』には、出家の原因に関して「其の真に至っては、即ち固より俗諦の窺ふ所に非ざるなり」と述べられているというから、後世の俗人があれこれ推測しても無駄なのかもしれない。良寛研究家たちの考証も、その多くは推測に過ぎず、これという確証はないし、それに関して事細かに詮索してもあまり意味はないように私には思われる。

　良寛に私淑した鈴木文台の説に拠って、一八歳で名主見習いとなった頃、職務として死刑執行に立ち合わされたことが動機となったと説く人もいる。これも名主見習いになりたての頃だが、出雲崎の代官と漁民との間に葛藤が起こり、調停役を務めた栄蔵青年が、代官に向かっては漁民の悪口雑言をそのまま上申し、漁民には代官の怒罵をそのまま伝えたので、両者間の確執、怨恨がいっそう募ったということがあった。その馬鹿正直、愚直により代官の譴責を受けた栄蔵は、こんな虚妄や詐欺をよしとする世の中は、決然と厭離するにしかず、ということで直ちに光照寺へ奔った、と『沙門良寛全傳』にはある。さらには、また佐渡奉行が乗る籠の柄が長すぎて船に乗せられず、船頭たちが困っていたのを知った栄蔵が相談を受け、それなら柄を短く切ったらよかろうとそれを切らせ奉行の怒りを買ったことも、その不合理と己の職務不適、無能を思い知らされる結果になったとも言われている。

性魯直沈黙、恬澹寡欲、人事を懶しとし唯読書に耽る、衣褶を正して人に対する能はず、人称して名主の昼行燈息子といふ、父母之を憂ふ。

というような社会性を書いた青年が、人心を掌握し経世の才を振るわねばならない名主職が務まるはずがない。当時生家の橘屋が、尼瀬の新興勢力であった京屋とそれと結託していた出雲崎の敦賀屋との間に紛争を抱え、反目や憎悪怨恨などが両勢力の間で渦巻いていたとなれば、なおさらのことである。生来孤独癖があって学問を好み、本を読む以外に能の無かった青年が、利害や利権が渦巻き、俗世のしきたりだの、権威だの威光だのといったものが幅を利かせている醜悪な現実世界にぶつかって、早々に挫折したのも当然と言えば当然のことであった。栄蔵青年が実人生に踏み出した途端に躓き、己の無能を知る失意の人、敗者となったことも、濁世を厭う大きな要因となったとしてもなんの不思議もない。そういった俗世の事情が重なって栄蔵青年にのしかかり、それを機に以前から内部に胚胎していた出家への強い願いが、一気に噴出し、周囲の人々を驚愕、狼狽させた突然の禅寺への出奔という形であらわれたのではなかろうか。

出家を巡る論議は諸説紛々で、もはや論は尽きたとの観さえあるが、ただひとつはっきり言えることは、良寛の場合は、他の誰かの意思や強制によるものでもなく、みずから望み、その強固な意志を貫いて出家を遂げたということである。そこを確認しておくことが肝腎であろう。一休のような貴種でこそないが、ほとんど大名格の、北越切っての名家、伝統と格式を誇る出雲崎の大名主として多くの農民を束ねていた橘屋の長男であり、既に父の跡を継いで名主見習いの任にあった御曹司の山本栄蔵青年が、一八歳にして突如としてすべてを捨てて出奔し、尼瀬の禅寺光照寺へと奔ったのであった。富裕な名家の長男として何不自由なく暮らしていた栄蔵青年を、突然の出家へと駆り立てたものがなんであったのか、今となっては知りようもないが、それには相当の覚悟、一大決心があったことは疑いない。

彼が山本家が檀家となってる真言宗の寺ではなく、「己事究明」を本旨とする自力の仏教である禅宗を選んだということは、その後の生涯の方向を決する上で重要なことではないかと思われる。同じく念願かなって出家できたとしても、弟宥澄のように真言宗の僧侶にでもなっていたならば、後の良寛はなかったであろう。仏者として純粋に生きる求道心をもつかぎりは、檀家制度にあぐらをかいた当時の仏教界の堕落や頽廃に疑念を抱きつつも、弟同様に郷里のどこかの寺の住持に収まっていた可能性が高いと言えるのではないか。出家に臨んで、禅者としての道を踏み出したこと、ここが肝腎なところかと思う。後年浄土信仰への傾きを見せたとはいえ、高徳の師の下で若き日に禅者としての過酷な修行を積み、自己究明を実践してその人格を養ったことが、栄蔵青年を良寛という至純にして清高な人物、たぐいまれな仏者としたことは間違いない。苛酷な修行を終え禅を極めながらも、父母や周囲の人々の期待に背いて落魄の人として帰郷し、敢えて山中独棲の隠遁乞食僧として生きる忍恥(にんにく)の後半生を選び取ったのも、禅者なればこそだと私には思われる。

高橋庄次氏によれば、栄蔵が突然家を出奔したきっかけは、父以南が、栄蔵の三峰館での学友で、出雲崎の敦賀屋へ婿入りして町年寄の役を務めていた長兵衛が帯刀して代官所へ挨拶に行ったことを厳しく叱責したことにあるのだという。(『良寛伝記考説』)。その仕打ちを長兵衛が代官所に訴え出たために、以南は役所から説諭処分を受ける破目になったが、栄蔵はそれに先立つ叱責の場に立ち合わされていたのだと、氏は言っている。町名主としての権威を息子に見せつけて教育しようとした以南の意図が裏目に出てしまったわけである。栄蔵にしてみれば、かつての学友への気兼ねもあり、父との間で板挟みになって苦しんだとも考えられる。だがそれが事実だとしても、そのことは単に出奔のきっかけに過ぎない。栄蔵の出家の意図は「良寛禅師碑銘並びに序」を書いた証聴が、良寛から直接聞いた話として「夙(はやく)根ざす所に因(よ)り、自ら出塵(しゅつじん)の志を懐(いだ)く。」と記しているところからも知られるように、それ以前からのものであった。

多くの人が指摘しているように、これはひとつには彼の血の問題である。良寛は、そして彼に代わって橘屋の名主職を継いだ次弟の由之も、出家した弟宥澄も、京に出て儒官となり文才を発揮したが夭折した末弟香も、すべて実社会でうまく立ち回り、成功者となれるような人間ではなかった。父から受け継いだ文人気質がそうさせたのである。養子として橘屋を継いだ彼の父以南は、文人肌で北越蕉風中興の祖と言われたほどに、名のある俳人であったが、およそ実務の才なく、大名主としての職務を怠り、風流韻事に逃避しているような人物であった。そのため新たに台頭してきた新興勢力の尼瀬の名主京屋に押され、それとの抗争に敗れ、衰運をたどりつつあった橘屋を支え切れなかったのである。そこで名主の職を長男であった栄蔵に継がせ、栄蔵が出奔すると、今度は次男由之をその後釜に据えて四十代半ばにもならぬ若さで隠居し、ついには家を放擲して放浪の旅に出ている。真相は明らかではないが以南は勤王の志士たちとも交わりがあったとも言われ、放浪先の京都で賀茂川に身を投じて死んでいる。遺体がついに発見されなかったこともあり、謎めいた死であった。『天真録』という書物を著したというが、それは伝わっていない。その血を承けた栄蔵青年も、ひそかに出家願望を抱きながらも、やむなく父の跡を継いで名主見習いになったが、先にも言ったようにその職務で早々に失敗を重ね、「名主の昼行燈」と嗤われたほど実務能力や経世の才を欠いていた。自閉症だと見られるほど生来内省的で馬鹿正直、処世知に乏しく、本質的に詩人であった良寛が、若くして実人生で挫折し、屈辱感を味わい、己の無能を思い知らされ、社会的敗者としての意識を抱いたとしても、何の不思議もない。実社会に出たとたんに遭遇した、利害名聞を争う醜悪な世人の動向に深く失意を感じたであろうことが、早くから出家願望を抱いていた栄蔵青年を、一気に出家へと駆り立てたものと考えられる。実社会での無能ぶりを痛感させられ、自分が大名主として民人を治めてゆくことが不可能であると覚ったからには、出家して方外の者として生きるか、あるいは末弟香のように学問に身を捧げ、儒者として生きつつ文学の才をも生かすか、それ以外の途はなかったのだと言えるだろう。『人間良寛』の著者三輪健司氏は、良寛の出家の動機は、いずれ高僧として仰がれることを夢見てのことだという見解を示しているが、あながちに否定しがたい見方である。氏は、

煙霞の期間を夢み、金仙を慕う文考良寛においてもまた、それが単に封建社会からの逃避ではなく、また同時に高僧名僧として名をなすことだと思ったとしても、別に不思議もない。後年のあの飄々騰々(ひょうひょうとうとう)の良寛像から思いもよらない衝天(しょうてん)の志気に燃えた良寛像である。

と言っているが、確かに良寛にしても、一八歳の栄蔵青年だったころには後年の無欲恬淡の悟達の禅者だったはずはなく、欲得にまみれた世俗世界で生きてゆけないなら、仏者として世に仰がれる名僧知識になりたいという野心を抱いたことも、十分にあり得たであろう。仮に、

一言す　若(も)し契(かなわ)不(ず)んば
此の生誓って休(や)ま不(ず)

という詩句が、玉島への出立にあたっての良寛の決意を物語るものだとすれば、やはり、何としても仏道を究めた高僧になりたいという決意はあったものと見てよい。

　兄に代わって名主職を継いだ弟由之も同じく実務の才を欠き、家運傾きつつあった橘屋を支え衰運を挽回することはできぬまま、公金横領の廉で町民たちに訴えられ、ついには出雲崎処払い、家財没収という憂き目をみている。兄良寛同様に文才に長け、歌人・国学者でもあったが、所詮は実務の人ではなかったのである。出雲崎きっての名門橘屋は、必然的に没落する運命にあったと言うほかない。また良寛の次弟の宥澄がやはり出家して菩提寺である真言宗の寺の住職となっていること、妹二人も寺の住職に嫁していることを考えても、橘屋山本家には、その一族を出家へと導く宗教的雰囲気があり、仏教的な世界へ参入しやすい環境、家風があったと思われる。末の妹みかは晩年に出家し妙現尼と名乗り歌集を残している。

　ともあれ出奔後、正式に出家を遂げないまま光照寺の玄乗破了の下で仏学・禅学を学ぶこと四年、栄蔵二二歳の折に玄乗の師である備中玉島円通寺の国仙和尚が、越後へ巡錫に来たのを幸いに、彼は同師に参じて弟子となることを許され、「良寛」という法名を与えられて、ようやくのことで父母の許しを得て正式に出家した。ついに宿願を果たしたのである。それを回想して、良寛は後日「世人皆謂ふ、僧となりて参禅す、我は即ち参禅して後僧となる。」と語っている。出家の身となり、師に従って備中玉島の円通寺へと赴き、そこから一六年あまりにわたる禅僧としての修行時代が始まるのである。なお出奔後の栄蔵の動向に関しては高橋庄次氏の異説がある。(『手毬つく良寛』、『良寛伝記考説』参照。)それによると、栄蔵は家を飛び出してから四年にわたり雇賃労働をしながら諸国を放浪してはあちこちの寺を訪ね、各地で僧の教えを請うて廻ったのだと氏は説いている。氏はそれを証拠立てるものとして、後に此の頃を回想した作として次の詩「傭賃」をあげている。

家は荒村に在りて　纔(わず)かに壁立(へきりつ)し、
輾転(てんてん)して傭賃(ようちん)しつつ　且(しば)らく時を過す。
憶(おも)い得たり　当年行脚の日、
天を衝く志気(しいき)　敢えて自(みずか)ら持(じ)せしを。

すなわちこの詩はあちこちの廃屋に宿った渡り歩き、日雇い労働で生活費を稼ぎながら書房の寺の門を叩いて行脚していた、栄蔵青年の意気込みを詠った作だと見ているのである。だが他の良寛詩の注釈者たちは「傭賃」とは托鉢のことで、それを人にやとわれて賃労働することを喩えて言ったものだと解している。（なお入矢義高氏のテキストでは、この詩は「傭作」となっている。）この詩は良寛帰郷後の作で、「資生艱難の時代」の作、つまりは五合庵に定住するまであちこちを転々と移り歩いていた頃に作られたものと見る研究者も多く、高橋氏の異説ないしは新説の当否は、にわかには判断しがたい。興味深い所説だが、氏の主張する事実は確認されておらず、一つの仮説、異説と見ておく。放浪四年の後に玄乗和尚の光照寺へ戻っていたところで、運よく国仙和尚の巡錫に出会ったというのであろうか。

　こうして良寛は父の「いったん出家したからには、人に後ろ指を指されぬ立派な僧になれ」との訓戒を胸に、父母弟妹に別れを告げ、一路玉島へと向かうのだが、菩提寺のある円名院の裏山に登って手を振って見送ってくれた母とは、これが今生の別れとなってしまったのである。禅宗の徒たるものは、ひとたび出家の身となれば、みだりに生家の敷居を跨がないのが不文律とされていたというから、母も良寛も今生の別れを覚悟していたに相違ない。事実郷里を去って四年後に母のぶが四九歳で他界した時にも、良寛は出雲崎へは帰っていない。良寛は玉島へ向かう途上で、

　　故郷へ行く人あらば言伝む今日近江路を
　　　我越えにきと

という歌を詠んでいる。新たに始まる修行生活への期待と故郷への惜別の念がないまざった一首だと言えよう。

このように一休と良寛とでは、出家の動機も禅僧としての出発の時点も異なってはいるが、両者ともに青年時代に、心服する師の下で過酷なまでに厳しい修行に明け暮れたという共通の体験を持つこととなった。それを瞥見しておこう。

四　一休―求道一筋の修行時代

一休は『狂雲集』では、若き日の禅道修行そのものについては語っていないが、『一休和尚年譜』その他の資料によって、青年僧としての過酷な修行の過程はほぼ明らかである。一休の生涯には『年譜』には記されていない空白の部分があり、修行を終えての中年における堅固な持戒僧から破戒僧への「性格転換」に関しては、それがどのようにして、また何を契機としてなされたのかは、推測に拠らざるをえない。だが後年の奔放不羈な風狂僧にして隠れもなき悟達の高僧としての真面目は、自伝的側面をもつ『狂雲集』によって窺うことができる。

わずか六歳で童行としての厳しい生活に投げこまれ、沙弥や喝食に立ち混じっての寺での生活に入った周健つまりは後の一休だが、この少年はやはり只者ではなかった。幼にして驚くべき早熟ぶりと頭脳の明敏さを示して、周囲の者たちを一驚させているのである。その点で出家前の栄蔵青年つまりは後の良寛が、「栄蔵や遂にこれ穎悟の傑物にあらずして魯鈍疎懶の一沙弥の如くなりしならむ。」（『沙門良寛全伝』）と言われているのとは、際立った相違を示していると言ってよい。『年譜』はその俊秀ぶりを、

　師十二歳、清叟仁蔵主宝幢寺の前にありて維摩経を講ず、師もまた往きて預る、

人皆師を目して曰く、少年にして老成の去就あり、前程未だ量るべからざる也と。

と伝えているが、ここからして栴檀は双葉より香しで、早くもその大器としての片鱗を見せたことがわかる。翌年一三歳からは五山詩の泰斗で、学僧として当時詩名が高かった建仁寺の慕喆龍攀（ぼてつりゅうはん）の許に入って作詩法を学んでいる。慕喆は絶海中津の弟子であった。一日一首を詠む精励ぶりだったというが、後に『狂雲集』でみごとに開花した詩人としての才は、この頃の学習によって涵養されたものであろう。一休の中国古典詩に関する造詣の深さは並々ならぬもので、杜甫を最も尊敬し、陶淵明、蘇軾などにも深く通じていたが、その詩作の手本となったのは、当時五山の師僧たちの間で詩を学ぶ教本のごとく扱われていた『三体詩』であった。中でも一休は許渾に私淑し、この詩人は一休の詩風に最も大きな影響を与えたとされている。『狂雲集』の詩は、ほとんどの作が制作年代が不明なので、そこに修行時代の作がどれほど入っているか特定できないが、わずかながら特定できる青年時代の詩にしても、完成度は極めて高いと言えるほどのものである。「詩禅一致」を奉じて、自ら詩人を以て任じていた一休は、若き日から禅道修行と並んで詩作に（当然ながら偈の制作にも）力を注いでいたのであろう。）一休が慕喆から学んだのは詩作ばかりではなく、やがて将軍義持によって配流される運命に遭ったこの師の、反骨の人として権威に抵抗する姿勢、気構えも、後に彼が不羈奔放な風狂僧になるのに大きな影響を与えたと見られている。一休はその後五山派から離れ、山林派下へと移ったので、その詩は五山文学には入らず、五山もまた一休を無視したが、若き日に学んだ五山詩は、一休その人の詩にも影響を与えたとは、専門家の見解である。

その後も清叟仁に就いて仏典を学んで仏学の知識を深めると同時に、一五歳で「春衣宿花」の詩を作って、それが広く評判になって人口に膾炙するなど詩才も発揮し、若年にしてその方面での偉才として名を馳せたりもしており、早くから世の耳目を惹く存在であった。だが禅者としての一休の形成過程で決定的に大きな役割を果たしたのは、何と言っても一七歳の折に、その厳格清冽な禅風で知られた西金寺の謙翁宗為に参じて、その弟子となったことである。一休が五山の官寺ではなく、林下と呼ばれていた傍系の寺の門を叩いたことは重く見なければならない。仮に一休がそのまま夢窓派の寺に残っていたら、宗門の内部で僧としての位階も昇進し、その系統の寺の住持に収まっていたであろう。そうなると、それはもはやわれわれの知る稀代の風狂僧一休ではなくなってしまう。だが求道者として一休は、その道を選ばなかった。そこが肝腎なところである。禅者としての修行の第一歩を踏み出した一休が、心服畏敬していたこの師の感化を深く被ったのは間違いないところで、若くしてこの師の宗風を受け継ぎ身につけたのである。

最初謙翁の室に入って在ることほぼ四年、師「宗為」から「宗」の字を受け継いだ「宗純」との法号を与えられ、「自分はおまえに蘊奥のすべてを傾け尽した」と言われるほどの禅学を師から学び取ったが、師自身が印可状を固辞して受けず、それをもたぬ身のため、彼もまたそれを与えられることはなかった。名利を嫌い無欲恬淡、「閑房(かんぼう)門を閉ざし　高風世を激る(ささえ)」と言われたほど俗界との交わりをもたなかった禅者で、葬儀の費用すら残さぬ極貧の生涯を貫いたこの師が、参ずること四年にして遷化してしまったのである。師の没後、悲嘆にくれ方向性を見失って絶望してか、母を訪ねた後に一休は瀬田の大橋から湖に身を投げて自殺を図ったが、心配して後をつけてきた母の従者に危うく救われている。二一歳の時のことである。

　その翌年、当時禅者として畏敬されており、容易なことでは入門を許さないことでも知られていた、堅田の禅興庵（祥端庵とする説もある）で華叟宗曇(かそうそうどん)の門を叩いた。二年ほど前に泉湧寺で出会った大徳寺徹翁派の僧に、「今龍宝の仏法鋪席盛んに開くも、惟曇首座あるのみ、その余は碌碌在るのみ」つまりは、今大徳寺は大いににぎわっているように見えるが、真に敬服すべきは華叟一人のみで、あとは凡庸な連中ばかりだ」と聞いていたので、新たに参じるならば華叟師を措いてほかにないと固く心に決めていたのであろう。華叟は八歳で出家して最初徳禅寺の徹翁義亨に師事し、その後一四歳で剃髪して大徳寺の大応国師言外宗忠を師として学んだ禅者で、純粋朴直、仏心翁と呼ばれた高徳の人物であった。

　禅興庵の門を叩いたものの、最初は無慈悲に峻拒されたが、「吾れ一謁を得ずんば、死を此に決せん」という決死不退の覚悟で臨み、門前に額づくこと数日、いわゆる「庭詰め」の試練を経てようやく相見を許され、弟子となることができたのであった。高徳の禅者として知られていた華叟は、大徳寺住持に出世することを断って堅田を動こうとはせず、当時すでに堕落しつつあった臨済禅をよそに、大燈国師以来の法嗣として、極貧に耐えてひたすら純粋禅を守ることに努めていたのである。華叟は一休が謙翁の下で厳しい修行に耐え、その禅風を身につけたことを知って、その求道心が並々ならぬものであることを見抜いたのであろう。それだけにこの新弟子に期するところが大きかったものと思われる。

一休は入門後ただちに華叟とは師弟として肝胆相照らす仲となったと伝えられているが、華叟はいち早くこの青年僧のうちに非凡の才を認め、禅者として大成する器を見抜いていたのであろう。なんと言っても、先の師謙翁宗為がもてるすべてを傾け尽して育てた弟子であるから、その求道心も禅学の知識も他の修行僧を圧するほどのものがあったとも思われる。それだけに、純粋禅を受け継ぐに足る法嗣として師が一休に対して抱いた期待も大きかったであろうが、その態度は逆に険峻をきわめた。よく知られた逸話だが、ある時一休が師のために薬草を刻んでいたとき指を負傷したが、その指を見た師は少しも甘い顔は見せず辛辣に、おまえは日ごろ大層な口をきいているが、その指の軟弱さはなんとしたことだと言い、一休はおののいたが師は微笑したと『年譜』にはある。これも師の一休に対する裏返しの愛情表現なのであろう。

禅寺の小僧としての経験のある水上勉氏も言っているように、禅寺とて俗世と変わらぬ人間臭い場であり、高徳の師の下に常に純粋な禅者ばかりが集っているとはかぎらない。そこには嫉妬も、陰湿ないじめも、時には暴力があったとしても不思議ではない。師弟の親密さを妬んだ久参の先輩僧たちが、あれこれ讒言したと伝えられるが、華叟は一切取りあわなかったという。一休もまたこの師に心服し畏敬していたことは、ずっと後年八三歳の折に、失われたと思っていた先師旧蔵の『韻府』をある人から贈られ、あたかも先師に再び謁したかのように感涙にむせんだことを、師に捧げた頌で詠っていることからもわかる。(同様に、良寛にも、亡き先師国仙和尚を偲び胸を熱くしたことを詠った詩がある。) 晩年腰疾を病んでいた師の排泄物を、他の弟子たちが竹篦(へら)で処理していたのに、一休のみは手指を使い素手でぬぐったと伝えられ、「師の排泄物をなんで厭うことがあるものか」と言い放って、弟子仲間を愧じ入らせたとこれも『年譜』にはある。一休二八歳の折のことである。これもまたこの師弟が格別に深い親愛の情で結ばれていたことを物語っていよう。

　良寛は玉島の円通寺での修行時代の詩や後日それを回想した詩を残しているので、いかなる境遇や心情で禅道修行の日々を過ごしていたか、おおよそわかるのだが、一休の場合は禅興庵での生活についての詩偈のたぐいは一切ないので、そのあたりは俗伝などによって推測するしかない。

　そこで推測してみるに、人付き合いが苦手で「疎慵にして愚」と見えた良寛が、「わが道の孤なるを」嘆き、孤独を噛みしめつつ孤立した修行生活を送ったのに対して、剛毅明朗にして才気煥発、機知縦横にして気性が激しく、負けん気が強い一休は、先輩僧や師兄(すひん)などの嫉妬やいじめがあったとしても、その有り余る才気でみごとに切り返したり、逆襲していたのではなかろうか。後の一休俗伝で語られる才気煥発な頓智小坊主としての一休像は、伝説化はされているが、その片鱗は伝えていると見てよかろう。また修行僧仲間で、一休の明敏な頭脳や機知に容易に対抗できる逸材がいたとも思われない。

こうして一休は二二歳にして華叟に参じ、その後一〇年近くにわたって、大燈国師の法燈を継いで純粋禅を守り抜いていたこの険峻な師の下で徹底的に鍛えられ、非情なまでに苛烈きわまる禅の修行に打ち込んだのであった。最初に師とした謙翁と同じく、師華叟は極貧に近い清貧を貫いたので日々の食事もままならぬほどであった。衣食を得るために、一休はしばしば京の都にまで足を運んで、昼は匂い袋や雛人形作りなどのアルバイトに精を出してなにがしかの銭を得て帰り、日々の資に充てて寺を助けたという。夜は親しくなった漁師の舟を借り、琵琶湖に浮かんだ小舟で座禅を組むなど、餓寒に耐えて忍苦精進し、厳しい生活に耐えての修行の日々であった。一休が最初学んだ五山派の寺を離れ、若き日に意図してこういう体制化した官寺とは無縁の寺の禅者を師としたことが、その後の彼の強烈な反体制、反権力の姿勢態度を養ったことは疑いない。

華叟に参じて三年後、二五歳になった一休は、ある日琵琶法師の語る『平家物語』

の「妓王失寵」の段を聴いて開悟し、禅の世界ではよく知られた「洞山三頓棒」の公案を解いて師にそれを呈し、華叟から「一休」という道号を与えられた。それまではただ「宗純」とのみ名乗っていたのであろう。「一休」という一風変わった道号は、その作と伝えられる

有漏路(うろじ)より無漏路(むろじ)へ帰る一休(ひとやすみ)、雨降らば降れ風吹かば吹け

という歌に由来するものとされてきたが、その根拠は怪しいと専門家たちは言う。平野宗浄氏によれば、この道号は、臨済の「如かず、休歇(きゅうけつ)無事に去らんには」に発するもので、「つまり一休の休はこういう意味での休歇という事であり、無事という事に相違ない。」のだというのである。専門家の見解なので受け入れることとしたい。もっとも、一休がなぜ『平家物語』の「妓王失寵」の段を聴いて有名な公案を透過したのか、そのあたりは禅の心得がない私には理解できない。専門家たちの解説を聞かされてもなんとも腑に落ちないのは、禅機を解さない俗漢の悲しさである。

一休二九歳の折に、如意庵で華叟の師である言外宗忠の三十三回忌の忌斎が行われたが、参列した僧たちがみな金襴の法衣をまとって正装している中で、一休だけがくたびれた襤褸袈裟に尻切れ草履という姿であった。華叟になぜおまえだけそんな恰好をしているのかと問われると、一休は「余独り一衆を潤色す、蓋し贋緇の牛裾を貶す

なり。」つまりは「私がこんな格好をしているのは、皆さんを引き立たせるためです。似非坊主が立派な格好をしているのを貶めるためなのです。」と答えたという。貧を旨とする大燈禅の伝統に背く僧たちへの批判であり、嘲笑だったわけである。宗門の権威に逆らう反骨心が、早くも露呈した行動と言うべきであろう。その折に、法兄(ほうひん)の光日照和尚に、あなたの禅を嗣ぐ者は誰かと問われた華叟は、「風狂と道と雖(いう)も、この純子あり」と答えている。苛酷な修行によく耐えて一心不乱に禅道修行に邁進した一休は、その師によって、大燈国師以来の法燈を継ぐ、臨済禅の正当な後継者と見なされていたのである。師に「風狂」と評されただけあって、師の師であった言外和尚の三十三回忌に、おんぼろ袈裟に尻切れ草履で参列するなど、常識破りな行動はあったようだが、少なくともこの修行時代には道心堅固な持戒者として終始したことは確かである。不飲受戒(ふおんじゅかい)「不邪淫戒」もまだその生活には顔をのぞかせてはいない。一休に大胆な破戒行為や逆行が見られるようになったのは、三〇歳を過ぎ、華叟の下を離れて、更なる修行過程であるいわゆる「聖胎長養」の生活に入って庶民の間に立ち混じり、一所不住の放浪僧となってからのことと見られている。

　ちなみに同じ華叟門下に、先輩修行僧として、後に一休生涯の宿敵となる一八歳年長の養叟が法兄(ほうひん)としていたが、一休はこの兄弟子とそりが合わず、やはり師から印可状を受け、後に大徳寺二二世に出世し、宗政家として経営の才を揮って、衰えていたこの寺を復興させた養叟を、世俗に迎合して禅を商業化させ堕落させたとして痛罵したことは、先に述べたとおりである。一休に痛罵されているためこの人物は評判が悪いが、華叟を師としただけあって養叟もまた凡俗の僧ではなく、その手腕を駆使して大徳寺再興に尽くすなど、これまた一種の傑僧であったことは否めない。その後一休と養叟との間に、長年にわたる不和、確執が生じたのは、これもよく知られた師華叟の頂相に関する事件があって、後の両者の不和はそこに胚胎していたのではないかとも思われる。一休が「三頓棒の公案」を解いて、師から「一休」という道号を授けられた翌年に起きたとされる事件である。ただしこれは『年譜』に記されていることを信用すればの話であって、疑われているように、これが年譜作者の作為ないしは誤記から生まれた話だとすれば、事実無根で右の推測は当たらないことになってしまうのである。

　その頂相に関する事件とは、こんな話である。『東海一休和尚年譜』から今泉淑夫氏の訳をお借りして引いてみよう。

> 養叟宗頤主座（ようそうそういしゅそ）が華叟の頂相を描かせて賛を求めた。賛に「頤來的々付児孫」の文字があり、養叟はこれを印可の語と勘違いして、人にも話したりもした。華叟はこれを聞いて激怒し、軸を取り上げて火中に投げ入れようとした。一休が進み出て、頤兄はながく和尚の会下にあり、人々もそのことを知っている。今ここで燃やされては彼の面目がなくなる。和尚が亡くなった後に、頤兄がこ

の軸を印可の語だというようなことがあれば、私が身を代えて破り捨てるので。ご心配はいらない。と華叟に言った。華叟の怒りが軸を受け取って華叟に返し、よくよくわすれないようにと釘をさした。

養叟の軽率さと一休に対する師華叟の信頼の厚さを物語る話としてよく知られた一件だが、この話はどうも疑わしい。なぜなら養叟はそれより五年も前にすでに華叟から印可状を受けていたからであり、いまさら賛を印可状と勘違いして人にひけらかしたりする必要はまったくなかったからである。それに水上勉氏も指摘しているところだが、一休が華叟の弟子たちの中でも指導的立場にあった一八歳も年長の師兄(すひん)に向かって、「兄能(よ)く嘗胆して忘れるる勿れ」などと言い聞かせるというのもいささか出過ぎた行為で、これでは一休の品格も逆に下がろうというものだ。養叟が師に頂相に賛を求めたことが実際にあったにしても、その折の一休のふるまいが『年譜』作者の伝えるとおりだったとは信じがたいのである。養叟を貶め、師一休を引き立たせようという弟子のさかしらから出た記述ではなかろうか。

先に一休が二九歳の折に反骨の片鱗を覗かせ、師華叟に「風狂」と評され、その法嗣たることを認められたと先回りして書いてしまったが、それに先立って一休大悟の一件がある。

刻苦して師に参じ禅道修行に邁進する五年、二七歳になった年のある夜に一休は鴉の鳴き声を聞いて忽然として大悟した。禅者の悟りというものはわれわれ俗人にはなんともわからぬもので、庭を箒で掃き清めている最中に小石が竹に当たった音を聞いて、忽然として悟ったという有名な話もある。西村惠信師によれば、華叟師はその師言外和尚に参禅したが、ある日師から「そんな見所では駄目だ。工夫して出直してこい。」と一喝され、失望して堅田へ帰る途中、須針坂というところで石に躓いて転倒し、その刹那に悟りを開いたのだという。(『一休―仮面師の素顔』)一休が鴉の鳴き声を聞いて悟ったと言われても、狐につままれたようでよくわからない。中国の楼子和尚という人は、ある日遊女が歌っているのを娼楼の下で聞いて悟りを開き、以後楼子と名乗ったなどという話を読むと、そもそも悟るとはどういうことなのか、ますますわからなくなる。悟りを開くとはいかなる真理を把握することなのか、悟る前と悟った後ではどんな人格変容が起こるのか、そのあたりもさっぱりわからない。ともあれ鴉の鳴き声を聞いて忽然と大悟したという一休は欣然としてそれを華叟師に告げ、師に求められて、その悟りの境地を次のような偈に作って師華叟に呈した。正直に言って私などにはこれがなぜ忽然と大悟したことを示す偈なのか理解できないし、先学諸家の解説、解釈に接しても一向に釈然としないのだが、禅機に通じたわかる人にはわかるのであろう。

その悟った禅境を示したのがこんな偈である。この偈は『狂雲集』にも収められているが、後年修正を加えたものらしく、字句にいくつか異同が見られる。『年譜』に載っている形でのそれを引く。

十年以前、識情の心、
瞋恚(しんし)の豪機、即今にあり。
鴉は笑う、出塵羅漢の果。
昭陽の日影、玉顔の吟。

この偈は唐の詩人王昌齢の「長信秋詞」を踏まえて作られているというが、それと読み合わせても、一読なんとも解しがたい偈である。それどころか二読、三読してもその意味を把握できないし、一体この偈のどこが一休の悟りの証となっているのか、理解できないのである。禅門の学者たちの解説を読んでも、もうひとつはっきりしないのは、私が悟りには無縁の俗漢だからに相違ない。

一休に大悟したことを告げられた華叟の反応は意外なものであった。『年譜』はそれを次のように伝えている。

師二七歳、夏の夜鴉を聞きて省あり、即ち所見を挙す、先師曰く、此れはしも羅漢の境界にて、作家衲子(さっけのっす)に非ざる也、師曰く某は只羅漢なることを喜び作家なるを嫌うのみ、先師曰く、称こそ真の作家也、先師偈を記さんことを欲す。

つまりは、最初一休の大悟の一件を聞かされて、「そんなのは羅漢の境界での悟りで、真の悟りとは言えない」と退けたのである。一休が「私は羅漢の境界で結構、作家でなんかありたくありません」と答えたので、師は「汝こそ真の作家である」として印可状を与えたのであった。その上で、「正法若し地に堕ちなば、汝出世し來ってこれを扶起せよ。汝はこれ我が一子なり、これを念い、これを思え。」と書き添えてその正当な嗣法者たることを認めたが、一休は一蹴してそれを投げ捨て、頑なにそれを受けようとはしなかったと伝えられている。形式的な印可状などというものに何の価値も認めなかったところに、最初の師謙翁の深い感化が見られる。（印可状に関しては、専門家たちがあれこれ論じているが、ここではこれ以上ふれないでおく。肝腎なことは一休がさようなものを禅の奥義を把握した印とは認めず、弊履のごとく投げ捨てたということである。）ちなみに良寛が玉島円通寺で厳しい修行を積んだのをとくと見定めた上で、師国仙和尚は印可を与えたのに対し、一休が自ら悟ったことを師華叟に申し出たというのも、両者の資質の違いを思わせずにはおかない。良寛ならば、たとえ深く禅を究めたという自覚があったとしても、けっして師に「私は悟りを得ました」などと申し出たりはしなかったであろう。後年の偈の多くが示すように、一休には自分こそが臨済禅の正当な継承者であるという強い自負があった。「禅世界に我を措きて人はあらじ」という非常な自信家であったが、その性格の一端が、大悟をめぐるこの話に早くも露呈していると、私には思われる。個人的な好みを言えば、われついに大悟せり」というようなことを宣言する禅者よりも、修行者としての良寛の慎ましい態度に好感を覚えるのだが、なにぶん一休は「天才」であるから、俗人の常識を超えた挙に出たとしても不思議ではない。

一休は悟りを得て印可状を与えられて後もなお、しばらくは師華叟の下にとどまり、禅者としての厳しい修業を続けていたが、やがて三〇歳頃に師の下を辞して行脚の旅に出て、畿内一円を放浪、漂泊する野僧としての生活が始まった。一休が師の許を離れたのは、養叟との仲が悪化したためではないかというのが、中川德之助氏の推測だが、本当のところは分からない。いずれにせよ、以後生涯を通じて一所不住の「一生破屋廃庵の居」を転々とする生活に入るのである。この段階で青年僧としての禅道修行はひとまず終わったと言えるであろう

放浪漂泊の身ではあったが、一休は師の膝下を離れて五年ほど後に華叟が塩津の高源院で示寂した時には、師の葬儀には参列している。一方養叟は最後まで師の許を離れることなくその臨終に到るまで仕えた。その前年三四歳の折には、後小松帝によって宮中に召されているのは注目すべきことである。帝がその皇子であった（ということはつまりは一休の腹違いの弟であるが）称光帝に譲位して、後小松院となってからも時々召されて、親しく対話しているのは特記に値しよう。仮に一休が皇胤でなかったとすれば、高僧でもなく一介のまだ若い野僧に過ぎない者が幾度も宮中に出入り

するのは不自然である。その上院は一休に、「鐘愛愈篤く」、病弱で遠からず崩御が予想された称光帝に代わる皇位継承者を誰とすべきか、一休に諮ってまでいるのである。一休はその際に、

　常盤木や木寺の梢つみすてよ代をつぐ竹の園は伏見に

という歌を詠んで伏見宮彦仁親王を推したとされているが、それが実際伏見宮による皇位継承決定に、どれほど作用したかはわからない。一休の推挙を受けたとされる伏見宮は即位して後花園天皇となった。後に一休が大徳寺での内紛に絶望して譲羽山に籠り餓死を図ったとされる際に、わざわざ宸翰を書き送ってそれを阻止したことを考えると、一休に恩義に感じていたと考えられぬでもない。注目すべきは、それほど重大な一件に関してまで、後小松帝が一介の野僧一休に諮り、その意見を求めているということなのである。また院は崩御に先だって一休に墨硯を形見として与えているが、一針すらも蓄えなかったという一休が、これだけは終生肌身離さず持ち歩いたということも、両人の関係の深さを感じさせるもので、やはり父子なればこそと考えるべきであろう。ともあれ、三〇歳頃を境に一休の

　樵客漁人　受用全し

何ぞ須いん　曲椽木床の禅
芒草竹杖　三千界
水宿風湌　二十年

という枯淡無一物、一鉢一衣の行脚放浪の生活が始まった。印可を得ながら、勅諚によって大徳寺住持として召し出されるまで二〇年の歳月にわたって、五条の橋の下で乞食の群れに混じって「聖胎長養」の日々を過ごした大燈国師には及ばないが、官寺、大寺とは無縁の蓑笠禅の始まりである。曹洞宗の開基道元は、宋国から帰国する際に師の如浄から示された「城邑聚落に住することなかれ、国王大臣に近づくことなかれ。ただ深山幽谷に居して、一箇半箇を説得して、我が宗をして断絶せしむることなかれ。」という教えを固く守って越前国に赴き、永平寺に籠って只管打坐の禅道に徹した。だが臨済禅の徒である一休はその道は踏まず、上は天皇大名から下は下層民に到るまで、多くの人々に交わって接化し、また深山幽谷に居することもせず、敢えて洛中を中心に城邑聚落に住して、巷間にあってその禅を養った。山田宗敏師によれば一休は、

閑静な山中に隠遁者が夜の煩雑を避けたのと異なり、背徳と混乱の渦巻く暗黒の社会の中に入って己を練り上げたのである。混濁の世が却って一休という純

真な玉をいよいよ磨かせたのであり、このところが華叟の直伝でありながら師と異なるところであり、一休が一休たるところである。それ故に、時に臨み機に応じて、正となり狂となって変幻自在に対応したのである。（『大徳寺と一休』）

という。先にも言ったように、良寛が田野の人であって山中独棲を求めたのに対して、元来貴種の出である一休はあくまで都会人であり「鬼窟黒山何尊しと称せん」と嘯いて洛中洛外や堺の町を離れることはなかったのである。

かくして洛中や畿内の小庵や民家を転々としながら衆庶と接している過程で、戒律を守っていた修行者一休は、「性格転換」を経験して大きく変貌し、やがてわれわれが『狂雲集』で知る、悟道の禅者であると同時に風狂に生きる奔放不羈な破戒僧が、姿を現すこととなるのである。一休は彼独自のこの「長胎聖養」の日々で悟るところがあって、形式的な戒律は真の求道者には不要なものとの確信に基いた上で、意図的に「不飲受戒」を踏み破り、「女犯の戒」を犯す「酒肆婬房」出入や往来の生活に踏み入ったものと思われる。後に四九歳で譲羽山の山奥にしばらく住んでいた折の作に、

婬坊十載　興窮まり難し
強いて空山幽谷に住む

とあるところから推すと、既に三〇代で女犯の戒を犯し、辻君を漁り娼楼などに出入していたのであろう。一休には、後にその弟子となりやがて破門された岐翁紹禎という名の実子がいたことはほぼ確実と見られている。一所不住の生活をしていた三〇代半ば、しばらくの間妻帯して儲けた子であろうというのが、専門家たちの推測だが、当たっていると見てよい。無論「婬坊」のみならず「不飲受戒」を破って「酒肆」にもしばしば往来し、「余、会裏（えり）の徒を誡めて曰く、酒を喫せば必ず濁醪を用うべし」と弟子たちにも推奨している。濁醪（だくろう）を盛んにあおっていたかと思われる。『年譜』は一休のこの水宿風餐の行脚の日々についてはほとんど何も伝えていないので、一休の「性格転換」、その変貌の過程や様相については知りようがない。邪推すれば、この頃の一休の言動行状には、『年譜』は記しがたいところがあったためだとも考えられる。本当に中年にして「性格転換」して破戒僧となったのか、それとも修行時代に抑圧抑制されていた「一種色情狂的なところ」が爆発し、色界に沈んで「したたかな好色漢」としての本性が露呈したのか、そのあたりは想像するしかない。次に『狂雲集』によってわれわれが接するのは「大化け」し、もはや戒律などを超越した稀代の風狂僧、奇僧、怪僧としての一休なのである。

　いずれにせよ、これまで一瞥してきたように、修行時代の一休はまだひたすら参禅求道に徹した禁欲的な修行僧であり、『狂雲集』に見る、戒律などを超越した、途方もない奔放不羈な破戒僧にして同時に臨済禅の奥義を極めた禅者という、矛盾の塊とも見える存在ではない。そこまでは良寛とほぼ軌を一にしていると言ってよかろう。この二人の禅者の生き方に大きな相違が生じるのは、師から印可を受け、ひとまず修行生活を終えてから後のことである。

五　良寛―孤独な修行僧

一方良寛は師となった国仙和尚に従って玉島の円通寺へと赴き、そこで一六年余りにわたるやはり苛酷な修行生活に入った。良寛は玉島時代の修行についてはそれを記した資料がなく、禅者としての修行生活の実態は詳しくはわからない。修行時代からしてすでに様々な逸話が伝えられている一休の場合とは異なり、玉島時代を詠ったと見られる詩から、それを窺うほかないのである。

早熟で幼にして神童ぶりを発揮した、才気煥発、機知縦横で俊敏の青年僧だった一休に比べ、名主見習い時代に「昼行燈」と呼ばれたという良寛の修行生活は、懸命の努力にもかかわらず、早々にしてその偉才が認められたというわけではなかったようである。後に師国仙和尚より授かった印可状で、「良や愚の如く道うたた寛（ひろし）」とその本質を見抜かれていたように、動作緩慢、何事につけても要領が悪く機転が利かず、無口で能弁を嫌う良寛は、周囲の人々には愚か者とさえ見えたであろう。世才に乏しく、「われは人あしらいが嫌なり」と後に語っているように、内向的自閉症的な性格で、不愛想で人付き合いも下手であっただけに、修行僧仲間でも孤立し常に孤独であったらしい。帰郷後の良寛は郷里の知識人と親しく交わったりしているが、円通寺での修行時代は、これといって胸襟を開いて語り合える相手はいなかったと思われる。法兄（ほうひん）

である円通寺での先輩修行僧たちが、すべて純粋な求道者であったとも思われない。そういう環境でひたすら求道に徹していた良寛が、「わが道の孤になることを嘆いた」としても何の不思議もない。修行僧仲間には「只管打坐」、「心身脱落」の純粋禅を究めることよりも、宗門内部での栄達を願い、一山の住持に出世することに熱心だった者もいたであろう。禅宗もまた葬式仏教化していたから、そういう輩の方が多かったかもしれない。帰郷後の良寛の詩に、後に彼がその悟境を知って讃えることとなった、野菜作りの作男のような仙桂和尚以外に、円通寺での修行仲間がまったく姿を見せないことがそれを窺わせるのである。良寛自身が「孤拙と疎慵（のろま）」と認めているかれの本性が、周囲の軽侮を誘う原因となったとも考えられる。実際、良寛の「愚」は自他ともに認めるところであって、良寛と親交のあった大忍和尚は、詩友でもあったかれを、

良寛老禅師
愚の如くまた痴のごとし

と詠っているし、良寛五八歳の折に小田島允武という人の書いた『越後野志』の「良寛道人」の項には、「之を知らざる者は視て以て痴人と為す」とあるというが（北川省一『漂泊の人良寛』による）、良寛自身が己を詠った詩で、

頑愚信に比無し、

と言い、また別の詩でも、

人の癡獃と呼ぶに任す

と言っているように、「愚」と無能とは、良寛の深く自覚するところであった。誰一人知る人もいない見知らぬ地での厳しい修行生活は、充実はしていたであろうが、辛く孤独なものであったに相違ない。良寛は後に円通寺での修行生活を回顧して、こんな風に詠っている。

憶う　円通寺に在りし時
恒に　吾が道の孤なることを歎きしを
柴を運んでは　龐公を懐い
碓を踏んでは　老盧を思う
入室　敢えて後るるに非ず
朝参　常に徒に先んず

このように作務においては祖師たちの生き方を思って懸命に精を出し、払暁三時に起床して始まる暁天坐禅も他に先んじておこない、師の講義に際しては誰よりも早く席に着くという精励ぶりだったが、常に禅者としての自分の生き方の孤独さを嘆く日々だったことがわかる。良寛が玉島に在った頃、国仙和尚に「如何なるか是和尚の家風」と問うたところ、「一に臼を曳き、二には石を搬ぶ」という答えが返ってきたというから、円通寺では作務は第一義に置かれる修行の重要な一環であったらしい。「一に作務、二に坐禅、三に観経」という禅寺の清規が厳格に守られていたのである。当然良寛もそれに従い、右の詩にあるように禅道修行の傍ら人一倍熱心に石臼を踏んで米麦を撞いたり、菜園づくりの畠作業などの作務にも励んだことは間違いない。それについて良寛は

憶い得たり　林寺に於て
清衆　纔かに十指
作務　其の力を致し
話道　悌階なし

と詠っている。（入矢義高氏によれば、第四句目は「公案について等差なしに探求した」という意味のようである。）

ただいかにも生来不器用、口下手で動作緩慢であっただけに、先輩の修行僧たちからは馬鹿にされ軽んじられていたかとも想像される。（円通寺での修行僧仲間では、入門順位からいうと良寛は三十人の弟子の中では下から二番目であり、後には尼僧一人がいただけであった。後に良寛が「仙桂和尚は真の道者」という詩でその悟境と徳を讃えた寺の作男仙桂は、国仙師の一八番目の弟子であったという。）禅寺で童行から沙弥までを体験したことのある作家水上勉氏によれば、「禅林は年齢より修行の日数を重視している。つまり年上の者でも入山が浅ければ、年下の先輩に随従する。」のだという。（『一休』）二二歳で得度した良寛は、出家したのが比較的遅かったから、おそらく年下の先輩修行僧たちにも随従する立場にあったはずである。良寛がその実頭脳明敏な大器であって、禅を奥深く把握していたことを見抜いていたのは、師の国仙和尚だけであったろう。水上勉氏はその良寛評伝で、円通寺で修行時代の良寛について、こんな興味深い印象を洩らしている。

私は、玉島時代の良寛を修行の鬼だったとされる先輩研究家とちがい、ちょっと気がひける思いはするのだが、円通寺時代の良寛は、いわゆる通念でいうところの修行成績はよくなくて、あるいは仲間には愚鈍に見えたろう日常を嗅ぐのである。

この印象は的外れではないだろう。一休が小僧時代から、恐ろしいほど機知ひらめく頭の切れる俊秀英才として、人々の耳目をそばだててきたのとは対照的に、良寛は周囲の人たちにはその「愚」が目立つ存在だったと想像されるのである。

また帰郷後草庵独棲の僧となってからの良寛に関しては、さまざまな奇行が伝わっているが、一休が修行時代から人々を驚かす奇矯な振る舞いをして、早くも「風狂」の名を得ていたのに比して、玉島時代の良寛に関しては、そのような話はまったく伝わっていない。おそらく目立たない存在だったのだろう。相馬御風の『大愚良寛』には、円通寺に口碑として伝えられているという、良寛がその性格ゆえに被った「受難」とも言うべき、次のような話が載っている。かいつまんで言うと、こんな話である。

あるとき円通寺付近で昼間泥棒が入り、近頃この辺でうろついている乞食坊主の仕業に違いないということで、良寛が捕えられたが一切弁解しないので、村人たちに生き埋めにされかかった。偶然そこを通りかかった村の豪農が同情して、円通寺の僧ではないかと村吏が改めて尋問すると、そうだということがわかった。良寛の言うには、「一旦、疑われた以上弁解しても無駄である。疑われたこと自体が自分の罪である。であるから如何なる目にあわされようとも、それを耐え忍ぶ覚悟であった。」ということであった。

良寛は帰郷後も同様な奇禍に遭っている。郷本の漁師小屋に仮寓していた頃、そのあたりに火事があって、犯人と疑われてやはり生き埋めにされかかったが、顔見知りの医者に助けられた、という話がそれである。また芋畑を歩いていて芋泥棒に間違えられ、無抵抗のまま百姓に殴られて松の木に吊るされたというような話もある。いずれもいかなる弁解もせず、徹底して無抵抗の良寛ならではとの感が深い逸話で、その人柄が偲ばれるが、一休ならば、そんな折にどうふるまったであろうか。

日々の厳しい作務や仏典、仏学の学習の合間に、町へ托鉢に出ていたことが、乞食(こつじき)行を詠った次の二首の詩からわかる。円通寺は檀家をもっていなかったので、食料を調達するには、作務によって耕作するか托鉢によるしかなかったのである。

文衛(ぶんえ)

春気　稍(やや)和調
錫を振って東城に入る
青々たり園中の柳
泛々(はんぱん)たり池上の萍(うきくさ)
鉢は香る千家の飯
心は抛(なげう)つ万乗の栄
古仏の跡に従事して

食を乞うて次第に行く

　円通寺

円通寺に来たりしより
幾度か冬春を経たる
門前　千家の邑
更に一人を知らず
衣垢づけば手自ら濯い
食尽くれば城闉に出づ
曾て高僧の伝を読むに
僧可は清貧なるべしと

「僧侶は清貧であるべきこと」（草庵で無物無所有の極貧生活を貫いた良寛には、「清貧」ならぬ「凄貧」という言葉を奉りたいほどだが）―良寛は『高僧伝』から学んだこの生き方を、固く守った。『正法眼蔵随聞記』に見える道元禅師の「学道の人は先づすべからく貧なるべし」という訓戒もまたその脳裡深くに刻まれていたことであろう。

乞食僧としての後半生は、致し方なくそうしたのではなく、確固たる信念に基いての行動だったのである。

良寛は円通寺での修行時代に、どのような仏典、禅書を読み、またどんな漢籍などを読んでいたか、自らは語っていないので明らかではない。諸種の仏典、禅書は言うまでもなく、少年時代に大森子陽の塾で漢学を学んでいたから、修行中も、明らかにその後深く影響を受けている『荘子』や、生涯愛読し、後に江戸の儒者亀田鵬齋の論語講義を聞いてその誤りを指摘したほど知悉していた『論語』をはじめとする漢籍をも読んでいたであろう。（良寛は後年「孔子」と題する詩（讃）を作って、孔子を「上に古人なく下に次ぐ人無し」と讃えている）。また禅僧の常として、詩偈の制作にも従っていたことは疑いない。現に数は少ないが、円通寺時代の良寛作の漢詩が残っているのである。詩人としての基盤は既にこの玉島での修行時代に築かれていたと見てよい。良寛が『正法眼蔵随聞記』にある道元禅師の「且く存命の際業を修し學を好まば只佛道を行じ佛法を學すべきなり。文筆詩歌等其の詮なき事なれば捨べき道理なり。」という戒めの言葉をどう受け取っていたか、知りたいところだ。

寸陰を惜しんで修行中の良寛が全身全霊を傾けて読み、禅道修行の鑑、指南書としたのは、『法華経』とわが国における曹洞宗の開祖たる道元の著作、とりわけ『正法眼蔵』であった。そのことは、帰郷後の作である「永平録を読む」と題する長詩の中で語られている。それによれば、修行中に師である国仙和尚から『正法眼蔵』を提示されて、その後の生き方まで変わってしまうほどの衝撃を受け、それを貪るように耽読して、身をもってその教えを実践したというのである。国仙師がまだ修行中の身であった良寛に特別に『正法眼蔵』を読むことを許したのは、この弟子のうちに禅の奥義をきわめようとする、熱烈な求道心を認めたからに相違ない。良寛は道元の『正法眼蔵』にふれることによって、それまで自力だけで禅の問題を解決しようとしていたことの誤りを覚り、師の下を辞して諸方の高僧を訪ねる行脚に出たのだという。その詩に、

憶(おも)い得たり　疇昔(ちゅうせき)円通に在りし時
先師提示す　正法眼(しょうぼうげん)
当時洪(おおい)に翻身(ほんしん)の機有り
為に拝謁を請い　親しく履践(りせん)す
転(うた)た覚る　従来独り力を用いしを
茲(これ)自(よ)り師を辞し　遠く往返す

とあるのがそれである。「翻身の機」があったというからには、それによってにわかに悟道に達するような、決定的に大きな開示だったことは明らかである。名僧知識を訪ねての諸国行脚は常に孤独でまた辛いものだったことはその詩が物語っている。破れ堂に泊まったり、野宿を強いられたり、破れ衣で餓えに迫られたりしたこともあっ

たようである。そんな辛い行脚の中から生まれた

草枕夜ごとにかはるやどりにも結ぶはおなじふるさとの夢

という歌や、

投宿す　破院の下
一燈　思い悄然たり
旅服　誰が為に乾かさん
吟詠して聊か自ら寛す
雨声　長く耳に在り
枕を攲て暁天に到る

といった詩が、その行脚の日々を物語る。なんとしても禅の奥義を究めようという堅固な道心があってこそ、よくその苦難に耐えたのである。師から印可を授けられる前年には、当時高徳の僧として知られていた宗龍和尚を訪ね、この禅師に相見して法話を交わし、深く影響されるところがあった。良寛が非常手段を使ってまでして、宗龍に相見を許されたこの話は、良寛の死後蔵雲和尚の問い合わせに答えて貞信尼が答え

た書簡で伝えられているもので、若き日の良寛の求道心の深さを物語っている。それによると、良寛は高徳の僧として知られた宗龍和尚になんとしても相見して教えを請いたいとの一心から、病気で人との面談を謝絶し観音院に籠っていた和尚に、夜中に寺の高塀を乗り越えるという非常手段を用いて置手紙を残し、翌朝に相見を許されたのだという。その折り「今からは案内を乞う必要はない、いつなりと勝手にくるがよい。」と言われ、以後宗龍和尚とたびたび法話問答を交わしたという。良寛が帰郷後敢えて「檻褸また檻褸」の極貧の乞食僧として後半生を終える決意をしたひとつの要因は、「諸国乞食僧」と称したこの高徳の僧の生き方に深く感銘を受け、禅者としての鑑を見たからではなかったろうか。『沙門良寛全伝』によれば、良寛の行脚の旅は中国四国地方から九州にまで及び、長崎にも杖を曳いている。

こうして国仙和尚の下で、刻苦して営々と禅道修行一筋に励むこと十二年、三三歳にして良寛は、国仙和尚に次のような印可の偈と師自身が行脚の際に用いた藤の杖を与えられた。国仙和尚が示寂する前年のことである。

附良寛庵主
良也如愚道転寛
騰騰任運得誰看
為附山形爛藤杖

良寛庵主に附す
良や愚の如く道うたた寛し
騰騰として運に任す　誰か看るを得ん
為に附す山形　爛藤の杖

到処壁間午睡閑　　到る処壁間にして　午睡閑なれ

この偈の第一句は人により解釈が異なり、高橋庄次氏のように「良也如愚」を「良はまた愚の如く」と読む人もいて厄介である。いずれにせよこれが「大愚良寛」の名を詠み込んだ偈であることは確かであろう。さすがに老師は、文字通り愚直に徹し、一見愚の如く見える良寛が、禅の道の実践において寛くまた大きい大器であり逸材であることを見抜いていたのである。「愚の如く」というのは『論語』で顔回が「回や愚の如く」と言われているのと同じだと思われ、決して貶下しているわけではない。「ただ良寛が「騰騰任運」を貫いたとしても、そのことを看破できる人間はいないだろうとも言っている。大愚良寛の内実をよく言い当てた一句だが、それを看破できる人はいないから、さらに修行に励めというのであろう。己の愚を自覚した「騰騰任運」は、良寛がその後半生を通じて最後まで守り抜いた指針となり信念となった。愚に徹した生涯であった。こうして良寛は印可を与えられ、師の禅を継承することを認められたが、それは一山の住持としての地位を保証するものではなかった。良寛の本性を見抜いていた国仙師は、この弟子が寺の住持として安住できるようなタイプではなく、禅の道を求めて諸方に杖を曳き、行脚に生きる禅者であることを明察していたのかもしれない。そう考えると、良寛が寺ではなく杖を与えられたというのは、何か象徴的であるようにも思われる。

印可を得た翌年に国仙和尚は示寂したが、この頃良寛は歴代の住持が居住したという、円通寺内にあった覚樹庵という小庵を与えられ、客分のような形でそこにいたと見られている。印可の偈に「良寛庵主」とあることが、それを窺わせるのである。禅者として道奥極め、円熟の境地に到達し印可を得て後もなお、良寛の行脚と修行は続いたようである。その後帰郷するまで約五年ほどはしばしば諸方に行脚に出たり、旅先の小庵などに仮住まいして禅の修行に打ち込んでいたらしい。純粋な禅道修行は、印可を得たからとそれで終わるものではないと心得ていたからであろう。

本色の行脚の僧は
豈に悠々に存すべけんや
浄瓶を携えて本師を辞し
特々として郷州を出づ
朝には孤峰の頂気を極め
暮には玄界の流れを截つ
一言若し契わずんば
此の生誓って休まず

という、問法行脚によって禅道を究めようとする「衝天の志気」を示した詩や、

伊昔(これむかし)　少壮の時
錫を飛ばして　千里に遊ぶ
殆(ほとん)ど故老の門を叩き、
周旋すること凡(およ)そ幾秋(いくとき)ぞ

端なくも偶々問う和尚の道
忽地高跳して保社を離る

といった詩句を含む詩は、その参師問法の行脚の日々を回想しての作かと思われる。江戸の国学者近藤萬丈がその昔を回想した『寝覚めの友』で語っている、旅先の土佐で大雨に見舞われ、破れ庵で宿を借りた際に出会ったという、「色黒く面痩せたる僧」である「越後の国了観」が良寛であるとすれば、四国一円に行脚の旅は及んでいたことになる。

記得す壮年の時
生を資(たす)くること太(はなは)だ艱難なりしを
唯(ただ)衣食の為の故に

という回想の詩の一節は、一山の住持にもなれぬまま、一鉢一衣（いっぱついちえ）の放浪僧として行脚流浪の旅を続けている己の姿を、悲しみと自嘲を込めて詠ったものか。禅の道を究めたい一心で諸国を行脚流浪したこの時点の良寛は、悟って自得した禅者らしからぬ深い悲哀と悔恨にも似たものを、胸中に秘めていたように私の眼には映るのだが、これは僻目であろうか。栗田勇氏は良寛の雲水行脚の日々を、禅の道において大悟、大成を迎えたるための準備期間というよりも、雲水行脚そのものの内に己の足跡を没し去ろうという、遍路の志が働いていたのではないかと見ている。氏は

> 良寛は組織的宗門に挫折したその傷跡を、東洋の道教的仙人道、寒山拾得のごとく、自然のうちに消すことを志した。つまり、このような漂泊そのものが目的で、いわゆる修行時代から完成への方便とは、当時の良寛は自覚していなかったのではあるまいか。（『良寛』）

と述べているが、これは肯い難い。良寛は漂泊の歌僧西行ではないからだ。少し前に引いた詩「本色の行脚の僧は」、それに続いて引いた「殆（ほとん）ど故老の門を叩き、周旋すること凡そ幾秋（いくとき）ぞ」などに照らし合わせても、良寛の行脚の旅が漂泊そのものを目的

としていたとは考えられないからである。やはり禅道修行のための参師問法が、行脚の目的だったと考えるべきであろう。

さて、円通寺に来て一六年目、良寛三八歳の時に父以南は京都の桂川に入水して自死した。「天真仏の仰によりて、以南を桂川の流れに捨つ」という謎めいた言葉を添えた、

そめいろの山をしるしに立ておけばわがなきあとはいずら昔ぞ

というのがその辞世の歌であった。以南の死に関する真相については諸説あって、私にはその当否を論ずるだけの用意はない。実は以南は桂川に投身自殺したのではなく、そうとみせかけて高野山に身を潜めたのだとする説もある。良寛は兄弟が集まって京都で執り行った亡父の法要に出席したが、それに際して、入水に先立って知人に、「わしの死後良寛という沙門が西国から訪ねて来るから」と言って託したという、

朝霧に一段ひくし合歓の花
夜の霜身のなる果やつたよりも

という俳諧を遺した画仙と短冊を渡されたらしい。良寛はそれを終生肌身離さず亡父

を偲んでいたという。父の遺した筆の跡を見て詠んだとされる

水茎の跡もなみだにかすみけりありし昔のことを思へば

という歌は、良寛の傷心のほどを思わせる一首である。また良寛は他の島からの帰国の途上高野山へと登り、父以南を偲んで、

紀の国の高野の奥のふる寺に杉のしづくをききあかしつつ

という哀切な歌を詠んでいる。良寛はかれが玉島へ来て五年目に四九歳で亡くなった母の葬儀にも帰国していないが、「少年父を捨てて他国へ奔る」と詠っているように、家を捨て父母を捨てたことに対する贖罪意識は深く、亡父以南を懐う気持ちも、玉島へ赴いて以来ついに二度と相見ることのなかった亡母を偲ぶ心も、一方ならぬ深いものがあった。(これに関しても高橋庄次氏の異論があり、良寛は天明五年の亡母三回忌に出席していたに違いないと主張し、その際には父子団欒があったと見ている。しかしこれも推測の域を出ず、確証はない。)右の歌にしてもそうだが、帰郷後に出雲崎で詠んだ

たらちねの母がかたみと朝夕(あさゆふ)に佐渡の島辺をうち見つるかも
いにしへにかわらぬものはありそみとむかひに見ゆる佐渡の島なり

五合庵での作と思われる

沖つ風いたくな吹きそ雲の浦は我たらちねの奥津城どころ

という三首は鎮魂の歌であり、亡き母への切々たる思慕の情があふれていて、われわれの心を打つ。

高橋庄次氏は良寛が三八歳ないしは三九歳頃に円通寺を去る決意をしたのは、亡父への懺悔のためであったとしか考えられないとの新説を提唱し、その説くところは説得力に富むが、これまた推測による部分が大きいようにも思われる。

良寛が道元の「一生不離叢林」という訓戒に背き、円通寺内に与えられていた覚樹庵を捨ててまで、何のあてもないままに落魄の乞食坊主として帰郷したのは、師の没後新たな住持として乗り込んできた、玄透即中とそりがあわなかったためだと説く人もいる。先にもふれたが、この頃曹洞宗の本山の永平寺は黄檗禅に押されて衰微し、天明六年には火事によって伽藍のほとんどが消失し、一時は無住の寺となるほどの惨状だったという。それを再興したのがほかならぬ玄透即中だったのである。やがて永平寺五十世に出世した玄透は、荒廃していた永平寺を改革、永平寺まで侵していた黄檗禅の色彩を払拭し、伽藍を再建して、萎靡していた曹洞禅をみごとに復興させたばかりか、幕府の許可を得て『正法眼蔵』全巻を刊行するなどして、「永平寺中興の祖」と讃えられた。ひたすらに純粋禅を求めてきた良寛にしてみれば、宗政家とも言うべきこの辣腕の禅僧とでは、禅者のあり方、仏道修行に関して共感し一致できるところは少なかったであろう。玄透にしても前住持の弟子であり、円通寺内に先住していた良寛は煙たい存在だったのかもしれない。谷川敏朗氏は良寛は帰郷に先立って四か月ほど永平寺に滞在し、玄透の種々の事業に力を貸したと推理しているが、これは信じがたい。

当時は曹洞宗の内部で、永平寺と加賀の總持寺の間で本山をめぐる争いがあり、宗派内での権力闘争がおこなわれていたことも、純粋禅を求めて厳しい修行を積んできた良寛には、耐えがたかったと思われる。良寛は当時の宗門のあり方や仏教界の堕落に批判的だったため、玄透によって曹洞宗の宗門から追放されたのだと主張する研究家もいるが、真偽のほどは明らかではない。そうではなかったにしても、一山の住持となればやはり宗派内での争いのいずれかの側に加担することは避けられないだろうし、宗門の枠内で権威に屈することを強いられるから、それも良寛には能く耐えうるところではなかったろう。いずれにせよ、帰郷以後、良寛が曹洞禅の寺とは一切かかわりをもとうとしなかったことは事実である。長く居住した五合庵にしても、真言宗の寺に属するものであったし、親しく交わった仏者はほとんどが他宗の僧侶たちである。

ともあれこうして、二二歳からの十数年にわたる良寛の玉島での修行時代は終わった。禅の奥義を究め、印可状こそ与えられたものの、禅師の称号はおろか和尚を名乗ることも許されぬ主座(しゅそ)という低い法位のまま、故郷で住持になるあてもなく、身に襤褸(ぼろ)をまとった乞食僧として、郷里の人々の前に姿をあらわすのである。俗世間的に言えばまさに落魄の帰郷に他ならないが、高橋氏はそれを良寛が敢えて自ら選んだ「円通寺時代に乞食修行で学んだ忍恥(にんにく)の姿であり、懺悔(ざんげ)の姿であった」という。初めて玉島へ出立した際の、父以南の「一旦出家したからには、人に後ろ指をさされぬ立派な僧になれ」という訓戒に背いた帰郷であった。橘屋一族をはじめ、郷里の人々の驚きは大きかったはずである。

かくて円通寺を辞し、玉島を発ってから京都、大阪、紀伊を巡って東海道を下り、しばらく江戸に遊んでから善光寺を経て北国街道を通って越後を目指したのであった。帰郷の途上播磨の国で詠んだ三首の歌があるが、一首目は赤穂(あこう)で、二首目は韓津(からつ)で野宿したことを詠っており、三首目は明石で神社に宿ったことを詠った作である。いずれも後年の作に比べれば歌としては上々の作とは言いがたいが、一鉢一衣で食を乞いつつの厳しい道中であったことを窺わせずにはおかない。

山颪（やまおろし）よいたくな吹きそ白妙（しろたへ）の衣方敷き旅寝せし夜は
思ひきや道の芝草（しばくさ）うち敷きて今宵も同じ仮寝（かりね）せむとは
浜風（はまかぜ）よ心して吹けちはやぶる神の社（やしろ）に宿りせし夜は

ちなみに途上立ち寄った大阪では、南町の弘川寺で西行の墓に詣でて、

たをりこしはなのいろかはうすくともあはれみたまへ心ばかりは

という印象深い一首を手向けている。良寛の歌というと万葉調の作ばかりが重視されるが、初期の歌には新古今風の歌が少なからずあり、とりわけ西行の影響を窺わせる作は何首もある。右の歌にしても、良寛が大自然の中に自由を求め、「歌道仏堂一如」と観じていた漂泊の歌僧西行に、深く私淑するところがあったことを思わせる作である。

帰郷の道中、北国街道をたどって越後に足を踏み入れ、糸魚川で病を得た折の詩に付した序には、「余雲遊すること二十年」とあるが、実際には故郷を離れて一六年ないしは一七年ほどの歳月が経っていたものと見られる。その詩は次のようなものであって、久しく離れていた故郷の土を踏む喜びに胸を躍らせるどころか、傷心に満ちた重い心を抱いての帰郷だったことがわかる。禅者として己を鍛え上げ、禅心堅固な

僧として忍辱（にんにく）に耐える覚悟を固めての帰郷だったが、その昔の意気込みに反した、落魄の乞食僧として郷里の人々の前に立つことへの不安が、重く心にのしかかっていたのである。

一衣一鉢（いちえいっぱつ）　裁（わずか）に身に従う
強いて病身を扶（たす）けて　坐して焼香す
一夜蕭蕭たり　幽窓の雨
惹き得たり　十年逆旅（げきりょ）の情

井本農一氏が「敗れた者の悲痛な哀歌」だと評しているこの詩は、全体として悲哀の色をたたえているが、最期の「惹き得たり十年逆旅の情」という詩句には、十年近くにも及んだ諸国行脚の旅を振り返っての万感の情が籠っている。これをもって自分の修行者としての半生が終わったのだという感慨が吐露されているとも受け取れる。長い雲遊の果てに自分が得たものは何であったのか、改めて来し方を凝視しているまなざしが感じられる一句である。確かに、郷里目指してのこの旅は、七四年の良寛の人生における決定的な転換点であり、重大な節目、結節点であった。この帰郷の旅路が完結した時点から、良寛の第二の人生が始まる。三輪健司氏はそれを良寛の「新生」(Neugeburt)と呼んでいる。学僧として十分な仏学の知識を獲得し、禅道の修行者としてひとまず完成を見た良寛が、われわれの知る良寛としてのその貌をあらわすに至るのである。つまりは、先に述べたように、一休の後半生とはいくつかの共通点や相似たところがありながらも衆庶の教化活動、仏者としての生き方などに関しては大きく異なり、一休のそれとはしばしば対照的な、隠遁乞食僧としての良寛の後半生が始まるのである。石田吉貞氏はそれを「禅僧から隠遁僧への転向」と見ているが、私個人としてはむしろ「禅僧から表現者への転身」として考えたいところだ。「總て風光の為に此の身を誤る」と告白し、「風光に脳乱して殊に未だ休まず」という境に至った良寛は、ここから詩人として新たな生へと踏み出すからである。

ということで、これから良寛の三十数年にわたる後半生をざっと一瞥してみよう。それに先立ってまず次節では一休の後半生に眼をやって、稀代の破戒僧、風狂の奇僧としての所業の跡を一瞥し、次いで無物無所有、草庵独棲の乞食僧、詩人・歌人としての良寛の後半生を窺ってみたい。

六　狂客風狂の日々──一休の後半生

さて上記のごとく、一休、良寛という日本文化史、文学史の上で傑出した二人の禅僧の、修行僧としての前半生はひとまず終わり、それぞれの禅者としての道程に区切りをつけたことになる。日本仏教史においてこの二人が占めている位置は大きく異なるとはいえ、両者ともに仏者として高い悟達の境地に到達していた存在であることに変わりはない。既に第二節「禅者としての生き方」で見てきたとおり時代も出家の動機も修めた禅の宗派も異なるが、ともに修行時代は求道一筋、ひたすら参禅学道に努めて禅の奥義を究めたという点では、両者は相似た経歴を踏んでいる。禅者であるばかりか、卓越した文学者でもあったこの二人が際立った対照をなすのは、なんといってもその後半生においてである。後半生すなわち一休においては、風狂禅の僧、相反するものを一身に体現した矛盾の塊と見える、桁外れに奔放不羈な破戒僧としての日々である。良寛においては、「古仏の経を持すると雖も、祖師の禅に散ずるは懶(ものう)し」と詠われ、禅を捨てたかとさえ見える「半僧半俗」の遊戯(ゆげ)に生きた隠遁僧としての日々である。一休がわれわれの知る一休つまりは風狂僧としての本領、その真面目を発揮するのは、『狂雲集』でその破天荒な行状や禅思想が詠われ語られている後半生においてであり、良寛が求道一筋の禅者を脱して、われわれの知る遊戯(ゆげ)に生きる慈愛の乞食僧となったのは、四〇歳から七四歳までの後半生においてなのである。

されば以下禅僧・仏者としての一休と良寛の生き方や行状などを外面的になぞって、奔放不羈な風狂僧として狂風を吹き起こしながら、師資相承の臨済禅の正系を固く守った一休の姿の片鱗と、山中独棲で「己事究明」に努めてその禅境を深める傍ら、次第に浄土宗への傾斜を増していったと見られている良寛の姿とを、ざっと瞥見してみよう。仏者・禅者としての両者の上っ面を撫でただけの、なんとも皮相な一瞥であることを御承知いただいた上で、両者の禅者・仏者としての対照的な特色などを挙げてみたい。禅者としての両者の相似た点や異なる点のいくつかについては、第二節「禅者としての生き方」でふれたので、それらを繰り返すことはしない。

まず一休だが、修行を終えての後半生を眺め渡してみると、そこに見られるのは、日本仏教史上また禅宗史上類例のない、恐ろしく破天荒、奔放不羈としか言いようのない生き方をした奇僧中の奇僧、稀代の破戒僧の姿である。一休が「水宿風飡」蓑笠の禅に生きる後半生を送ったことは先にもふれたが、その一所不住の跡をまずはざっとたどってみよう。一休八八年の生涯のうち、最晩年の一〇年ほどを除くと、その後半生のほとんどは戦乱の狂気に包まれた文字通りの乱世であり暗黒時代に覆われていることに気づかされる。では四〇年あまりに及ぶその長い後半生を、一休はどう生きたのか。

ほぼ一〇年近くにわたる行脚放浪の「長胎聖養」を終えた一休の最初の足取りがわ

かるのは、三九歳の折に実子岐翁紹禎と堺の南宋寺に住んでいたことである。この子がまだ幼かったとすると、その母である女性も同棲していたかと思われる。一休が風狂僧としての貌をあらわにし、朱鞘の木剣を腰に堺の町を闊歩して人々を驚かせ、似非坊主どもを嘲弄したのは、四十代の初め、堺に住んでいた頃のことであった。街に出ては刀の柄を叩いて人々を挑発し、「剣は人を殺すためのもの、坊主がなぜ剣をもっているのか」と問われると、「お前たちは知らぬのか、今の贋坊主はこの木剣のようなもので、鞘に収まっていれば真剣のように見えるが、抜けばただの木片にすぎぬわ。人を殺すことも活かすこともできぬ。」と答え、衆人の笑いを誘ったという有名な逸話がそれである。当時の似非坊主は人（煩悩）を殺すことも、人を活かすこともできぬと、その無能無力を嗤ったのである。この大刀の一件は、よほど一休の心に適うところがあったと見え、傍らに朱鞘の大刀を立てかけた姿での自らの頂相（ちんぞう）を、三つも描かせている。

　その後堺から土御門殿に寓居し、その六年後には洛中の無人のあばら屋銅駝坊へ移り、その後大徳寺の長老たちに請われてその境内にあった如意庵に住み、そこで師華叟の十三回忌を営んだが、居住わずか一〇日にして、次のような偈二篇を残して如意庵を早々に退去している。一首目は「水宿風飡」によって生きる蓑笠の禅こそがわが生きる道と宣言した作であり、養叟に宛てた二首目の作は、一休の大胆な「破戒宣言」とも受け取れる次のような内容の偈である。

如意庵の校割の末に題す
常住物をもって庵中に置く。
木杓笊籬は壁東に掛く。
我に此の如き閑家具無し。
江海、多年、蓑笠の風。

如意庵退院、養叟和尚に寄す
住庵十日意忙々たり、
脚下の紅糸線甚だ長し。
他日君来ってもし我を問わば、
魚行酒肆、また婬坊。

如意庵退去の後は塩小路の草屋に仮寓していたらしく、その後の足取りはしばらく不明だが、二年後には譲羽山の山奥に入って民家に住み、そこで小庵を建ててこれを尸陀寺と名付けた。その翌年には、関山一派の日峰が大徳寺住持になるのを養叟と組んで阻もうとしたが失敗している。その四年後大徳寺の新住持をめぐる争いがあってある僧が自殺したということがあり、幕府によって数人の僧が獄に投じられるという事件が起きた。一休五四歳の時のことである。これを憂えた一休は譲羽山に籠り、死を覚悟して食を断ったが、後花園天皇の勅諚によって死を思いとどまったといわれているが、この話は全面的には信用できない。その翌年には安宗坊南の陶山公の妾宅に寓居し、更に双杉の小庵に寓居した。その六年後には売扇庵へ移り（「売扇一生渡世の計」とみずから言っているように、一休は扇に字を書いて売る売扇を生業にしていたのである）、続いて瞎驢庵へ、さらには山城国薪村の妙勝寺へ、次いで三年後には徳禅寺へ、次いで加茂山の大燈寺に仮寓しそこから薪村の酬恩庵へ、七〇歳の折には再び瞎驢庵へ、七四歳で応仁の乱が始まると瞎驢庵が兵火にかかって焼かれたので、虎丘庵へ、さらには酬恩庵へと逃れた。だが二年後に西軍が薪村へと迫った来たので瓶原（みかのはら）の滋斉庵へと移ったものの、戦乱を避けて流民の一人となって堺の住吉大社へとたどり着き、そこで松栖庵に入ったがまもなく雲門庵へと移った。七九歳の折に住吉大社で森女との邂逅を果たし、そこから彼女を伴なって薪村の酬恩庵へ戻り、そこでこの盲目の女人との愛の日々を過ごした後、八八歳で示寂している。

一生の破屋、廃庵の居　這裡（しゃり）の栄華　也（ま）た虚ならず

という風餐水宿、蓑笠の禅を貫いたのである。『応仁記』に言う、

「タダ天下ハ破レバ破レヨ、世間ハ滅ババ滅ビヨ」という動乱の時代、

なにせうぞ、くすんで、一期は夢よ、ただ狂へ

という狂気の時代をしたたかに生き抜いた一生であった。『本阿弥行状記』という書には、一休は死に臨んで「死にとむない、死にとむない」と言ったと記されているそうである。最後まで愛を分かち合った森女への執着が、悟達の禅僧にそういう言葉を吐かせたのだろうか。同様に良寛も死が迫ると、「死にとうない」と言ったと伝えられるが、やはり最期を看取ってくれた貞信尼への執着、未練があったのだろうか。彼岸を願う仏者たるものが何ごとぞと嗤うよりは、なんと人間的な、との感を抱かざるをえない。西行にしても良寛にしても死を怖れる歌や詩を遺しているし、人間が死を怖れ悲しむのは当然のことだからである。

ちなみに『年譜』は、先にふれたように、一休五四歳の折に大徳寺に不祥事が起こり、何人かの僧が獄につながれたので、一休がそれを憂えて心労がつのり、密かに譲羽山に入って餓死を図ったと伝えている。それが後花園天皇の耳に入り、勅諚をもって諫止されたので自殺を思いとどまったというが、どこまで信用してよいのか疑問である。勅諚があるのは事実だが、大徳寺の僧何人かが下獄したからとて、一休が自殺を図らねばならぬ理由はない。事実だとすれば、さほどにも大徳寺における禅が堕落

腐敗していたことに絶望したからと考えられるが、その程度のことは以前から承知していたのではなかろうか。あまりにも一休らしからぬ行動であって、にわかには信を置きがたいのである。

いずれにせよ、このように諸方を転々としながら、未曽有の大乱狂気の暗黒時代を、行く先々で狂風を吹き起こしつつ、地を這うように生きて、嵐の如く駆けぬけたのがこの奇僧の生涯であった。一休自身はそれを、

風狂の狂客　狂風を起す
来往す　婬坊酒肆の中
具眼の衲僧(なっそう)誰か一拶せん
南を画(かく)し北を画し　西東を画す

と詠って意気昂然たるところを示していて、まことに当たるべからざる勢いである。

波乱に富むその生涯で、彼の晩年に夕映えとも言うべき華やかな彩りを添えたのが、住吉大社での邂逅を経て七九歳から八八歳までほぼ一〇年近く酬恩庵で続いた、盲目の美女森侍者との愛の日々である。われわれはそれを詠った一連の愛の詩によって、「恋法師」としての一休の面目を窺うことができる。（森女との愛については、後に第一〇節「女人―「恋法師」一休頽齢の愛」であつかう予定である。）

こうしてその生涯を眺め渡すと、洛中洛外や堺の小庵や小寺を目まぐるしいまでに渡り歩いては、その間に禅境を深めつつ庶民に接して精力的に教化に努め、慕い寄る会下の衆に取り巻かれ、「生き仏」として多くの崇拝者をその身辺に集めていったことがわかる。（良寛が帰郷後隠遁僧として親しく交わった相手が、主として医者、僧侶、儒者あるいは地主、富農などからなる少数の知識人に限られるのに比して、一休の会下には、庶民のほかにも多くの武家・公家などがその帰依者となっていた。上は天皇から下は下層民まで、幅広い層がその影響下にあったわけである。）

ところでこれまで見てきたのは、実は一休の半面でしかない。かように多くの帰依者がいた「他化の僧」であり悟達の禅者一休が、その一方では「婬坊酒肆に功勲有り」、「自戒は驢となり破戒は人」と高言して、「不飲受戒」、「不邪淫戒」もなんのその、しきりに酒肆婬房にも出入し、好んで酒を把り、「来往す婬坊酒肆の中」、「婬房十載興極まりなし」、「我に抱持啑吻の興有り、／境に火聚捨身の心無し（わしには抱擁とか接吻の楽しみはあるが、身を捨てて修養する気はさらさらない）」、「藞苴は元是れ我が家の情／女色の多情に勇巴を加う（無頼破戒は一休門派の宿業で、女色の上にさらに男色までが加わる）」と、その背徳や破戒の行状を堂々と詠ってもいる。そしてついには、

沙門　何事ぞ　邪淫を行ず、

血気　識情　人我深し。
淫犯（いんぽん）　若し能く情識を折らば、
乾坤　忽（たちま）ち変じて　黄金と作（な）らん。

修行者ともあろう者が、どうして邪淫をおこなうのか、
それは血気が盛んで人情が深いからだ。
淫犯がもし煩悩をうちくだくことができるならば、
天地がたちまち黄金のようになるではないか。（平野宗浄氏訳）

とまで喝破しているのである。堂々たる破戒宣言であり、風狂の極みだと言うほかない。赤裸々な逆行誇示は、もっぱら堕落した当時の禅門への当てつけだとしても、そのインパクトは絶大なものがある。市川白弦氏は一休の破戒、逆行について、

「清浄の行者涅槃（さとり）に入らず、破戒の比丘地獄に落ちず」という言葉がある。非道ないしは逆行を説く大乗教説は稀ではない。この逆行をただの言葉ではなく、身をもって、しかも誹謗、中傷、奇行および好色、情事、性愛として、大胆かつ赤裸々に行ってはばからなかったことにおいて、一休の風況は無類であった。
（『一休―乱世に生きた禅者』）

と言っている。続いて一休の所業を良寛のそれに比べて、こうも言っている。一休の風狂と良寛の風狂（これは市川氏の言葉だが）の相違点をみごとに衝いているので、煩を厭わずこれも引いておく。

怒ること、あざ笑うこと、さげすむこと、事実を誇張すること、剣をたずさえ、尺八を吹き歩くこと、美少年を愛し、酒肆淫坊に遊び、歌舞管弦に耽ること、いずれも非道・逆行・破戒の行為でないものはない。いまこれを江戸時代の禅者大愚良寛にくらべるならば、そのちがいは明白である。すなわち一休とおなじく世道人心の腐敗、教界僧徒の堕落を痛憤する数々の詩を作った青壮年期の良寛が、その晩年「此僧初にものいひし後は、ひとこともいはず、坐禅するにもあらず、眠るにもあらず、口のうちに念ぶつ唱ふるにもあらず、何やら物語ても、只微笑するばかりに有にしぞ、おのれおもふにこは狂人ならめ」と、国学者近藤万丈をして言わしめた良寛の風狂、和顔愛語に徹し、人間はもとより禽獣虫魚、草木から無生物にいたるまで、あまねく慈愛をそそいだ良寛の風狂に比べるならば、臨済系と曹洞系の別をこえて、そのちがいはあまりにも大きい。

これは、禅の奥義を把握し一休を知悉した禅者の言として、全面的に肯いたい。（『東海一休和尚年譜』の校注者であり、これに詳しい注釈を付した今泉淑夫氏は、女との愛の詩を含むこれら破戒を詠った詩偈に関して、「偈頌の細部は創作世界に属した」と見ている。氏によれば、「破戒は一度で十分であった。一時期と言い換えてもよい。」ということだが、私はそういう見方は採らない。仮にこの種の詩偈が事実そのものをストレートに詠った作ではないにしても、やはりそこには稀代の風狂僧の破戒無慚な行状が反映していると思うからである。女犯や飲酒は当時五山の老宿などのほとんどがおこなっていたことだというから、敢えて懸命になって一休の破戒行為を否定する必要はないと思うのである。ただ他の禅僧たちが口をぬぐっていたのに対し、独り一休のみが、そういう行状をことさらに誇示し、揚言しているところが、一休の一休たる所以である。）行く先々で女色男色に耽っては詩作にも耽り、「詩禅一致」の風狂禅を繰り広げ、各方面の文化人とも交わっては、その精神的指導者としての役割も果たしていたのだから、その行動力は驚嘆に値する。恐るべきエネルギッシュな活動ぶりであり、良寛の後半生を「静」とすれば、まさにその対極にある「動」こそが、禅者一休の特質、本性だと言ってよい。

かくて一休はその後半生にいたるや本領を発揮し、わが国の禅宗史上空前絶後の、破戒と悟道が共存する彼独自の「風狂禅」を実践して名を高め、その名隠れもなき「紫野の一休和尚」として広く崇められたばかりか、晩年八一歳の折には、ついには勅命によって大徳寺四八世にまで出世している。（これは「居成（いなり）」と呼ばれる名目的な入山で、実際には住持として大徳寺に居住はしていない。）応仁の大乱で兵火にかかって炎上した大徳寺を再建する役目を担わされたのである。一休の名声を利用し、その力を借りて衰微していたこの寺の復興を図ったのであった。この策は成功し、一休の帰依者である堺の豪商の寄進により、大徳寺の伽藍は立派に再建された。

勅命とはいえ、本来「風餐水宿」の蓑笠に生きるはずの一休が、なぜ大徳寺住持に出世することを引き受けたのか、私などには解せぬところである。一休自身、そういう己を愧じていたことは、「紫衣（しえ）の長老　紅面（くれないおもて）を通ぜん」という詩句が物語っている。これは風狂僧一休に見られる矛盾点のひとつであるとは言えよう。

一方では戒律を大胆に踏み破る途方もない破戒者でありながら、同時に臨済禅の純粋な後継者として禅境を深めた禅者・仏者もあったその矛盾に満ちた後半生は、「風狂」という語で形容するのが最もふさわしい特色を備えている。なにぶん一休は、仏像なぞは屁とも思わない偶像破壊者であり、釈迦さえも批判して、

しゃかといふいたづら者が世にいでておほくの人をまよはするかな
うそをつき地獄におつるものならばなきことつくるしゃかいかんせん

と詠んでのけた空前絶後の怪僧なのである。『一休咄』に出てくる、地蔵菩薩像の開眼供養を恃まれた一休が、地蔵の頭に多量の小便を掛けたなどという逸話はそのまま

信を置きがたいが、彼が徹底して偶像崇拝を否定する人物であったことを反映していると考えられる。他宗と異なり仏道修行で坐禅を最も重んずる禅者でありながら、祖師達磨大師を詠って、

九年まで坐禅するこそ地獄なれ、虚空の土となれるその身を

と言い放ち、達磨の禅は無駄であったと断言しているのであるから、その禅にしても尋常のものであろうはずはない。みずから「狂客」と名乗り、「風顚」、「一段の大妖怪」、「波旬（はじゅん）」つまりは悪魔と称したこの野僧は、もろもろの奇行や破戒行為をおこなって、偽悪的なまでにそれを詩偈の中で詠って誇示し揚言した。その型破りな禅が世に風狂禅と評されている、空前絶後の型破りな一休一流の禅なのである。西田正好氏は一休の「遊戯諸三昧（ゆげしょざんまい）」の風狂について、

凡俗の日常性をすっかり超越して、なんのためらいもなく酒色の道にもたずさわることのできた一休のありかたが、いわゆる彼の「風狂」にほかならない。（『一休―風狂の精神』）

と言っているが、「なんのためらいもなく」という点に留保をつければ、ほぼ賛意を

表したい。なぜなら一休はしばしば己の破戒行為を慚愧したり、自嘲したりもしているからである。

仮に一休が誇示揚言している女犯女色、男色、酒肆往来の逆行が、彼の行動、行状をそのままストレートに詠った作でないとしても、風狂禅の表出としての『狂雲集』における一休は、まぎれもなく破戒僧である。しかも破戒、背徳の所業を実践しまたそれを詠い、「酒肆婬坊に功勲有り」、「佯歌爛酔、我が風狂」と高言しながら、一方では禅境を深め、その奥義を究めた悟達の禅者として多くの衆庶に接して衆生下化に努めたのであるから、その矛盾に満ちた言動は、われわれ俗人の理解を絶していると言っても過言ではない。戒と破戒、聖と俗とを一身に抱え込んだまさにヤヌス（双面神）的な存在であって、到底一筋縄で行くような相手ではない。一休にとってはその風狂禅と詩作は重なり合っており、『狂雲集』は文学作品であると同時に彼の禅の真髄の表出でもあるという性格を担っているからことは厄介である。

ではその風狂禅とは何かと改めて問われると、禅学の知識を欠く者としては答えに窮するのだが、私の理解ではそれは確信を持った上での意図的な狂気に基いた奇行であり、戒律を超えた禅ではないかと思う。風狂の先達としては、『臨済録』にその奇行が記録されている、一休などよりもさらに徹底した、スケールの大きな風狂僧であった普化和尚がいた。一休は普化和尚に深い関心を示しており、その影響を受けていることは明らかである。加藤周一氏は「一休という現象」という卓抜な一休論で、禅者一休の本質をみごとに要約しているが、それに示唆されて、一休自身は多くは「風流」と呼んでいるその風狂の禅風を一瞥してみると、次のようなことが言えそうである。

どう見ても矛盾の塊としか見えない一休が、その後半生において実践した風狂禅は、まず第一には悟道対破戒という形をとって現れている。悟道者として一休は、求道、修養に徹した悟達の高僧にほかならない。「凡そ参禅学道の輩は、かならず日用清浄なるべし。日用不浄なるべからず。」と会下の者たちに説くのが一休である。『狂雲集』で禅の奥義を説く一休は、虚堂智愚以来の臨済禅の正当な後継者として禅の奥義、哲理を説く敬虔な禅者である。そういう存在としての一休は、われわれ禅に暗い俗漢には容易には理解しがたい「人境倶奪」、「人境倶不奪」といった禅機を説いた偈をはじめ、虚堂以下のさまざまな臨済禅の祖師たちを讃え詠った偈を数多く生み、それによって会下の衆たちを教え諭し、教化に努めているのである。と同時にまた当時の堕落した宗門の徒を厳しく批判し、激越な調子で指弾したことは、先に述べたとおりである。この側面をも見るかぎり、一休はまぎれもなく悟達の禅者であり、自らが「風流」と呼ぶ、耽酒淫色をもとめて酒肆婬坊に出入来往する破戒僧としての貌は微塵も認められない。

その同じ一休が、『狂雲集』では、先に見たとおり戒律などは一蹴する稀代の破戒僧としての姿を見せているのである。いわゆる「逆行」をことさらに誇示し揚言するその態度姿勢は、「狂」の要素を多分に含む「風狂」の所業と言うほかない。平野宗浄氏は、一休が真摯な禅者でありながら、敢えて破戒に踏み切ったのは、臨済と大燈國師の戒律無視の思想に基き、明確な意識下でおこなった行為であったと説いて、こう言っている。

臨済、大燈ともに「もし真正の自覚（正覚）がない人間ならばいくら一生懸命戒律を守っても何もならない」と言い切っているのだが一休はそれをまともに実行したのである。つまり真正の見解をもった人間にとって戒律などはあってもなくても大した相違はない。必要なのは戒律でなく真正の見解である、という、明確な意識の下に破戒をしたのに相違ない。（『一休と禅』）

一休の禅思想がどうであれ、自戒者と破戒者が一個の人物の中に同時に共存していることが、宗教者としてのこの奇僧をわれわれにとって理解し難い存在としているとは言えるだろう。これこそ高悟帰俗の境地に達した人物だと説き聞かされても、なお得心がいかない部分が残る。

この矛盾、相反するものの共存が、一休の後半生において生じた現象であることは確実である。「狂雲子一休とその時代」で芳賀幸四郎氏が推測しているように、「聖胎長養」の間に一休の内部に「性格転換」が起こったものと考えられる。つまりその間に、生来女人への関心が異常なほど強く、「一種色情狂でさへあった」一休が、それまでの持戒堅固な修行僧から、稀代の破戒僧へと変貌したのだろうと想像されているのである。一休は師である華叟の下を離れてからは、洛中や畿内の小庵などを転々と居を移しながら衆庶に接している間に、「性格転換」が起こり、信念に基いて大胆に戒律を踏み破る破壊僧へと姿を変えていったのであろう。一休の「酒肆婬房」への出入往来が始まったのも、この「水宿風飡」の行脚を放浪の日々においてかと思われる。

　その奔放不羈、破戒の極みとも言うべき行状は、「大燈国師宿忌以前美人に対す」という偈に詠われている。それには、一休が尊崇してやまぬ大燈国師の開山忌の宿忌に、僧侶たちの読経の声を聞きながら、女人と同衾して愛の交わりをなしたことが、

宿忌之開山諷経（ふぎん）
経咒（きょうしゅう）　耳に逆らう衆僧の声。
雲雨風流　事終わって後、
夢閨（むけい）の私語　慈明を笑う。

と挑発的な口調で詠われているが、それが事実であれフィクションであれ、これほど大胆に背徳行為を言葉にしていること自体が、一休の風狂禅が尋常のものではなかったことを物語っているとは言えまいか。

　中年以後の一休に関しては、正月に竹の棒の先に髑髏を突き刺して、「これこのと

おり、ご用心、ご用心」と声高に言いつつ京の都の街中を回ったり、堺の町を朱鞘の木刀を腰に徘徊して人々を驚かせたり、大燈国師の一〇〇年忌に女人を伴なって現れたり、川で水浴している女を見かけてその陰門を拝したり、名高い遊女地獄太夫と歌を詠みかわしたりするなど、さまざまな奇矯な行為が伝えられているが、それらもまた一休一流の風狂禅の特質だと言ってよかろう。一休の後半生に色濃く影を落としている女人たちの存在、女犯女色、森女との爛れるような激しい性愛を含む、愛欲生活も風狂僧としての行状そのもののあらわれにほかなるまい。ブータン版一休和尚と言うべきドゥクパ・クンレーの言葉として、「瘋狂にはすべてが仏道である。」という教えが伝わっているが、一休も同様に心得ていたのであろうか。

　風狂の禅者一休における二番目の対立ないしは矛盾は、この奇僧がその後半生において繰り返し見せた絶大な自信と、それと相反するような自己批判、自嘲である。実際、臨済禅の正系を継ぐ者としての一休の自信は大変なもので、「天沢（てんたく）七世の孫」つまりは祖師虚堂を以て任じ、わが国で臨済禅の祖である大燈国師の禅を受け継ぐのはこのわしじゃと自負して「狂雲は真に是大燈の孫」と揚言し、「一人荷担す松源禅」とさえ言いきっているのである。みずからの頂相（ちんぞう）の賛では「扶桑国裏禅無し、我面前で誰か禅話を弄す」とその満々たる自信を見せてもいる。その鼻息荒さは、臨済その人さえも、わが禅には及ぶまいと高言するまでに至っているのには恐れ入るほかない。

　そのように絶大な自負自信を誇示する一方で、一休は禅者としてまた人間としての

自分を否定し、厳しく自己批判する態度も最後まで捨ててはいない。それは

昨日は俗人（ぞくにん）　今日は僧
生涯胡乱（うろん）　是れ吾が能

という、禅者としての自分の生涯がいい加減だったことを認める偈のたぐいとなって吐露されている。また「罪過は弥天　純蔵主」（一休の罪や咎は天に満ちるほどだ）といったような懺悔や自嘲の言葉をしばしば洩らし、女人との愛に耽る己の姿を畜生道に墜ちた行為だとも言っている。一休に罪悪深長の凡夫としての自覚があったればこそ、このような懺悔とも解せる詩句が生まれたのであろう。詩作に関しても、その名隠れもなき詩人たることを広言する一方で、一休は「詩文は元地獄の工夫」という詩作を否定するかのような言葉をも遺している。これもまたこの奇僧における矛盾点の一つと言えよう。

さらに加藤氏が一休における第三の鋭い対照として挙げているのは、世捨て人と毒舌家である。確かに一休は世捨て人、「捨て聖」と言ってもよい面があった。宗門の外にいて無欲無物無所有の信念に生きた良寛と同様に、名利の禅を嫌い、一休もまたその後半生は大寺の住持となることを拒み、「水宿風飡」に生きる「蓑笠の禅」を貫いた。悟りに達して後は世捨て人として世に隠れて生きた中国の祖師たちや、「聖胎

長養」の二〇年の歳月を、五条の橋の下で、乞食たちに交じって過ごした大燈国師こそは一休の理想像であり、彼自身もそれに似た途を選んだのであった。では悟達の高僧として物外に超然とし、憤怒や嫉妬といった人間的感情には無縁であったかというと、これは必ずしもそうではなかった。気性が激しい一休が、『狂雲集』や『自戒集』で、臨済禅の堕落ぶりや禅を商業化して安売りする法兄養叟一派を猛攻撃し、ありとあらゆる悪罵を浴びせ続けた一端は先に「禅者としての生き方」で見たとおりである。市川白弦氏は、その毒舌の根底には、養叟に対する一休の嫉妬があったと見ている。一休の毒舌、その執拗なまでの悪罵は、その人格を疑いたくなるほどものだと言うほかない。

加藤氏が最後に挙げている最後の対立点は、一休における禅宗と浄土宗の問題である。良寛が果たして最後まで曹洞宗の禅僧としての信仰を貫き通したか、それとも後年は禅宗を離れ次第に浄土宗へと傾いていったかは、研究者の間でも見解が割れているが、一休に関しても同様な問題が生じているのである。

問題は大燈国師直伝の純粋禅を守り抜こうとして闘い続けていたはずの一休が、六四歳の折に突然「念仏宗」、「浄土宗」への改宗宣言をしたことにある。「自力」に徹する禅者が、徹底して阿弥陀の力にすがる「他力」の浄土宗への改宗を宣言したとなれば、これは一大事である。一休は禅の道に関しては徹頭徹尾非妥協的であったが、他宗の信仰に関してはきわめて寛大であり、排他的否定的ではなかった一休の作とさ

れている、

分け登る麓の道は多けれど同じ高嶺の月をみるかな

という道歌に見られるように、宗派は違っても仏教信仰に生きる者の目指すところ、到達点は同じだと考えていたと思われる。一休は法然を讃え親鸞にも好意的であり、本願寺の蓮如とは大変親しい仲でもあった。そんな一休が禅門を離れ、浄土宗への改宗を宣言して「予今衣(え)を更えて浄土宗に入る」と宣言したのだから、これはやはり驚きである。柳田聖山氏はこれは一休一流の冗談であると言い、今泉淑夫氏は「これを事実と裏付ける傍証はない。」と言っている。弟子の手に成る『年譜』ではこの「改宗宣言」は黙殺され、いっさいふれられてはいない。これが単なる冗談なのか、今泉氏の言う「策略(さりゃく)」なのか門外漢にはわからないが、少なくとも冗談で言えることではないように私には思われる。口頭で会下の者たちに冗談として伝えたのならともかく、ちゃんと『狂雲集』にそれをこういう形でとどめているのだから、一時の冗談事として済ませられることではなかろう。

禅門の最上乗を離却して
衣を更(か)う　浄土一宗の僧

妄りに　如意霊山の衆と成って
嘆息す　多年　大燈を晦ませしことを。

最高の宗旨である禅門を離れ、大燈国師を騙してきたことを、申し訳なく思う、ということを詠ったこの偈が一時の気まぐれ、冗談で作られたとは思われない。禅者における偈とはそんなに軽いものなのだろうか。

この「改宗宣言」について芳賀幸四郎氏は前掲の論文で、

彼が一時衣をかへて浄土の門に帰し、法然の賛を作り、蓮如と相許した仲であつたといふのは、人間の自然性を肯定し肉食妻帯を認めたこのすなほな宗旨を自らにふさはしく観じ、禁欲主義を標榜しつつも返って俗な禅門の偽善に愛想をつかしたためではなからうか。

と言っている。加藤氏は一休が改宗宣言から一三年後に大徳寺住持に出世するまでの一三年間の間にふたたび禅宗に戻ったと見ているが、中川德之助氏の「一休の改宗宣言はことさらに復帰宣言をしない程度のものであったように思われる。」という見解が当を得ていると言えよう。一休は禅浄双修の僧になったわけでもなく、改宗は所詮は言葉の上にとどまったということか。良寛は後年に阿弥陀信仰を思わせる歌を何首も遺しているが、少なくとも『狂雲集』を見るかぎりでは一休は徹底した禅者であって、浄土宗信仰の証左となるような作は見受けられないのである。堕落しきった当時の禅への面当てとしての、一時の「改宗宣言」はあったものの、禅者としての一休には、終生信仰上のゆらぎはなかったと考えてよいのではなかろうか。

最後に、風狂僧一休の後半生を著しく特徴づけ世にもユニークな存在としているのは、『狂雲集』に収められている、女色、男色を詠った数多くの艶詩つまりはエロティックな詩を書いていることである。とりわけ一休の晩年を彩った、森女相手の爛れるような性愛詩を含む一群の愛の詩は、艶詩の域を越えた真の恋愛詩とも言うべきもので、表現者・詩人として一休の文学的位置を高めていると評せるであろう。加藤周一氏も言っているように、こんなテーマを漢詩の形で詠った詩人はほかにいない。

いずれにせよ、宗教者禅者としても人間としても、容易には説明しがたい矛盾を内部にかかえつつ、室町時代という戦乱と狂気の時代を、行く先々で狂風を吹き起こしては人々に衝撃を与えて突き動かし、日本文化史、精神史に革新をもたらすほどの働きをしながら、疾風のごとく駆けぬけたのが一休という人物であった。したたかで剛直に生きたその後半生は、帰郷後隠遁僧として越後の山中で草庵に独棲し、孤独静謐な日々を送った良寛とは大きく異なっていることは改めて言っておかねばならない

七　隠遁と遊戯（ゆげ）――良寛の後半生

風狂僧としての一休の後半生を概観したところで、今度は玉島での修行時代を終えて帰郷した良寛の後半生を一瞥して見よう。良寛に関する伝記的な記述を含む書物は世にあふれているから、詳しくはそれらの書に就いていただけばよい。ここでは帰郷後に隠遁独棲の野僧となった良寛の生の軌跡を一瞥し、ごくおおまかに素描するにとどめておく。以下述べるところは、すべて先学の研究に学んだ既知のことばかりである。良寛が真に良寛たる面目を見せた後半生は、なにほどか詳しく述べようとすれば、優に一巻の書物を要するから、以下はその概要（エピトメー）にすぎない。

一休の場合と同じく、まず帰郷後の良寛の三〇数年にわたる後半生の動向を見ておくと、一所不住、水宿風餐を貫いて、洛中洛外や畿内の諸方を転々と目まぐるしく移り住んだ一休とは異なり、良寛はその後半生のほとんどを、国上山（くがみやま）を中心として過ごしている。良寛の後半生を考えるとき、このことは重要な意味をもっている。

なぜなら国上山はただ単に居住の場であったのではなく、良寛がその文学や芸術を養った世親生活の場でもあったからである。帰郷直後は、出雲崎の生家に立ち寄ることもなく、出雲崎からわずか三里ほどの郷本の漁師小屋に仮寓していたが、身元が割れると、家人が迎えに来ても出雲崎へ戻るのを拒み、行方をくらましてあちこちの廃屋にしばらく転々としていたらしい。だがその翌年三九歳ないしは四〇歳の年に、三峰館の学友であった原田鵲齋の口利きで、国上山の中腹にあった真言宗の寺である国上寺の住持の隠居所であった五合庵に入った。五合庵はそれより一〇〇年以上も前に、衰微していた国上寺の復興に努めた万元和尚のために建てられたもので、以後歴代住持の隠居所となっていた草庵である。五年後には国上寺の住職義苗が隠居してそこへ入ったので、そこを出て密蔵院、観照寺、本覚院などに仮寓した。やがて義苗が遷化したので二年後に五合庵に再住し、以後五九歳になるまで一二年間にわたってずっとそこでの暮らしが続いた。併せて一七年間をこの名高い草庵で過ごしたことになる。良寛と言えば誰もがまず五合庵を連想するほど、この草庵での隠遁独棲生活は彼の後半生と結びつき、一体化していると言ってよい。その間行脚の旅に出てはいるが、他所に居住することなく万元和尚ゆかりのこの草庵に居続けたわけである。五合庵に入居するに際して良寛は、安住の場を得たよろこびを、

いざここに我が身は老いなむあしびきの国上の山の松の下いほ

と詠んだが、実際還暦を迎えるまでこの草庵に独棲し、そこで生の悲歓をかみしめながら、自己凝視の姿勢を崩すことなく老いていったのである。

六〇歳が迫ると、元来体があまり頑健ではなかったから、薪水のため老体の身で急

な坂道や崖のある山腹を往来する苦労を避けるため、麓の乙子神社境内の草庵に居を移し、「半ばは社人に似、半ばは僧」としての、そこでの生活がさらに約一〇年続いた。

乙宮の森の下庵しばしとて占めにしものを森の下庵
この宮の森の木下に子供らと遊ぶ春日になりにけらしも
この宮の森の木下に子供らと手まりつきつつ暮らしぬるかな

という歌が生まれた場所である。

良寛が国上山を離れて行脚に出た時期に関しては二説ある。その一つは良寛四五歳、義苗が五合庵に入ったため、そこを出て、江戸方面に遊び、酒田、鶴岡などへ足を延して、鶴岡で大森子陽の遺髪を納めた墓を弔ったとする説である。もう一つは、乙子神社草庵へ移住後四年あまり経った良寛が、六四歳から六六歳までの足掛け三年にわたる酒田、鶴岡への行脚の旅に出たとする説である。後者は高橋庄次氏の『良寛伝記考説』に見える説だが、その綿密な考証から推すと、こちらが正しいかと思われる。いずれにせよ、良寛は二七年間切れ目なく国上山に居続けたわけではなく、江戸、奥羽地方への行脚の日々もあり、善光寺への再遊を詠った詩があることからすると、信州へも旅していた可能性はあると見られている。

こうして国上山で良寛は老いてゆき、老いの嘆きを、

惜しめども盛りはすぎぬ待たなくにとめくるものは老いにぞありける

といった一群の「老いをいたむ歌」託したが、老齢いよいよ募って七〇歳になろうとする年に、晩年は病がちであった良寛の体を心配する人々の勧めでようやく国上山を離れ、島崎村の木村元衛門の屋敷内の小庵へと移った。そこに住むこと四年あまり、病を得て半年ほど後に七四年の生涯を終えている。国上山を離れることには相当心残りがあったことは、

他日　如し機の成熟するに遭わば
再び来たらん国上の古道場

いう詩句に窺うことができる。法弟遍澄や歌の弟子であり晩年の恋の相手でもあった貞信尼らに看取られての最期であった。辞世として貞信尼に示したのは、

うらを見せおもてをみせてちるもみじ

という句であったが、これは良寛の自作ではないという。臨終の作ではないが、「か

たみの歌」とされるのは、道元禅師の歌を踏まえた、

形見とて何か残さむ春は花山ほととぎす秋はもみじ葉

という歌である。これとは別に、

良寛に辞世あるかと人問はば南無阿弥陀仏といふとこたえよ

という、浄土宗への傾きをみせる歌も詠んでいる。

古稀を迎えた良寛が木村家へ移ったのは、五合庵時代に良寛に弟子入りし、以後法弟格でその身辺の世話をしていた遍澄が、願王閣の庵主となって身辺離れるにあたり、師を気遣って移住を勧めたからでもあった。こうしてみると、良寛は行脚の日々を除く二七年余りを国上山で過ごしたわけであり、その後半生とそこから生まれた文学・芸術は、国上山なしでは考えられぬものとなっている。一休が徹底した都会人であって自然界にほとんど関心を示さず、その詩にも自然詠といったものが極めて乏しいのと違って、良寛の詩や歌、とりわけ「情」の面をもっぱら投入した歌は、多くは故郷の自然の中から生まれている。それゆえ良寛の後半生が国上山中でいとなまれ、それを背景としていることは、決定的と言ってよいほど大きな意味をになっていると

言ってよい。越後の風土抜きに良寛を語ることはできないとは、良寛研究家が斉しく口をそろえて言うことだが、国上山なくしては良寛の文学を語ることができないのもまた事実である。

室町時代という激動と戦乱狂乱の時代を、目まぐるしく畿内を駆けめぐり、晩年には応仁の大乱に遭遇して居住していた庵も戦火に焼かれ、流民の群れに交じって命からがら堺の町へと逃れた一休に比べれば、良寛の後半生は、少なくも外面的にはまず平穏であったと言える。その間には、越後をも襲った大旱魃、洪水などの天変地異があり、農民一揆、米騒動、疫病の流行などもあったし、晩年には三条の大地震にも遭遇しているが、いずれも良寛の後半生を根底から揺るがすほどのことはなかった。

その生涯には劇的変化も大波乱もなく、後半生は国上山を中心とする郷里の地で、その胸底に生きることの深い悲哀の感情を湛えながら、自然界に包まれて淡々と過ぎていったということである。そうして静かに老いてゆく過程で老熟し、慈愛の人、傑出した詩人・歌人、稀代の能書家としての良寛が醸成されていったのである。

では帰郷後の良寛は、落魄忍辱の姿で戻った故郷の山中で如何なる日々を過ごし、何を感じ、思い、いかにしてその文学・芸術を養ったのか、そのあたりをざっと窺ってみよう。

落魄の乞食僧として「空手還郷（くうしゅげんきょう）」の身で帰郷した良寛を迎えたのは、心を暗くするような状況であり、郷里出雲崎の人々の冷やかな眼であった。まずは旧知の死を知り、相次ぐ弟たちの夭折があり、それに何よりも生家橘屋の決定的な没落と消滅の悲劇を目の当たりにすることとなったのである。帰郷後まもなく旧知の人々を訪ねその死を知った良寛は、その悲痛な思いと索漠たる心情をこんな詩に読んでいる。

帰郷の作

家を出で国を離れて知識を訪ね
一衣一鉢(いちえいっぱつ)　凡(およ)そ幾春ぞ
今日郷に還って旧知を問えば
多くは是れ北邙(ほくぼう)山下の人

暁

二十年来　郷里に帰る
旧友は零落して事多く非なり
夢は破る　上方金鐘の暁
空牀(くうしょう)影なく　燈火微(かす)かなり

いずれの詩も暗く悲愁に満ちている。若き日の学問の師であり、畏敬していた大森子陽も、久しい以前に世を去っていた。子陽は越後を離れ鶴岡藩の藩儒となったが、その地で藩士に斬殺され非業の死を遂げたと言われている。良寛は帰郷後にまず子陽の墓を弔い、手向けの詩を詠んでいるが、亡き師を憶い偲ぶ心が切々と伝わってくる作である。その後も何度か師の墓を訪れていたらしい。良寛はまた三峰館時代の学友富取之則の死を知らされて、この友を悼み慟哭した詩を二首作っている。このように、遠く西国にあって郷里を夢見ていた良寛が味わったのは、帰郷のよろこびや旧知の人々との交歓ではなく、まずは喪失の悲しみであった。帰郷後最初の冬に詠んだ

越にきてまだ越なれぬわれなれやうたて寒さの肌にせちなる

という歌は、長いこと西国で温かい冬を過ごしてきた良寛が、改めて雪深い故郷で迎え厳しさを痛感した歌だが、身に染みる寒さを覚えたのはその肌ばかりではなく、良寛の心そのものでもあったろう。

帰郷後三年足らずのうちに、良寛は弟二人の死に遭っている。五合庵に入った翌年、まず末弟の香が京都で二七歳の若さで死んだ。京で儒学を学んで俊秀の名高く、文章博士高辻家の儒官に取り立てられ、宮中での詩会に召されるほどの詩才豊かな人物であったが、父の自殺の意を告げられながらそれを阻止できなかったことへの後悔の念から出家し、東福寺で病死したという。また一説には父の跡を追って桂川に身を投げて死んだとも言われている。その二年後、今度は円明院住職であった弟の宥澄が

やはり三一歳で遷化している。相次ぐ弟二人の死が、良寛の悲嘆を誘ったことは間違いない。良寛は弟妹と縁が薄かったのか、五人きょうだいのうち、良寛より長生きしたのは弟由之と末の妹のみかだけで、妹たか（次女）、姉むら（長女）の二人には先立たれている。出家の身であってみれば、生者必滅、会者定離のことわりはわかりすぎるほどわかっていたであろうが、死に関しても良寛は、悟ったふうのことは口にせず、素直に肉親や親しい人々の死を悼んでいて、それがわれわれの限りない共感を誘うのである。それればかりか、当時大流行して幼い子供たちの命を奪った、天然痘で死んだ村の幼児たちを悼む一連の歌などは、良寛という人がいかに人の死を重く受け止め、喪失の悲しみを深く噛みしめていたかを物語っている。道元を知り尽くした良寛であるから、「死の生にならざる、法輪のさだまれる仏転なり。生も一時のくらゐなり、死も一時のくらゐなり。たとへば冬と春のごとし」という『正法眼蔵』の一節や、荘子の言う「死生一如」などは熟知していたことは疑いない。にもかかわらず、死生を超脱した仏者としての悟境を示したりせず、一途に旧知や肉親の死に接しての悲嘆を洩らしているのである。

　旧知の人々の死もさることながら、帰郷した良寛の心に重くのしかかり、その胸次を苦しめたのは、生家橘屋の無残な没落そして消滅であったと思われる。ひとたび出家の身となり、方外の者となったからには、俗世のことはかかわらないはずだとはいえ、いやでも見聞せざるを得ない橘屋の衰運と没落、その惨状に接して、かつての橘屋の御曹司良寛の心が痛まなかったはずがない。父以南の代にもはや急速に傾きかけていた家運は、代わって名主職を継いだ由之の代には一層衰運著しく、もはや挽回不可能な状態にあった。父に似て文人肌で、国学や歌才には優れていたが経世の才なく、実務に無能な由之は、新興勢力京屋と敦賀屋との争いにことごとく敗れて、大名主としての権威も名誉も次々と失ったのである。それに絶望したのか、由之は職務をおろそかにして詩酒に憂き身を費やし、亡父から受け継いだ負債を顧みずに放蕩に耽り、息子で名主見習いの任にあった馬之助もまた放蕩に耽る始末であった。あまりのことに、良寛は由之を諫める手紙を書き送っている。

人も三十、四十を超えては衰へゆくものなれば、随分御養生あそばされるべく候。大酒飽飲（たいしゅほういん）は実に身を切る斧なり。ゆめゆめ過ごさぬ様（やう）遊べく候。

という戒めの内容だが、由之父子の遊蕩生活は改まることなく派手に散財を続け、名主の権威を笠に着て町民から金を徴収してはそれを浪費していたのである。そのためついには出雲先の農民たちから公金横領で訴えられるに至っている。その結果、最終的に奉行所から判決が下され、由之は家財没収の上、出雲崎所払い、馬之助は名主見習い職罷免という厳しい処断がなされて、ここに七〇〇年続いた越後切っての名家橘屋は完全に消滅したのである。良寛五三歳、帰郷後一三年後のことであった。出雲崎を追われた由之は近隣の村を転々とし、越前の国で四年ほど滞在して、六〇歳にして一〇年ぶりに橘屋へ帰っているが晩年は与板に隠棲し、国学者、歌人としてその生涯を終えている。波乱に乏しい良寛の後半生においては、橘屋滅亡が最も衝撃的な出来事であったことは、間違いない。仮に栄蔵青年が出家せず、名主職を継いでいたならば、弟由之ではなく、良寛自身がその悲劇の主人公となったかもしれないのである。自分が背負うべき運命を弟に負わせたことに対して負い目を感じ、慚愧の念を抱かずにはいられなかったであろう。もはや俗事には関われない出家の身ではあったが、情愛が深く、兄弟姉妹や親族を思う心が篤かっただけに、その苦悩もひとしお深いものがあったことは、容易に想像がつく。帰郷後はみずから「僧にあらず俗にあらず」と称した良寛は、高悟帰俗の境に遊ぶ物外に超然とした仏者などではなく、きわめて人間臭いレベルで思索し、悲歓の情を味わい、敗者としての悲哀を胸奥に秘めて苦悩した一個の純粋な人間だったと私には思われる。

良寛帰郷後もなお、農民らに対する大名主としての由之父子による専横なふるまい、農民の窮乏をよそにしての遊蕩や奢侈は続いていたから、町民、村民たちの橘屋一族への反感は強く、かれらを見る眼が温かかったはずはない。その一族である良寛にしても、帰郷当初から近隣の村人たちの信頼を得て、親しまれ愛されていたわけではなかろう。むしろかつての橘屋の御曹司が、高僧どころか一山の住持にもならず、尾羽打ち枯らし、ぼろをまとった一介の乞食僧として姿を見せたことに、軽蔑と冷たい眼が向けられていたものと思われる。

到る所　意に愜わず
帰り来る　窮巷の辺
昼は　狂児の欺くを忍び
夜は　隣家の喧しきに任す
虚室　実に白を生じ
寒炉　長く烟無し
已矣　復何をか道わん
万事　皆因縁

という詩が、帰郷直後まだ五合庵に入る前に書かれたものかどうかはわからないが、当時の良寛の心境を如実に物語っているように思われる。どう見ても乞食僧そのもので、近隣の村々に食を乞うて歩く姿は、その出自を知る人々の軽蔑を買ったであろうし、まだその人柄を知らぬ子供たちも、「おおい、あのバカ坊主が来たぞう」と囃し立てて笑ったり悪戯をしかけたりしていたことが、右の詩からも察せられる。あちこちの村に托鉢に出ても何一つ貰えぬ日が一再ならずあったことは、「独り空盂を掲げて帰る」、「復空盂を掲げて帰る」という詩句からも知られる。農民たちもまた飢えていたのである。良寛がその質朴な人柄や人徳の高さ、底抜けの善意、限りない慈愛の心、学問の深さ、江戸にまでその名が知られるほどの能書や歌によって、次第に周辺の村人たちの信頼と尊敬を得るに至り、皆から親しまれ愛されるようになったのには、それなりの時日を要したに相違ない。里人との接触が重なるにつれて、和顔愛語に徹した無類のやさしさや淳心慈愛の深さが知れわたり、村人に夕餉に呼ばれたり、

　老農我を見るに旧知の若(ごと)し
　児を呼びて濁酒を酌み
　黍を蒸して更に之を勧む

といったふうに、百姓おやじに呼びとめられて、田畑の畔で酒を酌み交わしたりするようになっていったのであろう。そういう日が来るまで、帰郷直後の良寛を迎えた人々の眼が冷やかだったとしてもなんの不思議もない。それまではそういう状況に耐え、「心に流俗を逐(お)うなく、人の癡獃(ちがい)と呼ぶに任(まか)す」、「従他(さもあらばれ)世人の讃、任爾(さもあらばあれ)世人の嗤い」という諦念を抱いて淡々と日々を送っていたものと思われる。

　さてそこで、五合庵定住以後、国上山とその周辺で良寛は一体なにをしたのか。草庵独棲の身となって、どんな日々を送っていたのだろうか。洛中洛外や堺の町を疾風怒濤のごとく馳せまわり、行く先々で狂風を吹き起こしては風狂禅を誇示していた一

休と比べて、その後半生はどう形容したらよいのか。

『良寛遊戯』という洞察力に富む研究書を著した北川省一氏の表現をお借りして言えば、良寛の後半生はまさに『遊戯』だったと言ってよい。一休が「風狂の僧」ならば良寛は遊戯の僧である。帰郷後の良寛は、仏者・禅者として「己事究明」に努める一方、一個の自由人として「騰騰忍運」、大自然の動きに身をまかせ、文字通り子供たちと手毬をついたりかくれんぼをして遊び、自然にたわむれ、詩文に遊び、書に遊び、酒興を楽しみ、学問の世界に没頭し逍遊した。鈴木文台の言を借りれば、「参禅の暇、吟詠筆墨をもって遊戯と為」したのである。「遊戯」というのは無論ただ無為に遊び呆けるということではない。良寛が「優游復優游」と観じたその生き方は、いみじくも人間の特性を、homo ludens「遊戯する人間」と定義したホイジンガ的な意味合いにおける ludus「遊戯」であったと言ってよいのではなかろうか。

そんな良寛にしても、日々霞を食って悠々と遊戯三昧の生活を送っていたわけではない。世間的束縛からは自由ではあったとはいえ、国上山中での無物無所有で極貧の草庵生活は、決して楽なものではなく、それなりの労苦に耐えねばならなかったことは、その詩や歌が物語っている。「乞食を活計となし、行鉢を恒規となす」ことこそ仏者本来の生き方だと信じた良寛は、自ら鍬を取って耕すことはなく、もっぱら近隣の村々で食を乞うて生きた。托鉢行乞が日々の行であった。これはそう容易なことではなく、とりわけ深い雪に閉じ込められる越後の冬には難行そのものとなった。

終日　乞食し罷り
帰り来って　柴扉を閉ざす
炉には焼く　帯葉の枝
静かに吟ず　寒山の詩
西風　夜雨を吹き
颯颯として茅茨に灑ぐ
時には便ち脚を延ばして臥す
何をか思い
複た何をか疑わん

というのが草庵での日々であったが、それにはいわゆる薪水の労が加わる。托鉢で米を貰っておしまいではないのである。急な山を登って薪を取り、谷を下って水を汲まねばならず、それから炊事をしなければならない。また山や野で山菜を摘み、副食を作ったりもしなければならない。

薪を負うて西岑を下る
西岑　路尋め難し

時に喬松の下に卸し
頤を支えて春禽を聴く

山住みのあはれを誰に語らましあかざ籠にいれかへるゆふぐれ

という詩と歌がそれを物語っている。冬ともなれば、

水や汲まむ薪や伐らむ菜やつまむ朝のしぐれの降らぬその間に
飯こふと里にも出ずこの頃は時雨の雨の間なくし降れば

という日が多かったであろう。こうして得た薪を焚き、多くは味噌雑炊であったという一汁一菜を日々の糧として生きていたのである。雪深い越後のことであるから冬になると、托鉢にも出られぬ日が続いたことは、

飯乞ふと里にも出でずなりにけり昨日も今日も雪の降れれば

という歌が示すとおりである。そのうえ良寛は頑健な体の持ち主ではなく、しばしば

病の床に臥したことは、

四大　方(まさ)に不安
尽日　枕衾(ちんきん)に椅(よ)る
渓(たに)を隔てて伐木(ばつぼく)を聞き
枕に伏して清朝を過ごす

というような詩句を含む何首かの詩に、その苦しみを洩らしていることから知られる。
そんな生活の中にあっても、坐禅には多く時を費やしたものと思われる。

静夜草堂の裏(うち)
打坐して衲衣を擁す

という詩の一節が示すように、良寛は道元の教え「只管打坐」を厳格に守っていたわけではないにしても、坐禅は欠かさなかったようである。他宗に寛容で晩年次第に浄土宗への傾きを見せ、最後には宗派を超えた仏者となっていたかに見える良寛だが、仏者としての根幹はやはり禅であったと見てよいのではなかろうか。長谷川洋三氏は、仏者としての良寛を、「禅宗的」というよりは「全宗的」なる人物と見ており、石田吉貞氏は、良寛が「あくまで曹洞禅の僧として、一つの信仰を守り、「終生禅僧としてのまことを守った」とことを強調しているが、それに懐疑的な研究家も多い。

草庵生活が孤独でわびしいものであったことは、

寒炉　深く炭を撥（か）く
孤燈　複（ま）た明るからず
寂寞（じゃくまく）として半夜を過ごすに
壁を通して渓声遠し

孤峰　独宿の夜
雨雪　思い悄然たり
玄猿は山椒（さんしょう）に響き
冷澗（れいかん）は潺湲（せんかん）を閉ざす
窓前には燈火凝り
牀頭には硯氷（けんぴょう）乾く
世を徹して耿として寝（い）ねず
筆を吹いて聊か篇を成す

山かげの草の庵はいとさむし柴を焼きつつ夜をあかしてむ

といった詩や歌が物語っている。このような厳しく孤独な草庵生活の中で、良寛はあの至純な魂の滴りのような歌や詩を、また凡百の職業書家が到達しえない書の芸術を、その後半生の間に静かに養ったのである。

良寛がその草庵生活で日々読書にもかなりの時を費やし、仏典や多くの書物を読んだことは確かである。すでに未だ壮年と言える四〇代から、近隣の村里の子供らと無心に遊んでいたのも事実だが、一面において良寛は刻苦勉励の人でもあった。良寛の仏学に関する造形の深さは、明治時代のインド哲学者で碩学として知られた原坦山をして、「永平高祖以来の巨匠」と感嘆せしめるほどのものであったし、和漢の仏典や外典を広く読み、また後年は『万葉集』の研究や『源氏物語』をはじめ国学や文法学の勉強に力を入れるなど、晩年に至るまでその勉学意欲と努力は恐るべきものであった。若き日に大森子陽に学んだ漢学にも造詣深く、『論語』、『荘子』はその愛読書であり、詩の一節に、

終夜榾柮を焼き
静かに読む寒山の詩

とあるように、とりわけ寒山の詩を愛読した。また書にも研鑽を積んで書法の研究を怠らず、王羲之や懐素の法帖の臨模に、倦むことなく心肝を砕いていたことが知られている。日々山を下って托鉢に出て行乞をおこない、薪水の労も厭わず、食も自ら整えねばならなかったにもかかわらず、よくさほどの学が積めたものと驚嘆せざるを得ない。しかも蔵書というものをもたぬ無物無所有の良寛は、その学知などをすべて書物や法帖の借覧によって成し遂げたのである、良寛というと、子供らと手毬を衝いて遊んでばかりいたような印象をもちがちだが、実際には天稟の質に加えて、その努力もまた大変なものであったことは強調しておかねばならない。

だが五合庵や乙子神社草庵での国上山中の独棲は、良寛にまたとないよろこびをもたらした。国上山を中心とする郷里の自然の美しさ、その豊かさの中にあること自体がよろこびであった。国上山とその周辺の景観、四季の移ろいはその眼を惹きつけ、山中独棲で一層鋭くなった聴覚は、自然界の微細な音をも鋭敏にとらえて、良寛の心中にある無玄琴を奏でた。それについては序章の二（三）「自然とともに生きること」で述べたので繰り返すことはしないが、当該の箇所では引かなかった、春と秋を詠った詩二首を掲げてみよう。

子規

烟樹蒼々として春已に莫る

千峰万壑　望迷わんと欲す
子規此の夕べ声絶えず
夜深くして更に
竹林に移って啼く

仲冬　十一月
清暁　雲霧収まる
旭日　青嶂に上り
輝光　高楼を射る
稚子　門閫に戯れ
烏鵲　檐頭に噪ぐ
炉に安息香を焼き
端座して好仇を思う
杖を持ちて焉くに適かんと欲する
首を回らして思い悠々たり

これらの詩は歌ほど直截ではないが、良寛が春秋の情景に敏感に反応し、その美を感得していたことを窺わせる作となっている。

このようにして草庵での明け暮れを重ねること幾歳月、良寛の底抜けの善良さや温かさ、

墨染の我が衣手のゆたならばうき世の民を蔽はましものを

という歌に見られるような限りない慈愛の心が人々の間に知られるようになると、良寛への親しみと敬慕の念が次第に浸透してゆき、かつての「狂児」たちも、良寛の無心の遊戯(ゆげ)の相手となるのである。一休のように意識的積極的に下化衆生に努めずとも、その存在自体が無言の説法となり、その天真無碍がまずは子供たちを引きつけたのであった。そこから生まれたのが、

この宮の森の木下(こした)に子供らとあそぶ春日になりにけらしも
この里にてまりつきつつ子供らと遊ぶ春日は暮れずともよし
霞立つ長き春日に子供らと手毬つきつつこの日暮らしつ

という、良寛以外の誰も詠いえない歌であり、また

青陽　二月の初め

物色　稍や新鮮
此の時　鉢盂を持し
騰騰として市廛に入る
児童忽ち我れを見て
欣然として相将いて来る
我れを寺門の前に要え
我れを携えて歩むこと遅々たり
盂を青松の枝に掛け草を闘わし
此に于て毬子を打つ
我れ打てば渠且く歌い
我れ歌えば　渠これを打つ
打ち去り　また打ち来って
時節の移るを知らず
行人　我を顧みて問う
曷に由ってか其れ此の如きかと
頭を垂れて他に応えず
道い得るも亦何以ぞや
箇中の意を知らんと要すれば

元来祇這（ただこ）れ是れのみ

と詠われている、人間の利害や有用性、俗的規範を超えた絶対的遊戯（ゆげ）三昧の境地の表出なのである。邪心のない子供たちとの無心の交歓のうちに自己を解き放ち、「優游」の境涯に遊ぶ者の姿がそこにはある。右の詩から浮かび上がってくるのは、菅江真澄が奇異の存在として世に伝えた「手まり上人」の姿にほかならない。それは良寛という人物の一側面に過ぎないが、その貌の一つであることもまた事実なのだ。

しかもなお良寛は、そうした遊戯の日々を送りながらも、常に自己凝視の姿勢を失わず、自省の念を以て、またしばしば自嘲や悲哀をこめて己の所業を見つめ、「嗟（ああ）我れ胡為者（なんする）ぞ」、「嗟（ああ）我れ独り何をか為さん」という嗟嘆を洩らしてもいるのである。

「いざここに我が身は老いむ」と詠んだ五合庵での世外孤独の二十年近い生活、それに続いて、

いざここにわが世は経なむ国上のや乙子の宮の森の下庵

と詠んだ乙子神社の小庵での一〇年間の独棲生活を通じて養われた良寛の人間性は至純のものとなり、ほとんど聖性を帯びたものと化している。解良栄重が『良寛禅師奇話』で伝える、そういう存在として良寛にまつわる多くの逸話が、信じがたいまでに

純粋で、われわれ俗人の規矩準縄をもってしては測りがたい人間像を彷彿とさせるのである。そうした良寛の最後の到達点が、その代表作と見なされている名高い詩に集約されている「騰騰天真に任(まか)す」という境地であった。

生涯　身を立つるに懶(ものう)く
騰騰(とうとう)として天真に任(まか)す
嚢中　三升の米
炉辺　一束の薪
誰か問わん　迷悟の跡
何ぞ知らん　名利の塵
夜雨　草庵の裡(うち)
双脚　等閑に伸ばす

島崎村の木村家邸内の小庵に移り住んでからのこと、その内容からして遺偈と解される「草庵雪夜の作」と題する詩で、良寛は線香を立て坐禅をしつつ、その生涯を振り返って、こんな風に詠っている。消えやらんとする一本の線香のゆらめきに、尽きんとする己の命を見ていることが読み取れる一首である。

首を回(めぐら)せば　七十有余年
人間(じんかん)の是非　看破に飽く
往来の跡幽(かす)かなり　深夜の雪
一炷線香　古匆(こそう)の下(もと)

来し方を回想したこの詩を詠んだとき、良寛の脳裡に去来したものが何であったか、私には測りがたい。

　このように良寛の後半生は、一休のそれに比べればおおむね平穏のうちにすぎ、橘屋滅亡の一件を除けば、さしたる激動も波乱もなかったと言える、その良寛の後半生において大きな意味をもち、またそれを豊かなものとし、彩りを添えたのは、さまざまな知識人・文人たちとの交友である。この交友がなければ、良寛の後半生ははるかに索漠たるものに終わっていたであろう。「ひとりあそびぞわれはまされる」と詠った良寛だが、心許した知友とのまじわりには、暇を惜しむことはなかった。これは一休の後半生にはまったく見られないことである。良寛の場合、草庵独棲といっても、深山幽谷に籠っていたわけではなく、日々近隣の村里に托鉢に出る必要もあったから、当然人々との交流はあり、とりわけ国上山の麓の乙子神社の小庵に移ってからは人々とのまじわりも増えていった。仏者としての良寛は孤立していたが、詩人・文人、芸術家としての良寛は決して「孤」ではなかった。良寛の交友の範囲はさして広いものではなく、多くは地元の知識人、文人などに限られてはいたが、それらの人々との親密な交わりが、良寛の文学や芸術を養い饒かなものとする上で大きな役割を果たしていたことは確かで、それが形作られる過程で、その折々に軽視できない意味をもったことは重く見なければならない。知友との交友は、詩を唱和したり歌を詠み交わすなど、良寛の文学活動の一部を成しているばかりか、良寛がそれらの人々に与えた影響の大きさから言っても、その後半生における重要な一部分を成している。

だがそれについては、すでに先学諸家が詳しく論じているし、良寛の後半生の一瞥に過ぎない本節で、わずかな言を費やして跡づけるにはあまりにも大きな問題である。そのためには「良寛と知識人・文人との交わり」といった項目を立てて改めてあつかわなくてはなるまいが、今の私にはそれだけの用意もないし、特に新たな発見があったわけでもない。それゆえ、ここでは良寛帰郷後にその交友の相手となった主な人々の名を挙げ、それに寸言を加えるにとどめておきたい。

良寛が帰郷後に最初に親しく交わったのは、三峰館時代の学友で、五歳年下の原田鵲齋（有則）である。医を業としていたが、詩文の才豊かな人物であって、歌を詠み、俳諧に遊び、詩を作るのに長けていた鵲齋は、知友をともなって何度かに五合庵を訪れ、酒を酌み交わし交友を楽しんでいたらしい。この両人は自由に数多くの詩や歌を贈答しあっていて、それが良寛の文学を饒かにしていることは間違いない。また良寛の親友であり禅の弟子でもあった与板の三輪左一との交友も浅からぬものがあって、その死の報に接した良寛は、痛嘆慟哭してこの友人を悼む詩や歌を詠んでいる。また親しく交わった人物として、早熟の英才で二五歳で『無礙集』という詩集を出し、早くから良寛詩の神髄を把握してそれを称揚した大忍和尚、良寛が「平生狂顚の如し」と言った風狂僧で、気のおけぬ仲であった法友有願法師、良寛の葬儀にさいして導師を務めた曹洞僧活眼大機などがおり、刊行には至らなかったものの、良寛の生前に『良寛禅師伝』を書いた大関文仲なども逸することはできない。

五合庵時代の良寛を訪れた著名な人物としては、江戸の国学者で桂園派の歌人として名の知られた大村光枝と、「儒侠」と呼ばれた江戸の文人で詩人・書家としても名が高かった亀田鵬齋がいる。前者は五合庵で良寛と何首もの歌を詠み交わしているが、その歌は陳腐そのものである。そのくせ光枝は歌人としての良寛をさして高く買っていなかったらしいのは、今となっては滑稽である。ちなみに、光枝が歌人、国学者として良寛に何ほどか教示するところがあったことは確かで、良寛が『万葉集』への関心を深めたのは、光枝との交友がきっかけになったものと考えられている。江戸の豪傑にして詩酒徒として名を馳せた亀田鵬齋とは、寛政異学の禁で江戸を追われたこの文人が越後に滞在した折に知遇を得ている。両人は肝胆照らす仲となったらしく、両者にまつわる奇談逸話があるばかりか、互いに相手を詠じた愉快な詩がある。鵬齋が「良寛師に呈す」と題する詩に詠じて曰く、

爾の　能く超脱するを羨む
僧と雖も僧に類せず
酒杯　千万鈞
談笑す　一龕燈

良寛がこれに答えた「懐有り」という詩は、

鵬齋は倜儻の士
何に由ってか此の地には来たる
昨日鬧市の裡
手を携えて笑って咍咍

というものであった。当時すでに名高かった良寛の書が、鵬齋の書に大きな影響を与えたことは、先に述べたとおりである。

画家であり詩才も豊かであったが、わずか二五歳で夭折した岩田洲尾、それに鈴木隆造（桐軒）、鈴木文台兄弟のとの交わりも重要である。とりわけ若き日に良寛を訪ねた鈴木文台は『草堂集』を借覧し、後には『草堂集』序文を書いたり、良寛詩の編纂や刊行に力を尽くすなどしたが、生涯良寛への崇敬の念を抱き続けた人物であった。良寛の詩が世に出る上で文台の果たした役割は大きい。

文学的な交わりという点からすれば、良寛の父方の従弟で亀田鵬斎と親しく、「小自在」と号して詩文の才が豊かだった新木与五右衛門、やはり従兄弟で詩文の嗜みがあった山田杜皐（とこう）、三輪権平といった人々との交友もまた無視はできない。

良寛の後半生において少なからぬ位置を占め、外護者として良寛を支えてきたのは、地元の富農であり有力者であり、良寛の崇拝者でもあった解良良重（淑問）、阿部定珍といった人々である。両人とも良寛にさまざまな品を贈ってその暮らしを支えたばかりか、ともに教養豊かな知識人でもあり、とりわけ詩文の嗜み豊かで歌才があった阿部定珍は、良寛と親しく交わり歌を詠み交わしていることで、より大きな役割を果たした存在であった。

良寛の歌の傑作のひとつに数えられている、

月よみの光を待ちてかへりませ山路は栗の毬（いが）の多きに

という歌も、五合庵をしばしば訪れた定珍との交遊の中から生まれた作である。定珍との交わりの深さは、今日伝わる良寛の書簡の中で定珍宛のものが断然多く、四七通にも上ることからも窺われる。また解良淑問との交わりは、解良家を幾度か訪れ滞在した良寛をごく若い時から知っていたその子栄重（よししげ）が、後に『良寛禅師奇話』を著したことによって、格別な意味を担うこととなった。

ほかに良寛を取り巻き、その後半生を彩った人物としては遍澄がいる。錠前鍛冶の息子でありながら道心深く、良寛を慕って十代半ばで良寛に弟子入りし、師から仏学や詩文を学ぶ傍ら、法弟格で居住を共にし、一身に薪水の労を取っては献身的にその世話をし、師に尽くした功績は大きい。良寛はこの弟子の膝を枕に遷化したと伝えられるほど、その信頼も厚かった。絵心も豊かで、托鉢姿の良寛を描いた画像は、良寛の面影を最として、最もよく伝えていると評される出来栄えである。

忘れてはならないのは良寛と弟由之との深いつながりと交わりである。由之は経世の才を欠き実務に無能で、越後切っての名家橘屋を滅亡させた人物ではあるが、兄良寛を「禅師の君」と呼んで推服し、兄を想い細やかな心遣いでその生活を助けた功は大きい。父以南の血を承けた国学者・歌人であった由之が兄良寛と唱和した少なからぬ歌は、良寛の文学の一部を成している。この兄弟は文学上の友でもあった。桂園派の歌人であった由之の歌は良寛のそれとは同日の談ではないが、兄を思って詠んだそれらの歌は、出来栄えは別として真摯な響きを宿していて、それなりに心を打つ。その兄弟愛は蘇軾とその弟の蘇轍との兄弟愛に通じるものがあるかに思われる。

先に、一休はその後半生において常に女人の影が見え隠れしているが、良寛にはそれが見られないことを指摘したが、女人との交渉がまったくなかったわけではない。

その後半生に姿を見せ、また良寛の心に深くとどまった女人の一人は、親友三輪左一の姪であった維馨尼である。北川省一氏はこの女人の中に良寛の恋の相手を見ているが、そこまではゆかなくとも、大蔵経購入資金に充てるために、労苦を厭わず江戸にまで募金のための托鉢に上った同尼を想う良寛の詩は、切々とした情愛にあふれていて、恋の相手に擬せられても不思議ではない。ほかに良寛と親しくした女人としては山田家の主婦「およせ」だとも家族同然の女中だとも言われる「およし」がいる。良寛に「ほたる」、「からす」、「いわし」などというあだ名をつけ、「互いに遠慮ない口をききあう仲だったこの陽気な人物は、良寛の後半生を明るくしている存在であった。女人との縁が薄いと見える良寛の生涯で、その最晩年を華やかに彩っているのが貞信尼との出会いであり、その恋である。それについては、最終節「女人―良寛最晩年の恋」であつかうこととしたい。

こうして良寛の後半生を一瞥してみると、草庵独棲の生活とはいっても、決して世俗世界と断絶していたわけでなく、さまざまな人々とのまじわりがあって、その中で良寛は老熟していったのだということがわかるのである。北越の文化人の知的水準の高さが、後年の良寛の文学を養う土壌となっていたことが、ここからも知られる。

遊戯(ゆげ)の僧としての良寛の後半生をざっと眺め渡したところで、今度は良寛とはどんな人物だったのか、その貌(かお)を窺ってみよう。例によって、それに先だって、まずは一休和尚という、一筋縄ではいかない、なんとも不思議な奇僧の面がまえを覗いておくことにしよう。

八　人間一休―風狂僧の貌

前二節では空前絶後の風狂の僧としての一休の貌と、隠遁僧として遊戯(ゆげ)の境に生きた良寛の横顔を垣間見たが、次は人間としての一休と良寛の相貌を眺め渡してみよう。この二人の「実像」を描くなどということは、私の手に余ることなので、断念せざるを得ない。せめても両人の本性、性格、気質、魅力、器の大小、行動力、行状といったもののあらわれかたに眼をやって、気がついたかぎりで人間一休、人間良寛の姿を、その一端、おおまかな輪郭なりとも浮かび上がらせることができれば、以て瞑すべしである。良寛もその実像を把握することが困難な人物だと、研究家たちは言っているが、一休はそれ以上に正体がつかみにくい存在である。西村惠信師はいみじくも一休を「仮面師」と呼んでいるが、容易にはその素顔や全体像をとらえがたいのが、一休というなんとも厄介な坊主なのである。

ここでもまずは一休という奇僧の横顔を窺うことから始めたい。良寛の場合と同じく、一休には、「上人みずから語りて云はく」で始まる『栂尾明恵上人伝記』にあたる自伝的文章はないので、推測を交えて他の作品からその相貌を窺うしかないのである。これがまた実に厄介で、その素顔をあぶりだすことは、そう容易ではない。人間一休を知る上では、自伝的な要素を含み、その行状や思想、信念、信仰などを映し出している鏡である『狂雲集』に拠るのが最も確実な方法だが、これも虚構を含んでいるのでそのあつかいには慎重を要する。『年譜』にしても同様である。それに、真偽入り混じっていて後世が作り上げた虚構の部分が大きいので、そのままは信用できないが、「一休伝説」、「一休俗伝」も、人間一休を知る上で無視はできない。一休の特異な性格や、『狂雲集』に見られる規矩を外れた奇矯な行動や、世人の度肝を抜くような大胆な破戒の所業などを種として生まれたその「伝説」には、人間一休の面目や実像が、なにほどかは宿っていると思われるからである。これまたすべてが真作とは思われない「道歌」や、仮名法語『一休骸骨』、『水鏡』、『あみだはだか物語』その他の作品なども、人間一休のある側面を映し出しているから、考慮に入れなくてはならいだろう。

　さてそこで『狂雲集』、『自戒集』にもっぱら重点を置き、他の著作や『一休咄（ばなし）』、『一休関東咄』、『一休諸国物語』などの俗伝にも少々眼をやって、そこから浮かび上がってくる人間としての一休像をざっと素描してみると、この奇僧はおおよそ次のような人物だったことが知られる。

　まず言えることは、人間としてのそのスケールの大きさ広さである。次いで各方面での八面六臂の活躍を許したその多芸多才が挙げられよう。徹底した反俗、反権威に生きた一代の反逆児でありながら、貴賤を問わず四民平等、上は天皇から下は下層民に到るまでのさまざまな人々と広く交わる度量と包容力を備え、禅の奥義を究める苛酷な忍苦精進から、肉食、飲酒、女犯、男色などの無慚な破戒行為までを一身をもっておこない、禅者、詩人としての活躍はむろんのこと、絵画、茶道、連歌、能など当時の文化運動の推進者、指導者としても活躍するなど、その人間としての器の大きさ振幅の広さは他に類を見ない。尺八の名手であり、禅画を描き、能に詳しく謡曲『山姥』『井口』の作者に擬されたりしていることは、その関心の広さ、活動範囲の大きさを物語っている。イタリア・ルネッサンスはレオナルド・ダ・ヴィンチを典型とする何人もの uomo universale（「普遍人、万能の人」）を生んだが、日本のルネッサンスとも言うべき室町時代は、一休という普遍性を備えた一種の天才的人物を生んだと言っても過言ではなかろう。さまざまな矛盾を内に抱えた奇矯な人物ではあったが、規矩、規格を外れた存在であり、禅宗史、文学史といった狭い枠内ではその全貌をとらえがたいのが、一休というなんともユニークな人間なのだと言えよう。

　一休という人物を特徴づける偉大の特色は、その快活明朗な能動的性格であり、徹底した「動」の人であることだろう。この奇僧が広範囲かつ多様な活動範囲をもったのは、ひとえにその快活明朗な能動的性格、豪放磊落な外向的資質によるところが大きいように思われる。安藤英男『一休　逸話でつづる生涯』によれば、江戸時代の飯田忠彦という人の『大日本野史』という本には、一休の性格を評して、

心機快活、談諧戯謾（だんかいぎまん）、物我（ぶつが）あい忘れ、貴賤一視、志慈恵存し、得るに随（したが）い、施

すに随う。児童馴れ愛しみ、鳥雀就いて啄む。

と記されているとのことである。（「貴賤一視」以下の文は『年譜』の敷き写しである。）慕い来る者には誰に対しても心を開いて接し、貴賤を問わず受け入れるその器量の大きさ、諧謔に富むその開放的な性格こそが、この奇僧、怪僧を当時の人々を惹きつける魅力の源泉になっていたのであろう。これは良寛が無限の慈愛に満ちた人でありながら、強い自閉省的性格の持主で、その交際範囲も限られていたのとはまさに対照的である。先に述べたことだが、「動」こそは人間一休の一大特質であって、禅修行であれ、衆生の教化であれ、また「婬坊酒肆」、娼楼への出入往来であれ、さまざまな文化人との交流であれ、積極的精力的に広く動き回り、行く先々で狂風を吹き起こしては人々に衝迫を与え、影響力を及ぼしたのであった。「われは人あしらいが苦手なり」と言い、

世の中にまじらぬとにはあらねどもひとりあそびぞわれはまされる

と詠った良寛がすべてに関して静的受動的であったと見えるのに対して、一休はあらゆる方面であくまでも能動的であった。そこが両者の決定的な違いだと言ってもよい。一休は、良寛を特徴づける、愚、疎慵、自閉性、内向性、孤独癖、無口、口下手

といったものとはおよそ無縁であり、機鋒峻烈、鋭敏な頭脳を瞬時に閃かせ、機知縦横に事に対処できるタイプの人間であった。多分に伝説化され、後世人の理想像が混入しているとはいえ、一休の人物像が反映していることは否めない『一休咄』などの俗伝が伝えるさまざまな逸話が、それを物語っている。

これは全くの想像であるが、良寛が大男で動作緩慢だったと伝えられるのに対して、一休は頭脳ばかりではなく動作もまた活発機敏であったのではなかろうか。「多病残生無気力」などと言ってはいるが、晩年の森女との性愛詩などから推測する限りでは、老いてなお衰えを知らぬ超人的体力の持主だったと思われるから、畿内を精力的に動き廻れたのであろう。

何事に関しても即座の反応が鈍く、周囲の人々に一見「愚」と見えた良寛とは違って、一休が少年時代から恐ろしく頭の回転が速く、能動的で俊敏、打てば響くような性格の持主であったことは、彼にまつわる数多くの伝承や逸話が物語っている。一例を挙げれば、清叟仁の下で仏学を学んでいた一七歳の時のこと、法話のため毎回師と外出すると蛇に出会い、清叟はそれに袈裟をかけ法門を唱えておとなしくさせていたが、ある日一休は懐に隠しもっていた石で、一撃で蛇を打ち殺したという。師は「そなたの禅機は誠に機敏である」と言って、その意表を衝いた行動を褒めたと伝えられている。（この場合、仏者の守るべき「不殺生」戒との関係は、どういうことになるのだろうか。）

機知縦横、能弁、弁舌爽やかは一休の身上であり、当意即妙で周囲の者たちの度肝を抜くような行動は、修行者時代から評判であったらしい。この特質は後年ますます自在に発揮され、天下に隠れもなき奇行の老和尚としてその名が知られるようになった。その一例として、よく知られたこんな逸話がある。

一休が比叡山を訪ねた折のこと、その能書を聞き及んでいた叡山の僧たちが一休に何か書を書いてくれと所望した。すると一休は早速何やら字を書いたが、誰もそれを読めない。そこで、もっとわかりやすく誰にも読める長いものを書いて欲しいと改めて所望した。一休がそれにふさわしい紙と筆があるかと訊いたので、寺の僧侶たちは伝教大師の使ったという七八尺の大筆を持ち出し、一休の求めに応じて、金堂から麓の人家まで届くほどの途方もない長さに継ぎたした。そこで一休は大筆にたっぷり墨をふくませると、麓まで一気に駆け下り、どうだ、読めるかと訊いたが、いや読めませぬ、という返事。そこでもう一度筆にたっぷり墨を含ませてまた走り引き、読めるか、読めるかと責め立てた。肝をつぶした僧たちが、いや読めませぬと答えると、一休はこれは「あさきゆめみし」の「し」の字である。長くて読みやすいのがこの字である、と言った。叡山の僧たちは興覚めしたが頼んだ手前致し方なく、それを受け取り、その字は今日なお寺の宝となっているという。『一休咄』などが伝える、このたぐいの逸話は、ほかにもあまたあって、縦横無尽な機知の人としての一休の面影が窺われるのである。一休が住吉にいたころ、もと仁和寺の門主であったが、世俗の紛々たるを厭って、泉州石津の上市村に案を結んでいた一路居士を訪ねて、「万法道有り、如何なるか是れ一路」と問いかけると、居士が即座に「万事休すべし、如何なるか是れ一休」とあざやかに切り返したという話も、打てば響くような機知縦横の人同士のやり取りとして、一休の当意即妙の才を感じさせずにはおかない。こんなところからも、瞬時に機知溢れる言葉が口を衝いて出る異様なまでに頭の切れる人だったことがわかるというものだ。

これは先にもふれたが、一休という人物はきわめて自信と自己顕示欲が強かった。『狂雲集』の随所に見られる、臨済禅の正系を継ぐ純粋な禅者としての満々たる自信のほどを示す偈が、それを如実に物語っている。(その点では羞恥の人で、何事も控えめであった良寛とは大いに異なっていると言ってよい。) 舌鋒鋭く痛烈でしばしば攻撃的な口調を帯びたそれらの偈や詩は、一休の性格の激しさを窺わせるに足るものである。先に「禅者としての生き方」の節でその例を二三引いたが、ほかにもこんな偈があり、これに類する作は他にも何首か見られる。

百年東海の禅世界
一段風顛(いちだんのふうてん)　太(はなはだ)妖怪
扶桑国裏今禅無し
我が面前で誰か禅話(ぜんな)を弄す

先に「禅者としての生き方」で述べたように、その攻撃的性格は、生涯の宿敵となった法兄（ほうひん）養叟和尚とその一派に、執拗なまでに悪罵を浴びせ、養叟没後もなお執拗に罵倒を浴びせ続けたことからも窺える。一休においては「妄語戒」はどう意識されていたのだろうと思いたくもなる。良寛が和顔愛語の温和な性格で、徹底した善意の人であったのに対して、一休は瞋恚の人であったと言ってもよい。暗黒の時代をもたらした権力者に対する怒り、堕落した禅門に対する怒りがその心底に沸騰していて、それが養叟への仮借ない痛罵や、ことさらに己の破戒逆行を誇示高言するという形で噴出していると見るべきだろう。ただ、一休の怒りは専横を極める権力者や禅道を汚す堕落僧に集中して向けられていて、それ以外の人々とりわけ庶民などには、きわめて寛容に温かく接していたと思われる。さればこそ老若男女に生き仏のごとく慕われ慕われ、崇められていたのであろう。

　また良寛が徹底した隠遁僧として生きる道を選び、その詩や歌を公にすることを望まず、生前に書かれた「良寛禅師伝」の刊行を禁じるなど、「隠れる」ことに徹したのに対して、その対極にある「己を曝（さら）す」生き方をしたのが一休である。これを自己顕示欲と見るのは酷かもしれないが、『狂雲集』にあふれている偽悪的ないし露悪的な詩偈は、それを強く感じさせずにはおかないし、伝えられる数々の奇行も、ことさらに「露出」を好んだ性格に発するものと私には思われる。中国でも日本でも禅の世界では、傑出した悟達の禅僧は、世に隠れている生きるのをよしとする傾向がある中で、禅者としての一休の生き方はむしろ異例だと言えるかもしれない。生涯の大半を渡し船の船頭として生きた岩頭和尚や、印可を得て後、妙心寺に迎えられるまで、美濃の山中で農夫の作男となって過ごした関山や、印可を得て後に五条の橋の下で乞食の群れに入り、勅命によって探し出され、大徳寺に迎えられるまで、二十年間を乞食として過ごした大燈国師などがその好例だが、「一休ここに在り」とその風狂ぶりを誇示した一休の生き方は、眼をそばだてさせずにはおかない。

さらには、一休にはまたひどく辛辣な一面があって、当時の歌道における柿本人麻呂崇拝、人麻呂神格化を痛烈に批判、風刺したと見られるこんな歌が、その作として伝わっている。（岡雅彦『一休ばなし―とんち小僧の来歴』から引く。）

名ニシホフ熟柿（じゅくし）クササヨ墻ノモトニ人丸ナガラ面ハ赤人

また一休は偶像崇拝には否定的であって、新たに出来た地蔵菩薩像の開眼を頼まれ、いきなりそれに小便を大量にかけたなどという話は信用できないにしても、死人の形見にということで建てられた五輪の塔を見て詠んだとされる、

後の世のかたみに石がなるならばごりんのだいに茶うすきりをけ

という歌が真作だとすれば、これまた辛辣の極みと言うべきだろう。その偶像否定の態度は、これもその作とされる、

仏にもなりかたまるはいらぬこと、いしぼとけらを見るにつけても

という突き放したような調子の道歌にも、辛辣な形で表現されている。

まったくの自由人、風狂僧としての一休の奇行や奔放不羈な行状については、前節でその一端を垣間見たが、この奇僧にはまた都雅の人ならではのなんとも飄逸洒脱なところがあって、ことさら奇行を好み、冗談や洒落がうまく、それが魅力の一つともなっていたと考えられる。朱鞘の木刀を腰にして堺の町を闊歩して似非坊主たちを嘲笑したり、正月早々竹の棒に髑髏を突き刺して、「これこのとおり、ご用心、ご用心」と叫びながら洛中を徘徊したのが、その好例である。『一休咄』が伝える一休像は、多くはこの面にかかわるものだと言ってよい。禅の道を説くにあたって、

作り置く罪の須弥(しゅみ)ほどあるならば閻魔帳のつけどころなし
世の中に慈悲も悪事もせぬ人はさぞや閻魔も困りたまわん

というような、諧謔を含む洒脱な道歌を詠んで衆生教化の手段としていたことも、そ

の禅風が極めて険峻であったにもかかわらず、彼を民衆にとって親しみやすいものにしていたであろう。当時美女として名高かった遊女地獄大夫を泉州高須の町に訪ねて歌を詠み交わしたという話もある。一休が来たと聞いた太夫が、

　山居せば深山（みやま）の奥に住めよかしここは浮世の境近きに

と歌を詠んで差し出すと、一休は即座に、

　一休が身をば身ほどに思わねば市も山家も同じすみかよ

という返歌をもって応えて太夫を感心させ、一休が、

　聞きしより見て美しき（別伝では「おそろしき」）地獄かな

と詠いかけると、今度は太夫が即座に

　しにくる（別伝では「生きくる」）ひとの落ちざらめやも

と当意即妙に詠い継いだ返歌したなどという話も、真偽のほどは別として、洒脱な人柄の一休ならばさもありなんと思わせる振る舞いかと思われる。遊女に引導を渡して、

僧は衣をうり女は紅をうる柳はみどり花はくれなゐ、喝

と詠んで往生への途を開いてやったなどという話も、一休一流の下化衆生のあらわれと見てよいであろう。また一休が親しくしていた蓮如にもかかわる逸話として、ある男が馬の絵を持参して、一休と蓮如に賛を請うたところ、一休がまず「馬じゃげな」と書き、それに並べて蓮如が「そうじゃげな」と書き継いだなどという話も、その洒々落々たる飄逸な性格を窺わせる逸話だと言える。

一休がユーモア感覚をたっぷりと備えた人物であったことを物語るもののひとつは、その何篇かの狂歌と狂詩である。一休の賛をもらおうと善導大師の画像をもって訪ねてきた浄土宗の僧がいたが、その像の下半分が金色に彩られていたのを見て、

くろからん衣のすその黄になるは善導大師糞(はこ)をたるらむ

と賛を書いたというのがその一例である。ほかにも、

世の中は食ふて糞(はこ)して寝て起きてさてその後は死ぬるばかりよ
両眼の明かなるを持ちながら女にあへば目なしとぞなる。
住吉と人はいへども住みにくし金さへあればどこも住みよし

といった歌がその作とされている。一休の諧謔滑稽の才を示すものとしては、ほかに狂詩も十数篇あって、中には「男根を題す」、「淫門に題す」といったユーモアあふれる作や、蚤を詠った愉快な作が見られる。これまた一休の飄逸な側面を偲ぶに足るものとなっているが、真作だという保証はない。ただ一休以外のほかに誰がこんな飄逸な狂詩を作れただろうか。私としてはこれらの狂詩は一休の筆になるものと信じたい。
その三首を引いてみよう。

男根を題す
我此貪裸八寸(わがこのたんらはっすん)強
夜来汝を抱いて空床(くうしょう)に臥す
一生美人の手を触れず
犢鼻褌中日月(とくびこんちゅうじつげつ)長し

淫門に題す

両脚山中に小池有り
東西南北草離々たり
風無くして白浪烟波を起こす
一目の朱龍出入の時

蚤に題す

垢か塵か是れ何物ぞ、
元来見来れば更に骨無し
人を喰らって十分に肥えたりと雖も
痩僧の一把に生涯を没せん

ちなみに次節で見るように、「我が生逸興多し」と言っている良寛にもユーモア感覚はあり滑稽の才もあって、俳諧歌、狂歌と言ってよい諧謔味のある愉快な歌や俳句は若干あり、漢詩の中にも諧謔を交えた作もないではないが、われわれが知るような漢詩の形式による狂詩はない。良寛の生きた時代は江戸狂詩が盛んに作られた時代であるが、そういうたぐいの作品には関心を示さなかったようである。

さらには、一休の禅の弟子であり親交があった蜷川新右衛門親当との機知溢れる狂歌問答にも、一休のユーモア、諧謔の才がいかんなく発揮されていると言ってよい。

その中の何首かをひろってみると、こんな応酬があって、両人の諧謔とエスプリが感じられて面白い。

骨かくす皮には誰も迷ひけん美人といふ皮のわざなり　蜷川

皮にこそ男女のへだてあり骨には変はるひとがたもなし　一休

仏とはなんだらぼうし柿の種下駄も仏も同じ木の端　蜷川

仏にはなり固まるはいらぬもの石仏らを見るにつけても　一休

我こそは屁たれ坊主よ芋くふてぶつと消えなん身こそやすけれ　一休

ぶつ出る音がすなはち仏なり音はすれども火風空（かふうくう）なり　蜷川

こういう洒脱なところがあったからこそ、一休には強烈に人を惹きつける人間としての非情な魅力があり、とりわけ女人の心を惹くところがあったのであろう。それゆえ周辺には常に多くの信奉者や崇拝者が蝟集し、「紫野の一休和尚」の名は、頓に高まっていったと思われるのである。ともかくも人間的な魅力にあふれた人物であったことは確かで、「生き仏」として崇め、その人柄を慕う人々がいかに多かったかは、一休が堺の町や薪村を離れる時には、老若男女こぞって別れを惜しんで袖を引き、車の轅にすがりつき、涙をふるって別れたと伝えられていることからも知られる。一休が薪村の酬恩庵で徹翁義亨和尚の百年忌を営んだ折りには、都会の人も田舎の人も、師の風を慕い、一たび師の顔を見ようとして、老いも若きも呼ばずとも蝟集したと『年譜』は伝えている。庶民の間で大人気であり、当時のスターだったわけである。例えば曹洞禅の開基道元禅師は、われわれの嘆賞を誘う偉大な高徳の僧であるが、俗人には容易に近づきがたく感じられる存在であることは否めない。これに対して一休は禅者としては険峻であっても、「一休さん」と呼ぶことのできる、どこか親しみの感じられる慕わしい存在なのである。それはひとえに、虚飾を去った裸形の人間を愛し慈しむ、一休の人間臭さ、その人間性によるものではなかろうか。

　さらには、これは先に指摘したところだが、本質的に田野の人であり自然を愛してそれと一体化して生きた良寛とは異なり、一休は徹底した都会人であって、山中独棲というようなことには耐えられない人物であった。良寛に自然を詠った詩や歌があまたあるのに比して、『狂雲集』には、自然そのものの美を詠った作がほとんど見られないことが、それを物語っている。一休の関心事はあくまで人間そのものにあって、それを包み込む自然は、さほど大きな関心は抱いていなかったと思われるのである。

また野暮を嫌い洒脱をよろこぶ「都雅」(urbanitas)も、その詩文の一特質だと言ってよい。

人間一休を語る上で、酒もまた無視できない。かれが本当に「大機はすべからく酔吟の中に在るべし」と信じていたのかどうかはわからないが、「酒に淫し、色に淫し、詩にも亦淫す」と自認していたように、酒は『狂雲集』にしばしば詠われている。「濁醪一盞詩千首」、「半醒半酔酒縄の如しと」、「酔歌独倒す濁醪の樽」、「痛飲佯歌永日を消す」などと詠っているとおり一休は大の酒好きであり、会下の者たちにも、「余、会下の徒を戒めて曰く、酒を喫せば必ず濁醪を須るべし、と」などと言っているが、酒好きというこの点は、良寛との共通なところとして間違いなく挙げられる。ただ一休には親しい人や会下の者たちと酌み交わしたりすることを詠った対酌、会飲の楽しみなどを詠った詩がないので、その酒態、酒境がいかなるものであったかはわからないのが残念である。ともあれ「不飲受戒」などという戒律はこの二人の禅僧のかまうところではなく、ともに道端の石ころのごとく蹴転がしていて、痛快である。茂原才欠という現代の変人に、

一休も良寛も酒を愛しけり僧侶飲まずと誰か言ひける

というおかしな歌があるが、酒抜きの一休、良寛は考えられない。両人とも、五山の僧たちのように、陰では飲酒に耽っていながら、酒を「般若湯」などという隠語で呼

んで「不飲受戒」をごまかすような姑息な真似はしなかったのである。

最後に、人間一休を語る上で、逸することができないのはその好色、最晩年に到るまで衰えることのなかった、異常なまでの女人への関心と執着であり、強烈な女体思慕である。これは一休が生来「色情狂でさへあつた」(芳賀幸四郎)ためか、「実際、一休はしたたかな好色漢であった」(西田正好)からであろうが、幼くして出家を強いられ、美しい母と引き離されたことに発するものとしばしば説かれるその女人思慕は、尋常のものではない。言うまでもなく、本来「女犯の戒」を課せられている仏者にはあるまじきことなのだが、一休の場合はそれがことさらに顕著であり、その風狂禅の大きな要素ともなっているのである。

大徳寺に伝わる、「一休和尚、あなたの癖はなんですか」と問われて、「わしは女が好きなのが癖だ」と答えたという話があるが、正直な告白であろう。晩年に貞信尼との恋を知るまでは、良寛の身辺にはほとんど艶めいた話が伝わっていないのに比して、一休の後半生には常に女性の影が見え隠れしており、女色の跡は、『狂雲集』に少なからず見られる。一休が寺を訪れた人妻を口説いて、一夜を共にせよと迫ったなどというのは後世の俗伝にすぎないが、かりにそういうことが実際にあったとしても不思議ではないのが、一休である。西田正好氏のように、一休の性を「無心で素直で率直」だとし、「「無心な天真爛漫な精神に基くもの」だと無条件に肯定することには躊躇を覚えるが、一休は性に関してはきわめておおらかであったことは事実である。

当時五山の禅僧などはほとんどが女犯人の戒を破っていながら口をぬぐっていたというが、一休は堂々とそれを犯していたばかりか、詩偈として造形し公にしていたのである。

一休は女人との性愛においては「自受法楽」であったことが指摘されているが、女人を「外面如菩薩内面夜叉」などとは微塵も思ってはおらず、ましてや「女身垢穢(にょしんくえ)」などという仏教的観念とはおよそ無縁であった。川で水浴している女人の陰門を三度拝したなどというのは俗伝だとしても、この奇僧には女体崇拝に近い観念があったことは、晩年の官能的な愛の対象であった森女によって得た、回春のよろこびを詠った詩からも読み取れる。自伝的要素を含む『狂雲集』の艶詩には、修行を終えた「聖胎長養」の過程で始まり、その後も続いた見られる女犯、女色の跡が、歴然とあらわれていることは、先に指摘したとおりである。一時的であれ妻帯したり、その身辺に、女色の対象と思われる「妾」と呼ばれる複数の女性の存在があったことも、『狂雲集』は物語っている。その最も端的かつ華麗な表出が、爛れるような濃厚な性愛詩を含む、森女との愛を詠った一連の艶詩、と言うよりももはや恋愛詩と呼ぶべき域にまで高められた一連の詩である。それについては後に「女人―「恋法師」一休頽齢の愛」であつかうが、禅者・仏者としては本来あるまじきそのような詩を作り、それを堂々と詩集に収めて世に問うたところに、空前絶後の風狂僧としての一休の真面目と特質があることは間違いないと思われる。

九　人間良寛―良寛という人

さてこれまで多くは一休と対比したり併せ考える形で、良寛の生涯をざっとたどってきたが、その外面を追うことに急で、良寛とはいかなる人物だったのかということを、特に考えるということはしてこなかった。これまで良寛について述べてきたさまざまなことから、おのずとその人物像が浮かび上がってきたとも言えようが、ここで改めて人間良寛の相貌、その横顔を素描してみることにしたい。世には「良寛の実像」とか「良寛の全貌」とか題された本もあるが、良寛の文学の一愛読者にすぎない私には、実像だの全貌だのといったものを把握できたという自信はないし、おおけなくもそれを提示するようなことはできない。これから述べることは、もっぱら先学たちの良寛研究によって教えられたことに、一読者としての私の眼に映った良寛の姿、私が受け止め得た限りでの良寛の人物像を加味したものにすぎないことをお断りしておく。

一休が「仮面師」であって、容易にはその正体がつかみがたい厄介な坊主であることは、前節で言ったとおりだが、確かに良寛という人もまた、その素顔だの実像だのをとらえることは難しい。作品を読んでいてその特質のいくつかは脳裡に刻みこまれるが、では全体としてはどういう人物だったのか改めてと問われると、漠たる印象にとどまり、明確な人物像は浮かんでこないのである。私のような一般の読者は無論のこと、良寛の研究に生涯を捧げてきた研究家でさえも、確信をもって良寛とはかくかくの人物であった、これがその実像であるとは断言できないのではないか。若き日から良寛に親しく接していた解良栄重が、『良寛禅師奇話』で「余牆高クシテ宮室（きゅうしつ）ノ美ヲ知ルコトナシ」つまりは「私などには良寛の高邁な人物の内面を窺い知ることはできない」と言い、『良寛禅師伝』の著者大関文仲もまた「その真の如きに至ってはすなわち俗諦の窺う所に非ざる也」と言っているように、その人物像をとらえることは、良寛を直接知っていた人々にとってさえも容易ではなかったのである。ましてや、遺された詩や歌からのみその実像を正確にとらえて描くことはより困難だと言わざるをえない。

『良寛　その全貌と原像』という、数ある良寛研究書の中でも注目に値する本を著した石田吉貞氏は、従来の良寛研究がその伝記的考証や作品鑑賞といった面に重きを置いてなされ、良寛の内部生活に踏み込む姿勢が希薄だったことを指摘した。して良寛研究は「外部から内部へ」、その方向をまったく変えて、あのはかりしれざる不明や混沌に挑まなければならぬ」と主張した。氏は良寛について、「彼の人間構造はあまりにも多くの屈折と陰影に富み、それが多くの人に不可解を感ぜしめるゆえんとなった」と言って、その著の「内部生活」と題する章で、良寛の人間像の解明を試みている。良寛を宿命的な血の弱さをもった「天才的異質者」と見て、その内部生活の精神構造に迫ろうとしたその研究は、慧眼で洞察力に富み、人間良寛を描き出す上で大きな貢献をなしたことは確かである。だが、「天才的異質者」という観点に主軸を置いて良寛の実像を描き出そうとするその手法は、十全な成功を収めているとは言い難いものがある。そこからすり抜けてしまった部分も大きく、氏の描く「全貌」が、はたして全貌たりえているか疑問なしとしない。石田氏の研究を踏まえて、以下眼についたかぎりでの、良寛という人物の横顔をざっと描いてみよう。

良寛という人物を話題にするとき、その特質として多くの人々の脳裡に浮かぶのは、「愚」ということであろう。自ら「大愚」と号したように、「愚」こそは良寛自身が自分の本性特質として、その生涯を通じて一貫して強く意識していたところであった。良寛は自らを「頑愚信に比なし」と認めて、己を呼んで「癡凱（阿呆者）」と言い、「駑駘」と言い、また「風顛」と言っている。痴愚の人として生涯その愚を生き、愚に徹したのが良寛という人だったと言ってもよい。親交のあった有願法師が「良寛老禅師　愚の如くまた痴の如し」と言い、解良栄重の『良寛禅師奇話』が伝えるところでは、良寛は「動作閑雅ニシテ餘有ルガ如トシ」つまりはうすのろじみていたらしく、「挙措迂闊」つまりはのろまで、ぐずで、ぼんやりしていたというのである。良寛は背が高かったというが、何事をするにも動作がのろく機敏を欠き、周りから見ると「総身に知恵がまわりかねる」大男に見えたことがわかる。それが、小賢しい世知が支配する俗世間の眼からからすれば、若き日の良寛が、「昼行燈」と言われるような愚鈍な人間に映った理由でもあろう。

だがこの愚は内に偉大なる叡知を秘めた愚であった。良寛の愚とは、無論世に言う馬鹿でもなければ頭の働きの鈍い鈍物でもない。それは世の「悧巧」とまさに対蹠的な資質であって、処世知や目から鼻に抜けるような利発ぶり、瞬時に閃く機知などとは本質的に異なる愚であった。良寛の本性を見抜いていた国仙老師が印可状を授けるに際して、その本性を、

良や愚の如く道転た寛し、
騰騰任運誰か視るを得ん

と喝破した、具眼の士のみが知る愚であり、入矢義高氏によれば、禅の祖師たちつまりは慧能や、騰騰和尚、懶瓚和尚、石頭和尚などの痴愚に通じる愚であったのだという。良寛はそういう癡鈍、癡愚をわが身の本性、宿命と思い定めて、愚者に徹し「騰騰任運」によって、あの悟境、清高な境地に達したのである。

良寛を語るとき次いで挙げねばならないのは、「羞恥の人」だったということである。一休が悟達の禅者としての満々たる自信をもって、臨済禅の正系の嗣法者として弘法に努め、積極的かつ広く下化衆生をおこなったのに比して、帰郷後の良寛は、ついに誰に向かっても説法せず、法文の一句を説くこともしなかった。先にも言ったように、しなかったのではなく、一段と高いところから為人説法するなどということは、己に

愧じる人であり、羞を識る人であった良寛にはとうていできなかったのである。ここに良寛が「化他の法師」ではなく、ひたすら「己事究明」に努める「自行の法師」に終わった原因があると言ってもよいであろう。この羞を知る心は謙虚にも通じ、良寛が自己顕示というようなことを嫌って、自作の詩や歌を世に出すことを拒んだこと、大関文仲の『良寛禅師伝』の刊行をついに許さなかったことにもあらわれている。また世に隠れ、草庵に隠れて生きたのも、同じ心によるものと思われる。

先にふれた石田氏が言う「天才的異質者」であった良寛の一大特質が、強度の自閉症であったという指摘も、ひとまずは正鵠を射ていると思われる。「自閉症」という言葉がいささか穏当を欠いているにしても、良寛が幼少の時から自閉的であり、内向的な性格であったことは、かれをめぐる多くの逸話や伝承が伝えているところである。石田氏によれば、「彼の生涯は自閉症との痛ましい戦いであった。」。また氏は「かれの奇行と言われるものも、主として騰騰忍運という禅的な悟りへだてて表現された自閉質である。」とも説いている。これにはにわかには賛意を表しがたいことは後に述べる。良寛のいわゆる奇行は、世を渡る手段として意識されたものではなく、かれの本性に発するものと考えるからである。自閉的な性格であれば、そこから当然、内気で小心、寡黙で口下手といった人物像が浮かび上がってくる。良寛がおそろしく寡黙な人物であって、多弁饒舌を嫌ったことは、その「戒語」に慎むべきこととし、「ことば多き、口のはやき」、「かしましく物いふ」といったことを筆頭に挙げていることからも知られるとおりである。内気で小心、気弱であって、人を怒らせたり傷つけたり落胆させたりすることができなかったことは、よく知られたこんな逸話が物語っている。

年老いてから、「子供たちに強いられる「良寛サマ一貫」の遊びが肉体的につらくなっても、子供らを落胆させまいとそれを続けたこと、以前乱暴をはたらかれた半兵衛の家の前をそっと通り、子供らがふざけてどの家も半兵衛の家だと言うと、嘘と承知しながら、その前をそっと通り過ぎたことなども、それを面白がる子供たちの期待を裏切れなかったからである。石田氏はそんな良寛を、

帰郷後の良寛をみると、常におどおどして物を怖れているようにみえ、大悟の禅僧らしい、毅然としたところ、大喝一声しそうなところは微塵もない。

と言っているが、私個人の印象はそれとはやや異なる。確かに悟達の禅者らしく、機鋒鋭く一喝したり、ましてやある悟達の禅僧がしたような、鉄製の如意で怠惰な禅僧の脳天に一撃を加えるなどという行為は、良寛にはおよそ考えられない行為である。だからと言って良寛が常におどおどして物を怖れていたとは思えない。その行動はつつましくやさしく、人々への気遣いには満ちていたろうが、良寛が病的に物を怖れていたというのは信じがたいことである。農村の繁忙期に藩主が猟に出ようとして、農

民が迷惑していると知ると、かれらに立て看板を作らせ、それに

　　短か日のさすがぬれきぬ干しあへぬ青田のかり場心してゆけ

という歌を詠んでその行く手にひざまづき、藩主に猟を思いとどまらせたことが、その反証の一つとして挙げられる。一介の乞食僧の身で藩主を諫めるなどという大胆な行動が、「常におどおどして物を怖れている」人間にできたとは思えない。また、藩主がわざわざ五合庵まで出向いて、良寛を聘して城下の寺の住持に迎えたいと申し出ても、無言でこれに対し、「焚くほどは風がもち来る落ち葉かな」との一句を示して、断念させたことも、怖れを知らぬ意思の強さを示すものだと思う。これこそ石田氏の言う「毅然としたところ」ではないのか。良寛は石田氏が思い描いているよりも、ずっと勁い人だったと私には思われる。自閉的ということを過度に重視して、良寛を病者のごとく見ることには賛成しがたい。越後に遊んで良寛と親しく交わった亀田鵬齋は良寛を評して、「喜撰（きせん）以後此人（このひと）ナシ」と言ったと伝えられるが、良寛が飄々として人々に接していた人物であったればこそ、半ば伝説的な仙人のような喜撰法師になぞらえたのではないだろうか。

　良寛の自閉的性格は、当然のことながらその行動様式にも及んでいる。自閉的である者の常として、良寛に生来の孤独癖があって、「吾ハ客アシラヘガ嫌也」という言

葉が伝えられているように社交嫌いで、俗世間との交わりを嫌ったことは、帰郷後に草庵独棲の途を選び、三〇年のもの間近くを国上山中で過ごしたこと、また

世の中にまじらぬとにはあらねどもひとりあそびぞわれはまされる

と詠っていることが何よりもよく物語っている。エピクロスではないが、良寛の「隠れて生きる」という生き方そのものが、孤独を喜ぶその性癖のあらわれにほかなるまい。石田氏はそれを「孤独庵住はかれの心身全体が求めた、選択を許さない生活様式だったはずだからである。」と言っている。これは前節でふれた一休の「心機快活、談諧戯漫」と評された、進んで衆生大衆の中に身を置いた、開放的で快活明朗、豪放磊落な性格とは著しい対照をなしている。注意しなければならないのは、良寛の場合その孤独癖や社交嫌いが、即人間嫌いを意味しているのではないということである。良寛が孤独を好み「ひとりあそび」をよしとしながらも、一方では激しく人を恋うる人物でもあったことは、

世の中に同じ心の人もがな草のいほりに一夜語らむ
ひさかたの雪踏み分けて来ませ君柴のいほりにひと夜語らむ
露霜にやしほ染めたるもみじ葉を折りてけるかも君まちがてに

恋しくばたづねてきませあしひきのに国上の山の森の下いほ
遭ふ坂の関のこなたにあらねども往き来のひとにあこがれにけり

といった人の来訪を切に待ち望む歌がそれを示しており、また気が進めばみずから親しい人を訪ねたことは、

蕭条たり　老朽の身
此の草庵を借りて　歳華を送る
春来って　如(も)し命有らば
錫を鳴らして　夫子が家を過(よぎ)らん

という詩があることからもわかる。社交嫌いと言っても、先に交友の相手として挙げたさまざまな知識人・文人との交わりは浅からぬものがあったし、気心の知れた知友の来訪はよろこびであった。とりわけ鈴木文台や岩田洲尾、解良栄重のような詩文を解する若い人々の来訪を嘉するところがあった。さらに言えば、良寛は村里に出て子供らと遊び、知己の家では囲碁に興じ、進んで盆踊りに加わり、百姓親爺に誘われればよろこんで畔道で酒を酌み交わすことをも厭わなかったし、村人に招かれればその家で夕餉をともにすることもあったらしい。気のおけぬ仲であった山田家の主婦（あ

るいは女中）およしとたわぶれたりもしている。

　このような振る舞いからすれば、決して人間嫌いであったとは思われない。良寛が嫌ったのは、弱者の側に立たされた素朴な農民や詩文の嗜みある心豊かな知識人などではなく、「衣襟を正して」対さねばならなかった人々つまりは支配者である武士階級、権威を笠に着る役人であり、堕落しきった僧侶、名利を求め、蓄財に走る豪商といったたぐいの人々であった。

　外向的で動的な一休和尚に対して、良寛という人は内向的であり本質的に「静」の人、何よりも内省の人であって、生涯を通じて冷徹なまでに自己凝視の姿勢を保ち続けたことを、その一大特質に数えねばなるまい。慚愧の念をもって己の姿を見据えた詩や歌が何首もあって、それらの随所に見られる、自省の言葉や、時に痛ましいまでの自嘲とも言える物言いが、それをあらわに示している。

吁(ああ)我胡為(なんす)る者ぞ
永(とこしえ)に故園の扉を守る
嗟(ああ)余(われ)胡為(なんす)る者ぞ
之(これ)に対して　一に長唫(ちょうぎん)す

吁嗟我何人ぞや
錫を卓いて一たび長吟す

生涯何の能くするところぞ
聊か言に此のときを過ごす
誰か能く一隅を守って
兀々として鬢絲を垂れんや

「吁我胡為る者ぞ」とは、帰郷後に草庵独棲の人となってから、良寛がずっとわが身に投げかけてきた問であった。鈴木文台の兄隆造に贈った次の詩には、より端的に無為無用の存在としての己の姿が詠われている。

無能の生涯　作すところなく
国上の山巓に此の身を託す
他日　交情を如し問わば
山田の僧都　是れ同参

「山田の僧都」とは案山子のことである。

なにゆえに家を出でしとおり折りふしは心に愧じよ墨染の袖
あしひきの山田のかがし汝(なれ)さへも穂ひろふ鳥を守(も)るてふものを

という歌にも、出家者として為すところなき己への自責の念を読み取ることは容易である。

良寛が「和顔愛語」に徹した慈愛の人であり、善意の塊と言ってよいほど底抜けに善良な人、寛厚、温順、謙虚といった美徳を備えた人物であったこと、人を疑うことを知らず、馬鹿正直であったこと、暴力に対しても徹底した無抵抗主義を貫いたことなどは、『良寛禅師奇話』や、かれにまつわる数多くの逸話や俗伝が伝えるところである。時を忘れて子供たちと手毬をついたりかくれんぼをして遊んだりしたというのも、純真でいつまでも童心を保ち続けたその人柄のあらわれ以外の何物でもない。それを最もよく伝えているのが、良寛を語るとき必ず引き合いに出される『奇話』のよく知られた次の一節である。

師余ガ家ニ信宿(しんしゅく)ヲ重ヌ。上下自(ズカ)ラ和睦(わぼく)シ、和気家ニ充チ帰去ルト云ドモ、数日ノ内、人自(おのずか)ラ和ス。師ト語ルコト一夕(いっせき)スレバ、胸襟(きょうきん)清キコトヲ覚ユ。師更に内外の経文ヲ説キ善ヲ勧ムルニモアラズ。或ハ厨下ニツキテ火ヲ焼キ、或ハ正堂ニ坐禅ス・其話詩文ニワタラズ、道義ニ及バズ、優游トシテ名状スベキコトなナシ。只道徳ノ人ヲ化スルノミ。

良寛がいかなる人物であったかは、この文章が集約的に言いあらわしていると言ってよい。良寛が家にいるというだけで、家中の者たちがみんな和気藹々となり、幸福感につつまれる。一晩話をするだけで胸内がなんとも言えず清々しい気持ちに満たされる。良寛はことさら経文を引いて説教するわけでもなければ、善行をなせと説くわけでもない。ただ竈で火を焚いたり、座敷で坐禅しているだけである。詩や歌の話をするでもなければ、道徳についてあれこれ言うでもない。ただ優遊としていて特にどうということもない。それでいながら、良寛の内奥から発する人徳が輝き出て、周囲の人々を感化する、というのである。ただその人が傍らにいるだけで、それが無言の説法となり、みんなを幸福感に浸らせる、そんな仏者がほかにいるだろうか。一休は生前から多くの帰依者や崇拝者に囲まれ、生き仏として崇められたが、むしろ良寛こそが生き仏と言われるにふさわしい仏者ではなかったろうか。右に引いた『奇話』の一節は、愚に徹し、「騰騰任運」に生き、忍恥に耐えた良寛が最後に到達した悟境をみごとに描き出していること，まことに感に堪えるものがある。良寛のこのような特質は、快活明朗であった一休が、「師平生喜怒ノ色ヲミズ」と言われた良寛と異なり、その本質において気性の激しい瞋恚の人であり、純粋禅を商業化して汚した大徳寺の養叟一派の僧たちに対して怒りを爆発させ、舌鋒鋭くそれを糾弾して執拗なまでに悪罵を投げかけ続けたこと、困窮する民をよそに奢侈遊蕩に耽る足利義政や日野富子を、激烈な言葉で呵責なく批判しているのと考え合わせると、良寛という人をわれわれにいっそう慕わしい存在にしていると言えるだろう。妓楼で遊女とおはじきをして遊んでいることが、近隣の噂になり、弟由之が歌を作ってそれを諌めても意に介さぬと詠っていることなども、良寛が無心であり童心を失っていないからこその行為であって、女色に色目を使うような生臭坊主ならば、たちまちに醜聞に堕するところとなるはずある。

アッシジのフランチェスコとあまりにもよく似た慈愛の人、純真、善良、寛厚、温順、謙虚の人として、石田氏が「聖者」と呼んでいる良寛については、すでに多くの人々が語っているとおりである。それについては、すでに世にあふれている良寛研究書や評伝、評論のたぐいに縷説されているから、いまさらここで繰り返すのも気が引けるが、『奇話』などからそれをいくつか拾ってみよう。

良寛が人間、とりわけ虐げられ収奪されている弱き者である農民たちを愛し、彼らに温かい眼を注いでいたことは、その詩や歌に詠われているところだが、

墨染のわが衣手のゆたならば浮き世の民を蔽はましものを

この頃は早苗とるらしわが庵は形を絵にかき手向けこそすれ

あしひきの山田の爺（をぢ）がひねもすにいゆきかへらひ水運ぶ見ゆ

といった歌からも農民への慈愛にあふれたまなざしを感じ取ることができる。さらにはその愛は動物にも及び、殺生戒を守って蚤虱でさえも殺そうとはしなかったと伝えられる。

蚤虱ねになく秋の虫ならばわがふところは武蔵野の原

という諧謔を交えた歌はその一端を言ったものか。そこには、小鳥に向かって説教したという、アッシジのフランチェスコを想起させるものがある。そればかりか、「草木を以て隣と為す」良寛の愛は草木にも注がれ、よく知られた、五合庵にいた頃厠に竹筍が生えたので、そのままにしておくと屋根につかえてしまうのを憐れんで、蝋燭で穴をあけてやろうとし、厠を焼いてしまったなどという逸話も、いささか滑稽な中にも、良寛という人が万物に注ぐ無限の慈愛を感じさせずにはおかない。人間への愛は、無物無所有の五合庵へ泥棒が入り、盗るものがないので良寛が寝ていた布団を盗ろうとして引っ張ったので、わざと寝返りを打ってそれを盗らせたという話にも窺われる。蓑一つを着て五合庵の前に立った貧人に、来ていた衣装を脱いで与えたことも人への愛を物語る。

良寛が馬鹿正直で、人を疑うことを知らない人間だったことは、子供時代に父以南に「親を睨むと鰈になるぞ」と叱られ、海岸へ行って沈みこんでいたので、心配した母が迎えに行くと泣き出して「おらあまだ鰈になっていないかえ」と訊いたという話によって知られるところだ。また盆踊りに加わって女姿で踊り、人が良寛と承知の上で、「器量よしの娘だ。どこの娘だろう」と言うのを聞いて、それを素直に信じて喜んでいたとか、地元の言葉で稲が熟するのを「ぼなる」というは「吼える」という意味だろうというのを耳にし、稲が吼えるのを聞こうとして一晩中田の中をさまよったなどという話も、真偽のほどは別として、確かに、底抜けに善良で凡そ人を疑うことを知らない良寛ならではと思わせるものだ。そんな話を「悧巧な」人間が聞いたらなんというお人よしの馬鹿者かと呆れるに相違ない。善良そのものの人である良寛はまた、徹底した無抵抗主義の人でもあった。円通寺時代にも、帰郷後も泥棒や火付け犯と疑われ、村人に危うく生き埋めにされかかっても、一言の弁解も抵抗もしなかったし、百姓に芋泥棒と間違われ散々に殴られても抵抗せず、狂僧に帯で打たれても抵抗せず、却ってその僧が雨に濡れて帰るのではと心配したなどと伝えられている。これは禅修行の結果到達した境地というよりは、良寛が生来信じがたいまでに純粋で素直な心の持ち主であり、慈愛の人であったことを物語っている。ただここで用心しなければならないのは、良寛のうちに天真爛漫な好人物だけを見て、かれがすべてを受け入れているかのように考えることである。良寛が一方で、農民を収奪する支配階層に妥協しなかったり、堕落して体制に奉仕する番犬の如くになり下がった仏教界に、厳しいまなざしを向け、それを手厳しく批判していることを忘れるべきではない。

前節で「人間一休」を一瞥した際に、その滑稽諧謔の才にふれ、一休が諧謔精神にあふれユーモア感覚がたっぷり備わった人物であったことを見た。わが良寛もまたなかなかに諧謔の才に富んだ人物であった。良寛の文学が、全体としてその基底に暗いものが横たわり、強い悲哀を湛えていることは先に述べたが、それは必ずしも諧謔やユーモアと抵触するものではない。その諧謔や滑稽はかれの飄々とした行動や奇行の中にも見て取れるが、狂歌や俳諧歌によって醸し出されている場合が多い。気が合って幾度か親しく交わった亀田鵬齋が雨に降り込められて来た折りに詠んだ、

夕立に降り込められし腐れ儒者ひたる君子と誰か言ふらむ

というからかいの歌や、

君とわれわずかの米ですんだらば両くわん坊と人はいふらむ
大めしを食うて眠りし報いにやいわしの身とぞなりにけるかな
さけさけと花にあるじをまかせられけふも酒酒あすも酒酒

虫の音も今宵かぼちゃとなりにけり薯(いも)の鰻となるもことわり
われだにもまだ食ひたらぬ白粥の底にも見ゆる影法師かな
雁鴨は我を見捨てて去りにけり豆腐に羽のなきぞうれしき

といった歌には、いささか毒を含んだ一休の狂歌とは一味違った、飄逸な諧謔が漂っているると私の眼には映る。俳句の中にも、

柿もぎの金玉しぼむ秋の風
屋根引の金玉しぼむ秋の風

といったユーモアあふれる作もあり、真作かどうかはわからないが、

新池や蛙とびこむ音もなし

という芭蕉の名句のパロディーである句も伝えられている。長歌なのでここでは引かないが、親友原田鵲齋が、若き日に国上寺の梅の樹を盗み取ろうと企てて捕らえられた一件を諧謔交じりに詠った作などもあって、良寛が文に戯れる人でもあったことがわかる。

さて人間良寛を語る際に必ず問題とされるのはその奇行である。石田氏はそれについて、

良寛をもっとも不可解にしているものは、あの端倪を許さない自由奔放な奇行であるが、良寛を有名にしているのもまた奇行である。

と言っているが、良寛を単純に奇行の人として見て、そういう側面を強調することには問題があるのではなかろうか。飯田利行氏のように、良寛に関する「逸話はすべて虚仮」と片付けてしまうことには賛成できないが、果たして良寛が不可解なほどの奇行に富んだ人物であったどうか、その点は疑問である。確かに良寛が掛け軸に描かれた獣の絵を見て、人がいないのを見透かしてから、その前で獣の体をなしたとか、茶会の席で濃い茶を飲み干してしまい、次の客がいるのに気づいてそれを吐き出して隣の者に回したとか、やはり茶席で鼻くそをほじりだし、両隣のものが袖を引くのを見て、また鼻の中に戻したというような話は、奇行の一端には違いない。昼日中から子供たちと手毬をついたり、おはじきをしたり、かくれんぼをして遊ぶのも、世人の常識からすれば奇行と言えるだろう。子供たちとかくれんぼをしていて、子供が帰ったのに気づかすに、翌日まで藁の中に隠れていたというような話にしても同様である。

だがそれらが本当に良寛を不可解な人物とする奇行と言えるのだろうか。それは好奇心のあらわれだったり、童心だったり、やさしさ、おもいやりから出た行為だと解するほうが自然なのではないか。

石田氏は良寛の奇行の見方に関して、従来「有意説」、「痴愚説」、「奇矯説」「精神病説」があることを挙げ、それらがいずれも誤りであるとしている。氏によれば、これらの説の誤りは「禅の悟りを全く見落としていること」と「かれの資質のなかに、万人にすぐれた芸術的才能があること、強い自閉的なものがあることを見落としていること」にあるのだという。ここは石田氏の所説を紹介したり分析したりする場ではないので詳細は省くが、氏が良寛の「奇行の底に、さらに底知れない混沌混冥が横たわっている」、「かれの人間全体が奇なのであって」としているのには、違和感を覚えざるをえない。氏は良寛のうちに「奇人」を見ており良寛が世人の眼に奇と映るのは、禅の悟りから発する「良寛の原理が世間の人の原理とまったく逆だからである。」と言い、またその奇行は「世間との交わりにおける特殊な自己表現」、「世間とのあいだのすべりをよくする潤滑油の一つ」であったとしているが、これには納得できない。風狂僧一休の奇行、世人を驚かす奇矯なふるまいは、天性のものというよりは意識的なもので、普化和尚に倣った風狂を誇示する意図をもってなされたと見られるが、良寛の奇行はそれとは異なり、かれの天性から出たものだと思うのである。良寛の奇行が、「世間とのあいだのすべりをよくする潤滑油」としてなされたものだとは思えないし、その奇行に「任運」や「おどけ」、「道化」を読み取ることには賛成できない。石田氏は良寛の自閉症という病理学的な見方に、過度に執着しているとしか思われない。そもそも『奇話』の著者解良栄重自身が「師、一生奇行異事ノ人ニ云フベキナシ」とはっきり言っているではないか。良寛はその詩や歌を見ても、解良孫右衛門や木村周三に宛てた訓戒の手紙などを見ても、まったく良識外れの奇矯なところはなく「奇」とするところは見当たらない。良寛はけっして「不可解な奇人」などはなかった。

さて人間良寛を語るとなれば、一休和尚と同じく良寛もまた酒好きであったことにふれないわけにはいかない。酒は良寛にあっては交友には欠かせぬ役割を果たしていたと言える。ともに「不飲受戒（ふおんじゅかい）」などという戒律は痛快に気転がし、酒楽に耽った点は同じだが、その酒風酒境はかなり異なっていたようである。「酒肆婬坊」に出入していた一休にあっては、酒が酒色であって女色や男色と結びついていたのに対して、良寛の場合は酒はあくまで酒であって、純粋に酒興を楽しんでいたという点で、大きく異なっている。一休はことさらに酒癖を誇示するところがあり、「濁醪一盞詩千首」とか、「平生爛酔金樽を倒す」とか言っているが、親しい友人や会下の者たちと酌み交わしたりする対酌や会飲を詠っていないので、その酒態、酒境がいかなるものであったかは、具体的にはわからない。だが良寛はそうではなく、親しい知友との対酌の楽しみなどを好んで詩や歌に詠んでいるので、その酒境などを窺うことができるのである。

良寛の酒好きについては、『奇話』にも

師常ニ酒ヲ好ム。シカリト云ドモ、量ヲ超テ酔狂ニ至ルヲ見ズ。又、田夫野翁ヲ云ハズ、銭ヲ出シ合テ買呑ムコトヲ好ム。汝一盃吾一盃、其盃ノ数多少ナカラシム。

とあって、良寛の酒好きはよく知られていたらしく、その書簡集には、あちこちから酒を贈られた礼状が少なからずある。その酒風は好ましいもので、酔っても大酔に及ばず、適度の酒で陶陶自楽の酒境に至ったらしい。一休は修行時代を終えて水宿風餐の行脚時代に酒色になじむようになったらしいが、良寛の酒好きは若い時からのものであったらしく、玉島での修行時代にも自らを「酔客」と呼んでいて、円通寺に禁酒の制札が掲げられているのを嘆いた詩などもあり、会飲、対酌を詠んだ詩を三篇ほど作っている。そのうちの対酌を詠んだ一首を掲げておこう。

円通に攀登すれば、　夏木清し
君に杯酒を進む　暑を避くるの情
一樽酌み尽くして　詩賦を催し
暑さを忘れて　更に暮鐘を聞く

「僧に非ず、俗にあらず」と自認した帰郷後の良寛は、より自由になったためであろうか、酒に遊び、親しい友と酌み交わす悦楽を詠った詩や歌が数多く作られることとなった。願成寺の円海和尚との対酌を楽しんだ詩の

吾は是れ　物外無事（もつがいぶじ）の僧
君も亦（また）　昇平の一閑人
終日相見て　他事なし
酒を把（と）りて山に対し　咲（わら）い誾々（ぎんぎん）たり

といった詩句や、「由之と酒を飲み楽しみ甚だし」と題した、晩年に弟由之との対酌の酒楽を詠った

兄弟相遭う処
共に是れ　白眉（はくび）垂る
且つ喜ぶ　太平の世
日々酔うて　痴の如し

という一首などは、酒に遊ぶ酒客良寛の面目を伝え余蘊がない。右の詩と同じ主題を詠ったこんな歌もある。

うまざけを飲みくらしけりはらからの眉白たへに雪の降るまで

良寛の酒境をとりわけよく伝えているのはやはり歌である。

さすたけの君がすすむるうま酒にわれ酔ひにけりそのうま酒に
よしあしのなにはのことはさもあらばあれともにつくさむ一杯の酒
あすよりは後のよすがもいざ知らず今日の一日は酔ひにけらしも
ひさかたののどけき空に酔ひと伏せば夢も妙なり花の木の下
百鳥の木伝ひて鳴く今日しもぞ更にや飲まん一杯の酒

といった歌がそれである。

夜もすがらつま木たきつつほろゐして濁れる酒をのむが楽しき

と独酌の楽しみを詠い、時には制しきれずに大酒に及んだことを詠んだ、

おほみきを三杯いつつきたべ酔ひぬ酔ひての後は待たでつぎけり

というような歌もあって、その酒風が窺われて面白い。酒は良寛の人生を彩る大事な一部分であったと言えるであろう。一代の酒客として江戸に名を馳せた亀田鵬齋との交わりにしても、酒なしでは考えられないであろう。

良寛に関しては、そのほか恐るべき健忘症で、いろいろなものをあちこちに忘れてきたという話が『奇話』などで伝えられている。他家に煙草入れを忘れたり、托鉢に出かける折りに「随身の具」を忘れてきたり、医者にかかって下着を忘れて置いてきたりと、逸話には事欠かない。有名なのは、托鉢に出て途中の野原で菫を摘むのに夢中になり、托鉢用の鉢を忘れてきたことを、

春の野にすみれ摘むみつつ鉢の子を忘れてぞ来しあはれ鉢の子
鉢の子をわが忘るれど取る人はなし取る人はなし鉢の子あはれ

と詠っていることである。鷹揚で物に執着しない性格のしからしむるところであろう。

また良寛の詩や歌を読んでいて知られることの一つは、ひどく繊細な神経の持主で、非常にものに感じやすく、しばしば流涕(りゅうてい)に及ぶことがあったということである。

同じ禅者であっても、これは一休には絶えて見られぬ特質だと言える。その詩や歌では、「涙巾を沾す」、「かにかくにかわかぬものは涙なり」、「わが袖はしとどにぬれぬ」というような表現に絶えず出くわすのである。それは人生の無常を観じた詩や歌などにも見られるが、最も多くは人の死に接した場合に見られる。良寛は、悟達の禅者として死生を超越したり、「生者必滅」、「死生一如」と観じて、平然と人の死を受け止めることはなかった。亡き友を悼んでは慟哭し、疫病に罹って幼くして死んだ他人の子供たちを思っては涙した。

人に逢いて　朋侶を問えば
手を挙げて　高原を指さす
嗚咽久しくして　涙連連たり
痛ましい哉　三界の客
知らず何れの日にか休まん
…………
遥夜　熟ら　思惟するも
涙下りて　収むる能わず

はじめより常なき世とは知りながら何ぞわが袖のかわくことなき
語らずにあるべきものをことごとに人の子ゆゑに塗るる袖かな
人の子の遊ぶをみればにはたづみ流るる涙とどめかねつも
思ふまじ思ふまじとは思へども思ひ出しては袖しぼるなり

このような詩や歌は随所に見られる。良寛が愛読した西行でさえも、死を恐れ悲しむ

越えぬればまたもこの世に帰り来ぬ死出の山こそかなしかりけれ

というような歌を詠んでいるから、仏者が死を嘆いても不思議ではないのかもしれないが。

これも最後になったが、一休と違ってその生涯に女人の影が薄いのが良寛という人物だが、最晩年に到って、それを明るくまた美しく照らす女人との出会いがあった。よく知られた貞信尼との恋である。それについては、「恋法師」一休の頽齢の狂おしい愛を瞥見した後、最終節「女人─良寛最晩年の恋」でその恋の顛末を窺視してみよう。

一〇　女人―「恋法師」一休頽齢の愛

先に第六節で風狂僧一休の後半生を特色づけているものとして、その伝記的、日記的側面を伝えてもいる『狂雲集』に、女犯女色や女人との愛を詠った艶詩とも言うべきエロティックな詩が少なからず見られることを述べたが、本節ではそれについて少々言を費やすこととしたい。詩人とりわけ愛の詩人としての一休に関しては、私の前著『表現者としての一休―一休の艶詩、愛の詩を読む』（研文出版、二〇二三年）で、かなり具体的に論じたので、関心のある向きはそれをご覧いただければ幸いである。ここではその要点とでも言うべきものについて、以下簡略に記するにとどめておく。

先にもちょっとふれたが、知られるかぎりでは良寛がその生涯において、肉親である妹たちなどを除くと女性たちとの交わりが乏しいのに比して、一休の一生、と言うよりはその後半生には、女人が色濃く影を落としていることが際立って眼につく。一休の破戒行為や色事などについては一切言及しない『年譜』の作者が、大燈国師の百年忌、一休が女人を伴なってあらわれたなどとわざわざ特記していることからしても、女人との関りの深さを感じさせるが、何よりも当の本人自身がそれを認め、告白しているのである。一休自身女色に惹かれずにはいられない己の性（さが）を省みて、「恋法師一休自賛」と題する詩で、慚愧自嘲を込めてそれをこう詠っている。

生涯、雲雨、愁いにたえず、
乱散の紅糸、脚頭に纏う。
自ら愧ず、狂雲の佳月を妬むを。
十年白髪、一身の秋。

右の一首は、平野宗浄、中川德之助氏の訳文を参照して説明的にその意味するところを述べると、大体こういう内容と解される。

わしの心は性への思いに惹かれ、男女の交情を夢見るのは、愁うべきことだ。
乱れ切った紅い糸が脚にまつわりついて離れないわい。
狂雲が佳い月を覆うように、わしの心を覆うのは恥ずかしいことじゃ。
そんな思いで、十年もの間、この身は白髪頭で秋風に吹かれている
ありさまじゃ。

正直言って第三句目はなんとも解しかねるのだが、ともあれ六四歳以降「夢閨」と号した一休が、女色、女体に惹かれずにはいられないわが身を愧じた作であることは間違いなさそうである。いかにも自らの姿を「生涯雲雨の一閑僧」と詠い、淫色はわが

家の業と嘯き高言した一休ならではの告白だと言わざるをえない。そういう破戒僧の筆になる『狂雲集』が、女色に深く彩られているのもまたごく自然なことである。柳田聖山氏も認めているように『狂雲集』はきわめて「色っぽい」作品であり、山折哲雄氏がいみじくも「観念的な春画」、「形而上的春画」と読んだ女色淫楽の詩、性の匂いが色濃く漂う詩が随所に見られるのである。（男色を詠った詩もあるが、ここではそれにはふれない）。これは一休が生来「したたかな好色漢」で「一種色情狂でさえもあった」ためか、あるいは幼くして引き離された若く美しい母への慕情が、後年噴出したためか議論のあるところだが、ともあれ彼の女人思慕、強烈な女体思慕は尋常のものではない。それが露悪的なまでに明白に表出されているのが『狂雲集』に独自の色合い、「色っぽさ」を添えている艶詩、性愛詩なのである。一般に性への衝動は中年以後は鎮静化し、老年に到ると次第に消失するものだが、一休の場合は例外で最晩年に到るまで衰えることなく、むしろ最後に知った森女との間で爆発的に燃え上ったのであった。その発露が、『狂雲集』を空前絶後のユニークな作品としている、一連の愛の詩なのである。それらに詩的誇張があることは認めるにしても、生涯女体思慕を抱き続けた一休が、衰えを知らぬ恐ろしく強壮な肉体の持主であったことを、想像させずにはおかないものがある。市川白弦氏は、「詩禅一致」の境から生まれたこの詩偈集の性格について「狂雲集の一特色は、女性に関するものがおびただしく多いことである。」と言っているが、まことにそのとおりであって、初めてこの書を繙いた読者は一種奇異の感に打たれ、またその赤裸々な表現に一驚するに相違ない。『狂雲集』中の華とも見られている森女との激しい性愛の詩を読んで、読者は「なんだ、この坊主は。これが偈として収められているとはどういうことなのか。」と思わずにはいられないであろう。芳賀幸四郎氏が「性的な狂詩」と呼んでいるそれらの詩は、漢詩としては、後にも先にも類を見ないたぐいのものなのである。また市川氏は、一休における性の自由について述べた一節で、

かれの森女との情事は、そのあからさまな野生において（七言絶句・四行詩という漢詩の型を介してではあるが）、良寛七十歳貞信尼二十九歳の清純な恋愛の比ではなかった。（市川・前掲書）

と、その愛の詩に見られる激しさを指摘しているが、同感である。

修行時代は求道一筋の持戒堅固な禅者であった一休が、師華叟の下を離れて畿内一円で蓑笠の禅者として行脚放浪の日々を送っていた過程で、「性格転換」が起こって、確信をもって肉食飲酒、女犯の戒を踏み破る破戒僧へと変貌したことは既に述べたとおりである。その間にしばしば「酒肆婬坊」や娼楼への出入があって、三〇代半ば頃には、一時期であろうが妻帯もし、子を儲けたりしたのであろう。今日残された一休の頂相（ちんぞう）（肖像画）を見るかぎりでは、一休には光源氏風のところは微塵も見受けられ

ないが女人を惹きつける魅力があったらしく、後半生はその身辺には常に女人の影が見え隠れしているのは不思議である。

一休の女色淫楽にかんしては、『年譜』は禅門の徒の側の研究者たちの多くが、それを純粋な虚構だとして否定しているが、私個人は、『狂雲集』の詩に詠われている破戒は仮に事実そのもののストレートな表現ではないにせよ、この風狂僧の所業の反映だと見る立場に立っている。少なくとも、表現者、詩人としての一休は間違いなく破戒僧であり、『狂雲集』の女色や性愛を詠った詩は、作者の実体験を契機として生まれ、その跡をとどめていると思うのである。一休自身が「同門の老宿、余が肉食淫奔(にくじきいんぽん)を戒む」と言っているところからしても、宗門の内部に一休の女色男色などの破戒行為を苦々しく思っていた僧がいたことは明らかであり、一休は意図してそれを高言、誇示してもいたのであった。本節でも虚構説を退ける見解に立って、一休頽齢の愛、その生涯の最晩年に華やかな彩利を添えた森女との恋愛を、何篇かの詩を通じて窺ってみることにしたい。

西田正好氏が「したたかな好色漢」と呼んでいる一休は、その俗伝においても女色にまつわる話が多いが、氏は一休の生涯にふれて、

> いわば**一休の生涯は、恋と闘いの連続であった**。恋のためには自然児の風狂に生き、偽善との闘いの為には偽悪者の風狂に生きた一休であった。いずれにせよ、

前代未聞の風狂人として生きた一休は、法と恋のための純粋人間にほかならなかったのである。(『一休―風狂の精神』)[太字―引用者]

と言っている。炯眼な指摘だが、これには留保が必要であろう。一休がその生涯においてしばしば女人への愛にとらわれたことは、『狂雲集』に、「愛念、愛思胸次を苦しむ」、「十年愛に溺れて文章を失す」、「苦なる哉、色愛太深き時」といった詩句が見受けられることからもわかるが、彼が真の女人の愛、恋愛と呼ぶに足る愛を知ったのは、その実最晩年に到ってからのことであった。それ以前の一休が女人の愛を知らなかったというわけではないが、それはむしろ「女色」と言うにふさわしいもので「恋」ではなかったからである。確かに『狂雲集』には、色欲を満たす相手であった娼楼の女たちは別としても、一休が「妻」、「美女」と呼び、「侍妾」「美妾」と呼んでいる女人たちが登場している。その中でも一休の晩年の詩に登場する「御阿姑女郎」なる女人は、単なる色欲を満たす相手、娼楼の女などではなく、一休に近侍してその愛の対象であった女性ではないかと考えられるのである。

夢閨の美妾、黄金の穴

(「夢閨」とは一休の自称である)といった露骨な詩句を含む「侍妾に寄す」、妾と見られる女人の「床離れ」を嘆いた「御阿姑席を隔つ」、「夢閨姑(こ)侍女の寺に帰るを賀す」、同じ女人の入浴姿を詠った「御阿姑の開浴に寄す」や、「御阿姑女郎の痩客を賛す」といった詩があり、一休が彼女と情交したことを詠ったと解される詩があることから判断すると、この女人が性愛を含む一休の愛欲の相手であったことはほぼ間違いないと見てよい。交情の相手ではあったが、そこで詠われているのは、後の森女への愛のような湧き上がる歓喜も陶酔もない、むしろ性愛と言うべきものである。一休にとって御阿姑は単なる淫欲以上の存在ではあったろうが、彼女を詠ったエロティックな詩はやはり精神的な要素の乏しい艶詩、艶情詩の域を出ないものであって、純粋な愛の詩、恋愛詩とは言い難い。一休にとって御阿姑女郎とは畢竟真の恋の相手ではなかったとしか思われないのである。

　そんな一休が、実に七七歳にして瞽女(ごぜ)ないしは旅の遊芸人であったと思われる森女なる女人と運命的な邂逅を果たし、初めて単なる肉欲を超えた愛、真に恋愛と呼ぶに足る愛を知って、それを詩に託したのである。みずから言う「恋法師一休」の誕生であり、そこから生まれた一群の愛の詩は、加藤周一氏が「恋愛詩の極致」とまで称揚したまごうかたなき恋愛詩であると言ってよい。「白髪の残生猶(なお)色に淫す」と自嘲していた破戒僧が、最晩年に到って、後に「森侍者」と呼ばれることになるこの女人の愛を得て、ようやくのことで官能的・肉体的な愛でもあるが同時に精神的に純化された愛を識ったのであった。これによって一休は、「生涯雲雨（男女の情交）の一閑僧」

から「恋法師」へと脱皮を遂げ、より高い詩境へと到達したのだと言える。夙に批評家の唐木順三、加藤周一両氏によって、それぞれ『しん女語り草』、『狂雲森春雨』という形でみごとに小説化されていることでも知られる、一休一代の名高い恋である。水上勉氏の言葉を借りれば、この愛を得たことによって、一休は「述志の人から恋の人に変わる」のである。（一休が体験し、その最晩年の一〇年を華やかに彩ったこの森女（森侍者）との愛は実体験ではなく、中国の古典を素材にして構想されたまったくのフィクションであると説く、柳田聖山氏の所説がある。この問題に関しては拙著『表現者としての一休』で私見を述べ、柳田説に異を唱えたので、それをご覧いただきたい）。栗田勇氏は一休の晩年を彩ったこの恋愛について、

　この奇跡的な恋愛は、一休の晩年をしめくくる、晩年の生の結晶であり、『狂雲集』の「狂雲」の台風の目そのものであった。一休の人生と禅と詩がひとつに溶けて、森女を詠った作品は、金剛石の如き、深い輝きを放っている。（『一休　その破戒と風狂』）

と評し、これを絶賛してやまない。私にはいささか過褒としか思えないが、正鵠を射ていると言うべきなのかもしれない。七〇歳を目前にした良寛が、年若い美貌の貞信尼と相識って、和歌を通じて彼女との間にほのぼのとした純愛をはぐくみ、心を打つ

恋の歌を何首か遺したことは次節で述べるが、一休の恋はそれに比すれば物狂おしいまでに烈しいものであった。一休と良寛は多くの点で対照的な存在であるが、同じく老年の恋を経験しても、その表出においては大きく異なっている。頽齢の老年者の愛を詠った作にしてはあまりにも官能的で赤裸々な、爛れるような性愛詩をも含むそれらの一群の詩の中から五篇ほど覗いて、その恋の様相の一端を窺ってみよう。

文明二年（一四七〇年）七七歳の一休は、応仁の大乱による戦火を逃れて薪村の酬恩庵から堺にたどり着き、そこで雲門庵に仮寓していたが、その地の住吉大社に立ち寄った折に、そこの薬師堂で一人の盲女が「艶歌」を歌っているのを耳にした。それを詠ったのが次のような詞書をもつこんな詩である。

住吉の薬師堂ならびに叙

文明二年仲冬十四日、

薬師堂に遊びて、盲女の艶歌を聴く。

因(よ)って偈を作り之を記す

優遊　且喜(しゃき)す薬師堂

毒気便便(べんべん)たるは　是れ我が腸

慚愧(きざん)す　雪霜(せっそう)の鬢に管せず

吟尽き　厳寒　愁点（しゅうてん）長きことを

ゆったりと散歩していると、うれしいことに薬師堂があった。
歌を聴くわしの心は淫らな毒気でいっぱいじゃった。
恥ずかしいことじゃ、もう鬢の毛も真っ白な老人なのにもかかわらず、
盲女が詠い終わっても、厳寒の中の長い夜、女を思う気持ちが
続いたことじゃ。

これはまさにフランス語で言う un coup de foudre（雷の一撃）の告白であって、ふと耳にした盲女の艶歌に、一休が思わず聴き入って心奪われ、陶然とした様が詠われている。一休にとって森女との劇的な出逢いの瞬間であり、その後ほぼ一〇年に渡って続くことになった熱烈な愛の日々の始まりであった。会下に多くの帰依者を集め、弟子や崇拝者に囲まれながらもなお、みずからを「老狂薄倖」と意識していた老僧が、頽齢にして初めて真に女人を愛するよろこびを与えてくれる相手にめぐりあったのである。八〇歳近い当時としては超高齢の老僧と、三〇歳代の盲目の美女との、世にも珍しい激しい愛はこんな形で始まったのである。一休はここで初めて異性への真の愛に目覚めたのだと言ってよい。水上勉氏はこの二人の出会いについて、

出家一休のごく自然な慈悲にみちた眼ざしを想像して、私はこの住吉の森女と一休の出会いを、日本禅宗史の中でもっとも美しい、人間味あふれる光景として思い描く。(『一休』)

と言っているが、作家ならではの鋭い感覚に満ちたとらえかたである。

実は二人にとってこれは最初の出会いではなく、その何年か前から一休に慕情を抱いていた森女は、住吉での邂逅の前年に薪村に一休を訪ねたことがあった。一休も彼女が自分を恋慕っていることは聞いていたが、それを忘れていたのである。それが偶然住吉大社で再会し、二人の間で激しい恋が燃え上ったのだが、一休は一年後に彼女の愛を確かめると、ついにこの森女を伴なって薪村へと帰ったのであった。後に一休は二人のなれそめをこんな詩に託して詠っている。

憶えば昔　薪園居住の時、
王孫の美誉　相思を聴く
多年の旧約即ち忘ぜし後、
猶愛す　玉階新月の姿

憶えば昔薪村に住んでいた頃、そなたが

皇胤で名声の高かったこの儂のことを、慕っていたと聞いたものだ。
長年その折の約束をすっかり忘れていたが、
薬師堂に立つ、新月のようなその姿を、やはり今も愛していたことで
あったな。

こうして薪村の酬恩庵へ入った森女は、以後「森侍者」と呼ばれ、一休の身辺に侍って、彼の死に到るまでその熱愛を一身に受けることとなった。一休は彼女に身も心も奪われ、ほとんど溺愛と言ってよいほどの愛を注ぎ、そのまだ若い肉体をむさぼっては性愛の歓喜に浸り、また時には父が愛娘に抱くような愛を注いだりもした。良寛と貞信尼の恋が相互思慕といった趣があるのに比して、性愛の色合いが濃い一休の恋は、老年者の恋とは思えないほど激烈である。江戸の漢詩人市河寛齋は、六〇歳にして「心情老いず　身猶健なり、花には即ち顚狂し　月には即ち哦す」と誇ったが、一休は齢八〇にして「心情不老　身猶健」であるばかりか、「女人、女体には即ち顚狂」なのだから驚倒せざるをえない。

老いた一休にとって森女はもはや観音菩薩の化身、と言うよりも観音菩薩そのものであった。一休悦楽の日々である、市川白弦氏は一休の愛の形を「自受法楽の愛」だと見ており、水上勉氏もまた同様な見方であるが、私はむしろこの愛は相思相愛ではないかと思う。森女は盲目であり、一休の肉体が老いさらばえていたとしても、それ

を眼にすることはなかったし、なによりも、寄る辺ない漂泊流浪の盲女を温かく抱き取った老僧に、深い感謝の念と愛情を抱いたと想像されるからである。二人の愛の様相は、先にふれた唐木氏の『しん女語りぐさ』それに加藤周一氏の『狂雲森春雨』に、小説の形で巧みに造型されている。小説であるから想像を交えて語られているが、一休の愛の形を描いて、よくその真相に迫った作だとの感が深い。一休は恋の悦楽に耽った己の所業を、「淫水」、「美人の淫水を吸う」、「夢閨夜話」、「森美人の午睡」、「午睡」、「森女輿に乗る」、「我が手を呼びて森女の手と作す」、「美人の陰に水仙花の香有り」、「森女の深恩に謝するの願書」といった何篇かの詩に詠っているが、そのうちの二篇を続いて掲げよう。まずは鴛鴦の契りを詠った詩を引く。

弥勒下生を約す
盲森　夜々　吟身に伴い
被底の鴛鴦　私語明らかなり
新たに約す　慈尊三会の暁、
本居の古仏　万般の春。

この詩は禅者の作だけあって仏教用語がちりばめられていて、禅学の知識を欠いた私には注釈なしには解しがたい。推測を交えて考えると、これは一休が愛する女人を得て、共に歓を尽くしたよろこびを詠った詩だと解される。一休が愛する森女と、ひそやかに愛の誓いを交わしたことを言ったものであろう。（これを愛の詩とは見なさない柳田聖山氏の新説もあるが、採らない。）先学の解釈を踏まえ推測を交えて私なりの解釈を試みると、およそこういった内容の詩ではないかと思われる。

恥ずかしいことだが、盲目の森女は夜ごとに詩を吟ずるわしの身に寄り添う。
夜具の下で鴛鴦（おしどり）のように囁きを交わす、
弥勒菩薩が出現して三度にわたる説法を共に聞こうと約束すると、
わしが頼みとする弥勒菩薩は、万物に春をもたらす。

ここに詠われているのは、女色淫楽を越えたより高次な愛であり、一休と森女の魂は固く結ばれていて、栗田勇氏が「至高の恋愛」と呼んでいるものに近づいていると言ってよい。右の詩はもはや女人崇拝の域に達していると言えるかと思う。

次の詩は、「美人の陰（いん）に水仙花の香有り（美人の陰部は水仙の香がする）」というタイトル自体が物語っているとおり、愛のいとなみそのものがもたらす悦楽を詠った作である。森女の性器に口づけして法悦に浸ったことが詠われている。黄庭堅の詩句に基く比喩的な表現が織り込まれていて、一読それと気づきにくいが、内容からすれば端的に交合そのものを詠った詩で、ほとんど淫詩と言ってよいほどきわどい性愛詩である。だが中国古典詩の修辞を巧みに用いているため、淫靡なものに堕していないのはさすがである。水仙の咲いている宮廷の風景と、臥所に身を横たえている美人の裸身とのイメージを重層的に重ね合わせているところが一休の詩技の見せ所となっている。わが国には、（おそらく中国でも）後にも先にも漢詩人でこんな詩を作った人は他にはいない。

　楚台は応（まさ）に望むべく　更に攀（よ）ずべし。
　半夜の玉床　愁夢（しゅうむ）の貌、
　花は綻（ほころ）ぶ　一茎（いっけい）梅樹の下、
　凌波（りょうは）の仙子　腰間（ようかん）を遶（めぐ）る。

右の詩の「楚台」とは、その昔楚の懐王が神女と「雲雨の契り」を交わした夢を見た所のことだが、それを響かせつつ、ここでは女人の「ヴィーナスの丘」ないしは腰部のふくらみを指している。「花」は明らかに女陰を意味しており、「一茎」は男性の陰茎を言っていて、「女陰は陰茎の下でほころび開く」というのが、裏の意味である。「凌波仙子」とは水仙のことだという。そういう解釈に立って拙訳を試みると

　女人の丘は眺めるのも、愛撫するのもよいもの。

夜半の美しい臥所に、愛撫を受けて愁いに沈む貌（かお）
一茎の水仙はほころび咲く、梅の樹の下、
水仙の香は漂う、美人の腰のあたりに。

こういった、およそ老年者のものとは思われぬ性愛に耽って、一休の性愛讃歌は生まれたのだが、それは次第に官能愛を超えた一種霊性を帯びたものにまで昇華してゆくのである。そこに「恋法師一休」の真骨頂が見られると言えるであろう。一休はついにそこに到達した歓喜を、こんなふうに詠っている。

木凋（しぼ）み　葉落ち　更に春に回（かえ）り、
緑を長じ花を生じ、旧約新たなり。
森や　深恩　若し忘却せば、
無量億劫（おくごう）　畜生の身ならん。

木が枯れて葉が落ち、また春がめぐってくると、
緑が芽吹き、花が咲き、昔の約束がまた新たによみがえる。
森女よ、お前の深い恩を忘れたりしたら、
わしは未来永劫　畜生の身に堕ちるだろうよ。

湧き上がる回春のよろこびを詠ったこの詩では、森女はもはや弥勒菩薩そのものとしてとらえられている。弥勒菩薩と化した森女が一休に新たな春をよみがえらせたことを、讃えたのである。三句目を、一休が森女に「お前が此の恩を忘れたりしたら」と解する向きがあるが、私はそういう解釈は採らない。やはりこれは森女讃歌とも言うべき作品と見るべきであろう。水上勉氏は右の詩について、

老樹に春がめぐったのだ。そのよろこびと、日々の楽しさが自然とこぼれ出たのだろう。

と言い、続けて一休と森女との愛について、

良寛にも七十をこえてから晩年に貞信尼という女弟子が現れて、最期の死の床にまで、その女性が看護の労をつくしたことで有名だけれど、一休にもそういう女性が現れたことは偶然ながら、異端の禅僧の末期らしい華やぎといえぬこともない。自分の手を、森女の手にかさね、この手が玉茎の萌ゆるを治すといい、腰間を仰いで、満口の清香、清浅の水だとうたいあげる大らかさは、嘘どころか、誠の悦楽を表現していて、良寛などのもちあわせぬ、天然の風流が息づいてい

て心地よい。いや心地よいどころか、現代人のわれわれを瞠目させる精気である。

（『一休文芸私抄』）

と評して賛嘆を惜しまないが、文学者ならではの批評で、まったく同感である。

生涯を通じて女人思慕、女体思慕の念を抱き続けた一休は、身を「老狂薄倖」と感じて、満たされぬ思いを胸に老年に到ったのだが、こうして最後に真に愛する女人を得て彼女を鍾愛しつづけ、「恋法師」としての生涯を終えたのであった。七八歳から八八歳にまで一〇年間にわたる、世にも稀な激しい愛であり、一休一世一代の恋であった。いつの作とは断定できないが、死が迫った頃に書かれたと見られる辞世の詩には、

十年花下に芳盟を理(おさ)む。
一段の風流　無限の情。
惜別す枕頭児女の膝。
夜深くして雲雨三生を約す。

この十年間にわたり、花の咲く下で渝(かわ)らぬ愛を誓い合ってきた、
わしらの愛は格別に風流で、限りない情愛に溢れたものだった。
お前の膝に別れを告げて、世を去ってゆかねばならぬのが心残りじゃ。

夜深く愛を交わしながら、三世にわたる契りをかわしたというのに。

とある。三句目の「惜別す枕頭児女の膝（もうお前の膝を枕に眠ることができないのが、惜しくてならぬ」）という、万感の籠った森女への哀惜の念の深さが、一休の執心を感じさせずにはおかない。良寛がその生涯の最後において恋心を抱いた貞信尼に看取られ、「死にとうない」とつぶやいて世を去ったように、一休は死の床に就くまで森女を手放すことなく愛し、永遠の愛を誓った彼女に看取られて、「死にとむない」と言って遷化したのであった。幸福な死と言うべきであろう。それとも、いかにも「恋法師」ならではの最期と言うべきか。

さて「恋法師」一休の頽齢の狂おしい愛のありさまをざっと眺め渡したところで、最後に良寛最晩年のほのぼのとした恋に眼を移すこととしよう。この恋はこれまでにも多くの人々の関心を惹いてきたもので、すでに語り尽くされている感があり、瀬戸内寂聴氏によって『手毬』という小説にもなっているし、工藤美代子氏の『良寛の恋』という小説もある。いまさら私に言える新たなことは何もないが、一休が八〇代という、当時としては超高齢になって体験した爛れるような性愛を含む愛を考え合わせると興味深いので、屋上屋を架するの愚と承知の上で、その恋の次第をたどってみる。

一一　女人—良寛最晩年の恋

良寛がその七四年の生涯において、一休と比べると女人とは縁が薄かったことは先に述べたとおりである。水上勉氏はそれについて伝記小説『良寛』で、

私たちは、これまで、良寛栄蔵を慕った女人を知らなかった。この世は男と女の世である。旅行く先々の宿で、いくら世捨ての男であっても、すれちがう女性のひとりふたりはいて不思議はないのに、良寛にかぎって浮いた話の一つも出なかったことを、いま貞信尼の登場で思いしらされる。

と言っているが、確かに数ある良寛伝のたぐいを覗いても、良寛と女人との接触や交わりについて、詳しく述べたものはあまりない。そういう記述が乏しいのは、その生涯とりわけ風狂僧となってからの一休の後半生に女人が色濃く影を落としているのとは異なり、良寛は女人との交渉自体が稀だったからである。無論良寛と女人たちとの接触がまったくなかったわけではなく、出家前の良寛つまり栄蔵青年は「いみじう色ごのみ」だったとさえ伝えられているのである。確かなことはわからないが、十代で一度妻帯したがまもなく離婚したとも言われている。その「色ごのみ」ぶりは、出雲

崎で「橘屋の太郎坊が帰ってきた。娘気をつけれ。」と町の人々の間でささやかれたという口碑が物語るところでもある。富裕な豪家の息子であってみれば、栄蔵青年が遊郭、妓楼の立ち並ぶ出雲崎で遊蕩に耽ったとしてもなんの不思議もない。なじみの遊女がいて、栄蔵の突然の寺への出奔を聞いて嘆き、彼女も落髪したなどという話が伝わっているくらいであるから、若き日から女人女色と無縁だったわけではないと思われる。事実、後年若き日を回想した詩には、その遊蕩ぶりが、

尋思す　少年の日には
吁嗟（なげき）あることを知らざりき
好んで黄鵝（こうが）の衫（さん）を着け
能（よ）く白眉の騧（か）に乗る
朝（あした）には新豊の酒を沽（か）い
暮には杜陵の花を看る
帰り来るは何処なるを知らん
直指（じきし）す　莫愁（ばくしゅう）の家

と詠われているのである。「莫愁の家」とは娼家、遊郭を言う。とすれば回心前のアッシジのフランチェスコと同じく、若き日の良寛には遊蕩の日々もあったのであり、な

じみの遊女もいたであろう。それがひとたび出家の身となって以来、最晩年に到るまで、その身辺に色事を思わせる女人の影がちらつくことは、絶えてなかったのだと言ってよい。出家後は女犯に縁なき清浄の沙門だったのである。妹たちを除けば、わずかに親友三輪左一の姪であり、七歳年下の「おきし」つまり師虎班和尚の為に大蔵経購入の資金を募ろうと、はるばる江戸にまで托鉢に出かけた維馨尼（いきょうに）、それに与板の山田杜皐の妻で、冗談口を叩いたり、俳諧歌を詠み交わしたりする遠慮のない仲であった陽気な「およせ」（およし）などが、その後半生に登場する程度である。北川省一氏は、維馨尼を良寛の恋の相手と見ているが、私には、この女人は恋の相手というよりも、良寛の嘆賞といたわりの対象であったように思われる。良寛がはるばる江戸へ赴いた維馨尼に宛てた書簡から見ても、そこに付された

春夜二三更
等間柴門を出づ
孤月層巒（そうらん）に上（のぼ）る
人を思えば山河遠く
翰（ふで）を含めば思い万端たり

という詩にしても、恋情が漂っているとは思われない。確かに、「人を思えば山河遠く、

翰を含めば思い万端たり」という詩句には淡い恋情が漂っているとも見えるが、それはむしろ妹を思いやる兄の気持ちに近いのではなかろうか。二人が詠み交わした相聞の歌にも似た、

君なくて寂しかりけりこのごろは行ききの人はさはにあれども　良寛
紅葉葉の散りにし人のおもかげを忘れで君が問ふぞうれしき　維馨尼

という歌にしても、良寛の言う「君」が亡き三輪左一を指して言われている可能性もあるので、これを良寛が維馨尼を想っての歌とは断定しがたいからである。

良寛に好意をもち、遠慮のない仲であった山田家の「およしさ」が、良寛に最も近しい女人であったことは事実だが、どう考えても恋の対象ではなさそうである。

やはり良寛唯一の恋の相手であり、深い愛の契りにむすばれたのは、貞信尼のほかにないと見るべきだろう。苦難と苦悩の多かった良寛に最後に希望の光をもたらし、その最晩年を夕映えのごとく明るく照らしたのが貞信尼という女人であった。栗田勇氏が「天が良寛に与えた最後の贈り物」と言っているこの女人との宿命的かつ幸福な出会いがなかったら、良寛の後半生ははるかに索漠たるものに終わったに違いない。歌を介しての二人の出会いとまじわりは、年の差を超えた相思相愛という心温まる恋という形で実を結び、何首かの絶唱と言える恋の歌を生むこととなったのである。幸

せな出会いであり、良寛の文学にとっても、最後にそれを美しく彩ることとなったのは、よろこぶべきことであった。吉野秀雄氏は二人の恋を、「それはまことに良寛晩年の日々に光彩を添えたものだったと言いえよう。」と評しているが、むべなるかなとの思いが深い。

良寛が貞信尼と初めて相まみえたのは七〇歳の時のことである。時に貞信尼は三〇歳という女ざかりの齢であった。良寛の没後その歌一二〇首をまとめ、それに良寛と唱和した歌二〇首あまりを添えた『はちすの露』を世に出したことで知られる存在である。長岡藩士の娘として生まれ俗名を「ます」と言ったこの女人は生後わずかで母に死に別れ、継母に育てられたというが、二人の仲は冷たいもので愛情はなかったらしい。一七歳で医師に嫁したが子供ができなかったため五年後に離縁されて実家に戻り、柏崎に出て閻王寺という寺に駆け込んで尼となっていた。大変な美貌のもちぬしで評判だったが、武家の娘だというので気位が高く、つっけんどんで愛想が悪く、そのため夫である医師は流行らなかったと伝えられている。美貌ではあったが惜しむらくは声が悪く、経を読むときも一弦琴をつま弾いてその声を和らげていたともいう。(女人の声がもつ魅力は大きい。一休が最初森女に出遭って、忽ちに心惹かれたのも、その歌声に魅せられたからであった。)「ます」つまり後の貞信尼は、少女時代から歌文に親しんでいた文学少女だったらしく、『源氏物語』をはじめさまざまな古典を読んでいて、文才も豊かであった。『はちすの露』を見ても、みごとな擬古文を綴っており、古典の素養の深さが感じられる。離縁となり実家に戻ると閻王閣という尼寺に駆け込み、尼寺で修行すること六、七年そこを出て、文政一〇年三〇歳の時に長岡の在である福島のえんま堂へと移った。それは良寛に接近しようとする意図から出たものと推測されている。すでに書家として江戸にまで名が轟いていたばかりでなく、詩や歌によっても知られていた良寛に、久しく思慕を募らせていたのであろう。良寛が「手毬法師」として知られていたことも知っていた。歌の師として仰ぎ、その指導を受けたいという思いが次第に抑えがたくなっていったものと思われる。そのため、良寛が移住していた島崎の木村元右衛門が以前からの知り合いであったのを幸いに、その年の六月末頃に突然木村家に良寛を訪ねたのである。その折あいにく良寛は他行していて寺泊の密蔵院に滞在中で会えなかったが、良寛が手毬をついて子供らと遊ぶことを知っていた貞信尼は、用意周到にも手製の手毬を持参し、歌を添えてそれを手土産として置いていったのである。それがよく知られた、

師、手毬もて遊びたまふと聞きて、奉るとて、

これぞこの仏の道に遊びつつつくや尽きせぬ御法（みのり）なるらむ

という歌であり、それに応えたのが、菩薩行として手毬をつくことを詠んだ良寛の、

つきてみよ　一二三四五六七八九の十十と納めてまた始まるを

というこれもよく知られた歌である。遊戯三昧の境地を詠った歌とも解される。これは、良寛の貞信尼宛の「過ぎしころは手毬御歌を添へて賜り、恭しく納め参らせ候」という礼状に添えられた歌であった。貞信尼は最初から良寛の心をぎゅっとつかむことに成功したと言える。この唱和こそが恋の始まりであった。これ以後良寛の死に至るまで三年余りにわたって二人の愛の唱和が続いたのである。

　その年の秋貞信尼は再び良寛のもとを訪れ、ようやく相まみえることを得た。かの女はそのよろこびを爆発させてこんな歌を詠んでいる。

初めて相見奉りて

君にかく相見ることの嬉しさもまだ覚めやらぬ夢かとぞ思ふ

宿願かなっての相見であった。果たして三〇歳の妙齢の女人が、父親よりも祖父に近い年齢の男性に会って恋心を抱くものかどうかわからないが、右の歌を読むかぎりでは、貞信尼は良寛に会った瞬間から心躍る思いだったことがわかる。歌の師、仏道の師として仰ぎ見る人にようやく出会えたのだからその感激もひとしおのものがあったに相違ない。良寛にしても僧形だとはいえまだ年若い美貌の女人の訪れを受け、このような告白の歌に接すれば大いに心動いたことであろう。「三越佳麗多し」その他何首かの詩で美女を詠っているように、良寛は女性の美に鈍感どころかむしろ敏感であったと思われる。貞信尼の美しさに眼を見張ったかもしれない。それに応じて良寛が詠んだ歌は、

夢の世に且つまどろみて夢をまた語るも夢もそれがまにまに

というものであった。高橋庄次氏の言う「あいまみえた僧と尼の美しい喜びの二重唱」である。その日二人は差し向かいで夜遅くまで語り合ったらしい。歌のこと、仏道のことなど話は尽きなかったであろうし、貞信尼は改めて良寛に歌の師たることを請うたのであろう。その夜二人が別れがたい思いを抱いたことは、

いとも懇（ねもごろ）なる道の物語に夜も更けぬれば

白妙の衣手（ころもで）寒し秋の夜の月半空（なかぞら）に澄み渡るかも

と良寛が詠みかけたのに対して、貞信尼が「されどなほ飽かぬ心地して」

　向かひ居て千代も八千代も見てしがな空行く月の言問はずとも

と返歌していることから、手に取るようによくわかる。時節は秋である。「夢中になって話し込んでいるうちに、袖のあたりが寒く感じられるので、外を窺うと秋の月が皓皓と天心に輝いていることだ」という良寛に対して、貞信尼は「いつまでもいつまでもこうして師のそばにいて向かい合っていたい」という切ないまでの願いを訴える。それに対して良寛もまたそれを受けとめ、貞信尼の「千代も八千代も」に応えて、

　心さへ変はらざりせば這ふ蔦の絶えず向かはむ千代も八千代も

と歌を返している。確かな愛の二重唱（デュエット）で、二人の息はぴたりと合っている。その夜貞信尼は木村家に泊まったのであろう。翌日「いざ帰りなむとて」詠んだのは、

　立ち帰りまたも訪ひ来むたまほこの道の芝草辿り辿りに

という再訪を約束する歌であった。これに応じた良寛の歌は

またも来よ柴の庵を厭はずばすすき尾花の露を分け分け

というもので、「道の芝草辿り辿りに」と「露を分け分け」という句が見事に呼応しており、ここでも愛の二重唱(デュエット)が美しい諧調を奏でているのが見られる。

こうして再訪を約束したが、その年のうちには貞信尼の再訪はなかった。すると女人の方から積極的に憧れと恋心を訴えかけられ、はじめは受け身であった良寛は不安に駆られ、ついに待ちきれなくなって、年が明けると手紙を書き送り、それに

君や忘る道や隠るるこのごろは待てど暮らせど訪れのなき

という歌を添えた。「待てど暮らせど」という言葉のうちに、来訪を待ち焦がれる切ないまでの恋情が読み取れる歌である。いかにも、良寛は来る日も来る日もひたすらにかの女を待ち続けたのである。「恋に陥った者の特徴の一つは、絶えず不安に駆られることである。」という言葉を昔どこかで(アリストテレスだったか、プルタルコスだったか、オウィディウスだったか忘れたが)読んだ記憶があるが、その「恋する者」の不安と焦慮が、右の歌の「君や忘る道や隠るる」という、相手を咎めるような調子の句の中に、まざまざとあらわれていると言ってよい。老いた良寛は間違いなく

恋に陥っていたのである。この時期貞信尼は尼寺である閻王閣の庵に籠って修行していたので外出はままならかったのだが、かの女はその事情を、

こと繁き葎（むぐら）の庵（いほ）に閉じられて身をば心に任（まか）せざりけり

というわば釈明の歌に託したが、良寛がそれに応えて詠んだのは、

身を捨てて夜を救う人もますものを草の庵にひま求むとは

という歌であった。「我が身を捨てて衆生を救済する人もいるというのに、草の庵に閉じこもって安閑としているとは」という軽い咎めもまじった訓戒と解せる歌だが、ここには「修行も大事だが、私の方にも少しは心を向けてくれてもいいのではありませんか」という気持ちが込められていると見るのは深読みであろうか。

その後春になってから、二人の間には手紙の往来があって歌を詠み交わしている。

貞信尼からの便りに接しての良寛の返歌

天が下に満つる玉より黄金（こがね）より春のはじめの君がおとづれ

という歌は、待ちに待った恋人からの音信(おとずれ)を手にした良寛の心弾むよろこびを直截に表出したものだ。齋藤茂吉は『良寛和歌私鈔』でこの歌にふれて、

死に近き老法師の良寛が若い女人の貞信尼に対した心は真に無礙(むげ)であった。予は此世に於ける性(セクス)の分別の尊さを今更に思う。

と言っているが共感を呼ばずにはおかない。日時は特定できないが、春になってから貞信尼が島崎村の木村家の小庵に良寛を再訪したことは確かで、その折にも二人は熱い思いで歌を詠み交わしている。貞信尼が庵を辞するとき良寛が与えた歌は、

霊山(りょうぜん)の釈迦のみまへにちぎりてしことな忘れそ世は隔つとも

というものであり、貞信尼の返歌は、

霊山の釈迦のみまへにちぎりてしことは忘れじ世は隔つとも

というものであった。釈迦の前で二人は何を誓い合い約束したというのであろうか。言うまでもなく、愛を誓い、またの日の訪問を誓ったに相違ない。それは仏教信仰と

男女の愛とが融合し、高度に精神化され昇華された愛であった。いわゆる「両思(もろおもい)」、つまりは相互の恋であり、相思相愛だったと言ってよいであろう。そこには、一休が森女と弥勒下生(みろくかしょう)を約したのに相通ずるものがある。二人の唱和は相聞歌にほかならない。『はちすの露』には収められていないが、二人が交した、

恋は学問の妨げ

いかにせむまなびの道も恋草のしげりていまはふみ見るもうし　貞信

いかにせむ牛に汗すと思ひしも恋の重荷を今はつみけり　良寛

という歌は、二人の関係がいまやまぎれもなく恋であること、しかもそれと意識しての恋であったことを如実に物語っている。こうして二人の恋はいっそう募っていったのである。貞信尼は確かに良寛の歌の弟子であり仏弟子でもあったが、それ以上に恋の対象であったと言ってもよいのではなかろうか。それは貞信尼にとって良寛が歌の師であり仏道の導き手であると同時に、それを越えた存在でもあり、老いてはいても、なお異性として意識された恋の相手であったのと同じではないのか。

貞信尼は夏前にもう一度島崎村の小庵に良寛を訪れていたらしく、「御いとま申すとて」として、こんな歌を詠んでいる。

いざさらば幸くてませよほととぎすしば鳴くころはまたも来てみむ

良寛はそのころは托鉢でどこにいるかわからないと返歌し、萩の咲くころに来てはどうかと誘う歌を詠んだ。

秋萩の花咲くころは来てみませ命またくば共にかざさむ

という歌がそれだが、貞信尼は秋の到来を待ちきれず、夏のうちにまたやってきたのである。恋する者が味わう、一日千秋の焦慮である。その思いは、

秋萩の花咲く頃を待ち遠み夏草分けてまたも来にけり

という一首にあふれていると言ってよい。愛する女人の思いがけない来訪に良寛は歓喜し、かの女を前にしての感動を、

秋萩の咲くを遠みと夏草の露をわけわけ訪ひし君はも

という印象深い歌に詠んでいる。結句の「君はも」という記紀歌謡に見られる表現を用いて、貞信尼が福島のえんま堂から、遠路生い茂る夏草を踏んでわざわざやってきてくれたことへの感動を表出したのである。両人の歌にこまやかな恋の情緒が漂っていることは、誰しも否定しないであろう。心にしみる歌である。これも貞信尼の側に強い恋心があってこその行動であろう。恋する者には千里も一里、時も所も選ばないのである。たった一度だが良寛の方から、えんま堂にいた貞信尼を訪ねたこともあった。その折りかの女は良寛の好きな飴玉などを用意して、師をよろこばせたという。良寛はいずれまた貞信尼に会いに来ると約束したが、病気のため、ついにその約束は果たされることはなかった。良寛は約束を果たせなかったことを詫びる手紙を書き送っている。

良寛と貞信尼の恋の高まり、そのピークと言ってもよい瞬間を示したのが与板で詠まれた七首からなる「与板の烏七首」である。貞信尼はその一連の歌の「まえがき」に当たる文で言うには、良寛が与板（およしさのいる山田家であろう）に行くと聞いて、急いでそこへ駆けつけた。すると明日は別のところへ出かけるというので（山田の家の人たちが）名残を惜しみ、皆で遊んだ後、からかい好きのおよしさに「良寛さは色も黒いし着ているものも黒いから、これからは烏と呼ぶことにしましょう。」と言われ、良寛が「そりゃわしにぴったりのいい名だ。」と笑いながら言って、次のような歌を詠み、貞信尼がそれに応じる形でやはり歌を詠んだというのである。およしさがそう呼んだとは書かれていないが、前々から良寛に「蛍」だの「鰯」だというあだ名をつけて喜んでいた陽気な人物であるから、その折もやはり新たなあだ名をつけたのであろう。「色が黒い」というのは、托鉢で日焼けしていたからだろうし、身にまとっていたのは墨染の衣だったから、たわぶれに「烏」と呼んだのである。良寛は日焼けして色は黒かったが、草鞋脚絆を脱いだ足は白かったのであろう。後日山田家を訪ねた良寛の足を洗ってやったとおぼしきおよしは、狂歌まがいのこんな俳諧歌を作っている。

　烏めが生麩（しゃうふ）の中へ飛び込んで足の白さよ足の白さよ

「生麩」というのは洗い粉に用いたフスマのことだという。これに応じた良寛の歌は、

　雀子が人の軒端（のきば）に住みなれて囀（さえ）づる声のその喧（かしま）しさ
　かしましと面伏（おもてぶせ）には言ひしかどこのごろ見ねば恋しかりけり

というもので、良寛は良寛で饒舌なおよしに「雀」というあだ名をつけて楽しんでいたのである。軽口を叩きあう遠慮のない仲だったことがわかる。
　それはともあれ、そうして生まれたのが「与板の七首」という、甘えつつも一途に

良寛に迫る貞信尼の姿と、その勢いに押されてたじろぎながら、皆の手前、恋心のままに行動できず、当惑顔の良寛の姿を、はしなくも映し出しているほほえましい歌群なのである。とりわけ最後の歌は、この純度の高い恋の精髄を示していると評し得る作となっている。煩を厭わず全七歌を引いて、寸言を加えよう。

いづこへも立ちてを行かむあすよりは烏てふ名を人の付くれば　師（良寛）
やまがらす里にい行かば子烏も誘(いざな)ひて行け羽弱くとも　貞信

右の応酬、唱和は特に評釈を擁しないが、貞信が同じ黒衣に身を包んだ自分を子烏になぞらえ、羽はひ弱だけれども一緒に連れて行ってくれと、甘えてみせたのだと解される。それに対して、良寛はその大胆な申し出に驚き、皆の手前いささかたじろいで、こんなふうに応じている。

誘(いざな)ひて行かば行かめど人の見て怪しめみらばいかにしてまし

「連れていけるものならそうしたい気持ちは山々だが、人が見て変に思ったらどうするのです。」ということだが、良寛は皆の手前、僧形と雖も男女が連れ立って歩くことが人目を惹くのを懼れたのである。これも恋心あればこその反応であって、明らか

に良寛のうろたえぶりが読み取れる。だがそんなことにひるむ貞信尼ではない。追い打ちをかけるように、

鳶は鳶雀は雀鷺は鷺烏は烏なにかあやしき

と詠み、「烏と烏が連れ立って歩いたとて、なんの怪しいことがありましょう」と断固たる調子で言い切っている。二人とも法体なのだから、男女が一緒でもおかしくはないでしょう、と決断を迫ったのである。その夜良寛は山田家に貞信尼と一緒に泊まることはせず、由之宅に宿を借りることにしたらしく、帰り際にこんな歌を残した。

日も暮れぬれば宿に帰り、また明日こそは訪はめとて、

いざさらばわれは帰らむ君はここに寝安く寝ねよはやあすにせむ

良寛はさぞ心残りだったのであろう。その未練と思いやりが右の歌ににじみ出ている。「遊びはまた明日にしましょう」と約束して、山田家を後にしたのである。翌朝待ちきれぬ思いで、早朝から良寛がやってきたので、二人の間にはこんなほほえましい唱和がなされた。

あくる日はとく訪ひ来たまひければ

歌やよまむ手毬やつかむ野に出でむ君がまにまになして遊ばむ

御返し

歌もよまむ手毬もつかむ野にも出でむ心ひとつを定めかねつも

愛する人と一時でも一緒にいたい、あれもこれもして時を忘れて一緒に遊びたいという良寛の逸る心を察して、今日一日何をして遊びましょうかと貞信尼はやさしく問いかけたのである。その歌の言葉をほぼそっくり返して、「歌もよまむ手毬もつかむ野にも出でむ」と詠った良寛の返歌には、なんでもいい、とにかくあなたと一緒に遊んで時を過ごせさえすればという、切ないほどの願望がほとばしっていると言ってよい。純度の高い恋の唱和であって、良寛の女人思慕の情があふれているのがわかる。

だがこうした純度も燃焼度も高かった二人の恋、歌を介しての文学的な恋愛だったと言える恋も三年余りで終わりを迎えることとなった。一休頽齢の恋が七八歳から八八歳まで一〇年間も続いたのに比べれば、やはり日没前の一瞬の夕映えだったと言うべきだろう。

七〇歳を過ぎた良寛は次第に病がちとなり、当然のことながら体力も落ちていったようである。亡くなった年の前年、えんま堂に貞信尼を訪れる約束をしながら、病気（直腸癌だったと推測されている）のためにその約束も果たせず、その詫びを言った手紙に、

秋萩の花のさかりは過ぎにけり契りしこともまだ遂げなくに

という無念の思いを述べた句を添えている。その年の夏には地元の盆踊りに加わり、ものに憑かれたかのように一晩中踊り狂ったという。

風は清し月はさやけし終夜(よもすがら)踊りあかさむ老の名残に

という歌は、その折りの心境を詠った作である。だがそれは蝋燭が燃え尽きる前に一瞬輝きを増すのにも似た、生命の輝きであった。それによって生命を燃焼し尽くしたのだろうか、その後どっと病の床に伏したらしい。冬に向かうと容体はさらに悪化した。病が昂じて死期が迫り死の床に就いた良寛の様子と、二人の恋の最後のありさまは、『はちすの露』に描かれているが、二人の唱和は美しくも哀しい物語となっている。それによると、年末にはもはや木村家邸内の暗室に籠って戸を閉ざし、人との対面も困難になっていたという。それを聞いた貞信尼が、

そのままになほ耐え忍べいまさらにしばしの夢をいとふなよ君

と詠んだ歌を送ると、返信はなく、それに代えて、

あづさゆみ春になりなば草の庵をとく出できませあひたきものを

という、まさに絶唱と言うべき、良寛の晩年の恋の結晶、その精髄そのものにほかならぬ一首であった。「あひたきものを」という直截な言葉に万感の思いがこもっていて、読む者の心を強く打たずにはおかない。貞信尼の言う「しばしの夢」とは、つまりはもはや残り少ない生の中で胸に抱くしばしの夢、二人の愛の夢にほかなるまい。

貞信尼のこの歌に誘われて詠んだ良寛の右の歌を評して、吉野秀雄氏はこう言っている。

「あひたきものを」に千鈞の重みがあり、直接に強烈で、人間的な紅血の激ちが感じられる。四十年も前、この結句を斎藤茂吉が絶賛して以降、もろもろの評者こぞって賞めつづけてきたかと察せられるが、この場合いくら賞めても賞めすぎということはなかろう。(『良寛　歌と生涯』)

と言っているが、良寛の文学を知悉した歌人による、核心を突いた評言だと感じ入る

ばかりである。貞信尼の来訪を待ち望む良寛の心が、切々と伝わってきて、一読忘れがたい歌である。

　その間にも良寛の病は進み、いまさらというので薬も飲まず、食も絶つという状態に陥った。由之が良寛の遺墨の中から拾い出してその『日記』に書きとめたという、

　ぬばたまの夜はすがらにくそまりあかしあからひく昼は厠にはしりあへなくに

という歌や、由之に書き送った長歌、

　この夜らの　いつか明けなむ　この夜らの明けはなれなば
　をみな来てはりを洗はむ　こいまろび
　明しかねけり　長きこの夜を

にあるように絶え間ない下痢の症状に襲われて、夜通し輾転反側して苦しむ日々が続いたので、その苦痛を減らすために食を絶ったのであろう。無理に治療なぞはしないで、自然なままに死を迎える覚悟だったと思われる。良寛がいよいよ重体だと聞いて、貞信尼がその枕元へ駆けつけると、良寛は床の上に起き上がって、

いついつと待ちにし人は来たりけりいまは相見て何かおもはむ
武蔵野の草葉の露にながらへてながらへはつる身にしあらねば

という二首の歌を示した。なんの修飾も修辞もない一首目の歌は、死を前にして恋焦がれた女人にようやく会えたよろこびが噴出している。良寛の眼には、貞信尼が死に行く自分を抱きとってくれる菩薩のように見えたかもしれないのだ。死の床にある師であり恋人である良寛の枕元を離れることなく、貞信尼は献身的に看護したが、その人は「ただ日にそひて弱りゆきたまひ」、ついに臨終を迎えたのである。貞信尼が悲しみに耐えずに、

生き死にのさかひ離れて住む身にもさらぬわかれのあるぞ悲しき

と詠むと、良寛は、

裏をみせ表をみせて散るもみじ

という一句を口ずさんだという。これは良寛の自作の句ではないが、死に臨んだ折りの心を伝えるのにふさわしいと思ったのであろう。二人の愛が生んだ貞信尼の『はち

すの露』は、師弟のこんな短連歌で幕を閉じている。

来るに似てかへるに似たり沖つ波　　貞信
あきらかりけり君がことのは　　　　師

ちなみに、枕辺にいた者たちが、息を引き取ろうとする良寛に「遺偈を」と請うと、端然と坐して、ただ一言「あ」という語を発して示寂したという。坐亡であった。高橋庄次氏によると、「あ」というのは悉曇五十字門の最初の字で、密教の阿字観が示すように、「阿字は不生不滅の万物の根源と考えられた」のだという。仏学の知識乏しい私はそれを肯うほかない。

死が迫った一休が、「死にとむない」と言ったと伝えられていること、良寛もまた「死にとうない」と言ったことは、先に述べた。悟りきった仏者として、従容とまた泰然として死を迎えるのは立派なことかもしれないが、私としては、死に臨んだ一休や良寛の態度に、かぎりない共感を覚えるものだ。ともに愛する女人を残して世を去ったのである。心残りがないはずがない。「悟っていない坊主だ」などと嗤うよりは、その人間らしさに感動すべきだろう。

こうして良寛七〇歳から七四歳までのほぼ三年間に及ぶ恋は終わった。まさに良寛の生涯の最後の日々を照らす美しい夕映えであった。その跡をたどってみると、「恋法師」一休の森女との愛が、激しい性愛を含み、老いた一休が森女の肉体やその存在そのものを貪った「自受法楽」の愛という性格が強いのに対して、良寛の恋はより穏やかで対等であったと言える。エロス、性の匂いがあまりしない両思いであったと言ってもよい。それには、日々流浪して生きていた瞽女であった森女が、いわば一休に拾われるような形でその侍者となり、庇護を受けたのに対して、貞信尼が独立した存在として良寛に相対したということがあるかもしれない。先にも言ったように、二人の恋は、エロティックな要素よりも精神性が濃い、歌を介しての文学的な恋であったと言えるであろう。だがそれがエロスの要素をまったく含まないアガペーであったかと言い切れるかどうかはわからない。いずれにしても一休と良寛という歴史上名高い二人の仏者が、ともに老年の恋を経験し、それを優れた詩や歌に造形したということは、なんとも興味深いことではあるまいか。ちなみに良寛の没後明治の世まで生きた貞信尼は、良寛との愛の記録である『はちすの露』を遺したばかりか、良寛詩集の刊行にも力を尽くし、鈴木文台や蔵雲和尚の力を借りて、それを実現させている。貞信尼の歌は、全体としては桂園派の域を出ないものだと言われるが、良寛と唱和した歌のみは一段とすぐれていると評されている。良寛との相互の愛の力が、文学的にプラスに作用しているということだろう。

　良寛が示寂したときまだ三〇代半ばだった貞信尼は、明治五年に七五歳で没するまで、ひたすら亡き師との愛の追憶に生きたことと思われる。亡き師を偲んでその歌を集め、それに二人が読み交わした歌を添えて、『はちすの露』という、一巻の愛の物語を編んだことで、その名をとどめることになったのは、本望だったに相違ない。蔵雲和尚に編纂をゆだねるまで、鈴木文台らに良寛詩の刊行を許さなかったのも、良寛を自分だけのものにしておきたかった独占欲から出たものと、研究家たちは見ているが、おそらくそうなのであろう。「俗人の手にゆだねることはできない」というのがその口実だったというが、実際には「わたしだけの良寛さま」であって欲しかったということか。

参考文献

一休関係（順不同）

『一休和尚全集』全五巻、平野宗浄監修、春秋社、一九九七年―二〇一〇年
『一休　狂雲集』二橋進編訳、徳間書店、一九七四年
『狂雲集・狂雲詩集・自戒集』中本環校注、現代思潮社、一九七六年
『一休和尚大全』上・下巻、石井恭二訓読、河出書房新社、二〇〇八年
「狂雲集」『中世禅家の思想』市川白弦校注、岩波書店、一九七二年
柳田聖山『一休　狂雲集の世界』、人文書院、一九八〇年
柳田聖山『狂雲集 純蔵主のうた』／『狂雲集 夢閨のうた』（禅の古典 五・六）、講談社、一九八二年
柳田聖山『一休　狂雲集』、講談社、一九九四年
富士正晴『一休』（日本詩人選　二七）、筑摩書房、一九七五年
蔭木英雄『中世風狂の詩　一休『狂雲集』精読抄』、思文閣出版、一九九一年
『一休和尚年譜』一・二巻、今泉淑夫校注、平凡社、一九九八年
『一休　骸骨』柳田聖山編、禅文化研究所、一九八四年
『一休道歌三十一文字の法の歌』禅文化研究所編注、禅文化研究所、一九九七年
『一休ばなし集成』三瓶達司、禅文化研究所編、禅文化研究所、一九九三年
古田昭欽『一休』、禅哲叢書、雄山閣、一九四四年
永田耕衣『一休存在のエロチシズム』、コーベブックス、一九七六年
唐木順三『中世の文学』、筑摩書房、一九五五年

唐木順三『応仁四話（「しん女かたりぐさ」）』、筑摩書房、一九六六年
村田太平『人間一休 天衣無縫な悟道とその生涯』、潮文社、一九六三年
加藤周一『三題噺（「狂雲森春雨」）』、筑摩書房、一九六五年
秋月龍珉『禅門の異流』（日本の仏教一二）、筑摩書房、一九六七年
市川白弦『一休　乱世に生きた禅者』、NHKブックス、日本放送出版協会、一九七〇年
西田正好『一休　風狂の精神』、講談社、一九七七年
真下五一『一休　行雲流水の人』、国書刊行会、一九七五年
水上勉『一休』、中央公論社、一九七五年
水上勉『一休文芸私抄』、朝日出版社、一九八七年
水上勉『一休　正三　白隠　高僧私記』、ちくま文庫、一九八七年
平野宗浄『一休宗純』、名著普及会、一九八一年
平野宗浄『一休と禅』、春秋社、一九九八年
岡松和夫『風の狂へる』、小沢書店、一九八一年
岡松和夫『一休伝説』、講談社、一九九一年
『一休・蓮如』（日本名僧論集一〇）、桜井好朗、福間光超編、吉川弘文館一九八三年
『一休の禅画　風狂と破壊の美』日貿出版社編纂、日貿出版社、一九八五年
武田鏡村『一休　応仁の乱を生きた禅僧』、新人物往来社、一九九四年
鎌田茂雄『一休風狂に生きる』、廣済堂出版、一九九五年
岡雅彦『一休ばなし とんち小僧の来歴』（セミナー「原典を読む」七）、平凡社

一九九五年
船木満州夫『一休の詩と生きざま』、近代文芸社、一九九五年
加藤周一『梁塵秘抄・狂雲集』（同時代ライブラリー　古典を読む）、岩波書店
一九九七年
中本環『一休宗純の研究』、笠間書院、一九九八年
栗田勇『一休　その破戒と風狂』、祥伝社、二〇〇五年
山田宗敏『大徳寺と一休』、禅文化研究所、二〇〇六年
西村惠信『狂雲一休仮面師の素顔』、四季社、二〇〇六年
西村惠信『一休』、創元社、二〇一一年
今泉淑夫『一休とは何か』、吉川弘文館、二〇〇七年
茂木光春『一休夢幻録』、文芸社、二〇一〇年
中川德之助『髑髏の世界　一休宗純和尚の跡をたどる』、水声社、二〇一三年
岩山泰三『一休詩の周辺　漢文世界と中世禅林』、勉誠出版、二〇一五年
久住泰正『一休宗純風狂の禅僧』、ミヤオビパブリッシング、二〇二〇年
飯島孝良『語られ続ける一休像　戦後思想史からみる禅文化の諸相』、ぺりかん社、
二〇二一年
『大燈國師・一休宗純』新訂版（書道藝術十七）、中央公論社、一九八二年
「風狂の僧・一休　その実像と虚像」『國文学・解釈と鑑』、六一巻八号（通巻
七八三号）、一九九六年八月
『一休虚と実に生きる』（別冊太陽・日本のこころ　二三三）、平凡社、二〇一五年
「特集一休宗純の世界」、『聚美』十七巻、二〇一五年

関連文献

玉村竹二『五山文学 大陸文化紹介者としての五山禅僧の活動』、至文堂、一九五五年
『五山文学集』（新日本古典文学大系 四八）、岩波書店、一九九〇年
山折哲雄『日本仏教思想論序説』、三一書房、一九七三年
蔭木英雄『五山詩史の研究』、笠間書院、一九七七年
蔭木英雄『義堂周信』（日本漢詩人選集 三）、研文出版、一九九九年
寺田透『義堂周信・絶海中津』（日本詩人選 二四）、筑摩書房、一九七七年
堀川貴司『詩のかたち・詩のこころ 中世日本漢文学研究』（中世文学研究叢書 一二）、若草書房、二〇〇六年
「特集五山文学」『文学』、二〇一一年九月・十月
「正法眼蔵」『道元 上・下』（日本思想大系 一二・一三）、岩波書店、一九七二年
『正法眼蔵随聞記』、懐装編、和辻哲郎 校訂、岩波文庫、一九三〇年
『道元禅師清規』、大久保道舟訳註、岩波文庫、一九四一年
『沙石集』渡邊綱也校註（日本古典文学大系 八五）、岩波書店、一九六六年
『今昔物語 本朝部』上・中・下巻、岩波文庫、二〇〇一年
『蓮如・一向一揆』（日本思想大系 一七）、岩波書店、一九七二年
『明恵上人集』久保田淳、山口明穂校注、岩波文庫、一九八一年
『古代中世芸術論（心敬「ひとりごと」）』（日本思想大系 二三）、岩波書店 一九七三年

『臨済録』入矢義高訳注、岩波文庫、一九八九年
『法華経』上・中・下巻、坂本幸男、岩本裕訳注、岩波文庫、一九六七年
臼井信義『足利義満』、吉川弘文館、一九六〇年
呉坐勇一『応仁の乱 戦国時代を生んだ大乱』、中央公論新社、二〇一六年
『ブータンの瘋狂聖 ドゥクパ・クンレー伝』ゲンデュン・リンチェン編、今枝由郎訳、岩波文庫、二〇一七年

良寛関係（順不同）

『良寛全集』上・下巻、東郷豊治編、東京創元社、一九五九年
須佐晋長『良寛詩註解』、国書刊行会、一九九七年
星野清蔵『良寛の詩境』、弥生書房、一九六六年
飯田利行『良寛詩集譯』、大法輪閣、一九六九年
渡辺秀英『良寛詩集』、木耳社、一九七四年
入矢義高『良寛詩集』（禅の古典　一二）、講談社、一九八二年
内山知也『草堂集貫華 良寛詩』、春秋社、一九九四年
谷川敏朗『校注 良寛全詩集』、春秋社、一九九八年
井上慶隆『良寛』（日本漢詩人選集　一一）、研文出版、二〇〇二年
『良寛歌集』東郷豊治編、創元社、一九六三年
『良寛歌集』吉野秀雄校注、東洋文庫、一九九二年
谷川敏朗『校注 良寛全句集』、春秋社、二〇〇〇年
『北越偉人沙門良寛全傳』西郡久吾編述、復刻版、思文閣、一九七〇年（目黒書

店一九一四年刊の複製）
相馬御風『大愚良寛』渡辺秀英校註、新装版、考古堂書店、二〇一五年
相馬御風『良寛百考』、厚生閣書店、一九三五年
平野秀吉『良寛と万葉集 短歌入門』浅田壮太郎補遺、文理書院、一九六六年
東郷豊治『新修良寛』、東京創元社、一九七〇年
唐木順三『良寛』（日本詩人選　二〇）、筑摩書房、一九七一年
『良寛雑話集』原田勘平、吉江梅寿編、新月社、一九七三年
高木一夫『沙門良寛』、短歌新聞社、一九七三年
大場南北『良寛ノート』、仏教書林・中山書房、一九七四年
大場南北『良寛つれづれ』、仏教書林・中山書房、一九七五年
吉野秀雄『良寛　歌と生涯』、筑摩書房、一九七五年
石田吉貞『良寛 その全貌と原像』、塙書房、一九七五年
『良寛論考　新潟日報所載論文考』谷川敏朗編著、新潟日報事業社、一九七五年
上田三四二『西行・実朝・良寛』、角川選書、一九七九年
加藤僖一『良寛と貞信尼』、考古堂書店、一九七九年
水上勉『蓑笠の人』、文藝春秋社、一九七五年
水上勉『良寛』、中央公論社、一九八四年
井本農一『良寛』上・下巻、講談社学術文庫、一九七八年
宮栄二『良寛』（文人書譜　六）、淡交社、一九七九年
安藤英男『良寛　逸話でつづる生涯』、りくえつ、一九七八年
三輪健司『人間良寛 その生成と新生』、恒文社、一九八五年

北川省一『定本　良寛遊戯』東京白川書院、一九八三年
北川省一『漂泊の人　良寛』、朝日新聞社、一九八三年
『良寛伝記・年譜・文献目録』谷川敏朗編（良寛全集 別巻一）、野島出版、一九八一年
長谷川洋三『良寛の思想と精神風土』、早稲田大学出版部、一九七四年
長谷川洋三『良寛禅師の真実相 人格から法格へ』、名著刊行会、一九九二年
飯田利行『大愚良寛の風光』、国書刊行会、一九八六年
松本市壽『野の良寛「良寛禅師奇話」を読む』、未来社、一九八八年
柳田聖山『沙門良寛 自筆本「草堂詩集」を読む』、人文書院、一九八九年
吉本隆明『良寛』、春秋社、一九九二年
『良寛まんだら考』「日本学」企画室編、名著刊行会、一九九二年
『良寛のすべて』武田鏡村編、新人物往来社、一九九五年
高橋庄次『手毬つく良寛』、春秋社、一九九七年
高橋庄次『良寛伝記考説』、春秋社、一九九八年
佐々木隆『良寛の詩を読む』、国書刊行会、一九九七年
中野孝次『良寛の呼ぶ声』、春秋社、一九九五年
中野孝次『風の良寛』、集英社、二〇〇〇年
久保田展弘『狂と遊に生きる 一休・良寛』（仏教を生きる一二）、中央公論新社、二〇〇〇年
荒井魏『良寛の四季』、岩波書店、二〇〇一年
栗田勇『良寛』、春秋社、二〇〇五年

工藤美代子『良寛の恋 炎の女貞心尼』、講談社、二〇〇七年
持田鋼一郎『良寛 愛語は愛心よりおこる』、作品社、二〇一八年
斎藤茂吉「近代歌人伝」『歌論 九』（斎藤茂吉全集 二二）、岩波書店、一九五三年
斎藤茂吉「良寛和歌私鈔」『歌論 十』（斎藤茂吉全集 二三）、岩波書店、一九五三年

あとがき

前著『表現者としての一休』に続いて、ようやくのことで一休と良寛の二人を取り上げた本書を書き上げた。筆を置いて胸中に湧いてくるのは、果たしてこれでよかったのかという、後悔にも似た思いである。前著にせよ本書にせよ、「もう自分にも残された時間はほとんどない」という、言い知れぬ焦慮の念に駆られて、猛スピードで一気呵成に筆を走らせて生まれたものである。もっとじっくりと時間をかけ、自分の内部で一休や良寛のイメージが固まってから筆を執るべきではなかったかという気持ちは捨てきれない。だが傘寿を越した私には、もうそんなことをしている時間の余裕はないのである。一休にしても良寛にしても、以前は、この二人について本を書こうなどという意図は毛頭なかったので、ただ折にふれ漫然と読み散らしていただけであった。それが老耄って「お迎え」の近きを感じるにつれ、俄然関心が深まって、この二人の奇僧、野僧の作品に読みふけるようになった。おかげで昔勉強していた横文字の文学などはどこかへ消し飛んでしまい、長年なじんでいたはずのギリシア・ローマの詩、フランスの詩なども、異星人の書いた縁遠い異物のように思われるようになってしまったのだから、耄碌は恐ろしい。

するとは今度は「まえがき」で述べたように、一休や良寛という人やその文学について、老耄書客としての考えや印象、読後感といったものを誰かに語りたいという、おかしな欲求ないしは衝動の如きものを抑えがたくなってしまったのである。こらえ性がなくなるのは老人の一特徴だが、これも衰老により自制心が失せた証拠であろう。そんなわけで、誰からも頼まれもせず、出版の見込みもないのにもかかわらず、拙くともよいから自分なりの一休や良寛の姿を描いてみたいという一心で、無我夢中で前著と本書とを書いたのである。なにぶん、脳裏で「生煮え」状態のまま、前へ前への一心で書き進めたので、遺漏・疎漏多く、叙述に精確を欠くところあるのは、著者としても自覚しているところである。本書を書くにあたったって参照し、多くを学ばせていただいた先学諸家の著作のあつかいなどに関しても、杜撰なところがあることを懼れている。これも衰老のなせるわざ、老耄書客の所業とお目こぼしを願う次第である。

著者は老来脳力衰え、記憶力もまた著しく衰退して、読んだ本の内容も片端から忘れ、読んだことさえ忘れていることもまれではない。認知症の疑いも多分にあるが、おそらくは老人性痴呆症であろう。実際老人ボケは恐ろしい。先日も、「耽酒弄筆是生涯／三酌泥酔覺吾衰」という詩句が脳裡に浮かび、はてこれは誰の詩の中にあったかとあれこれの漢詩集を必死に探したが、ついに突きとめられなかった。挙句のはてに、それは自分が何年か前にでっち上げた「感詩」の一部であることがわかり、あきれ果てた次第であった。本書執筆に臨んでも、もはやほとんど死滅して残り僅かな脳細胞をしぼりあげて書いたつもりだが、傍から見てどんな出来栄えになっていることやら、大いに不安である。

執筆をむやみに急いだ理由は、老い先短く、地獄の一丁目はもうそこだという意識が日々の募りつつあるからにほかならない。良寛が詠っているように、「はかりがたきは命なりけり」で、明日死んでも何の不思議もない齢である。コロナ禍に見舞われたここ三年足らずの間に、私は何人もの大切な友人を喪った。フランス文学者だった先輩、私より年若い古典学者、英文学徒だった友人が次々と世を去り、このほどはドイツ文学者であった友人が急逝した。生涯最後の仕事と言っていた訳業も未完のままに終わったようだ。いずれの友人もよい仕事をしたが、これが集大成、最後の仕事と心得ていた著作や翻訳の完成を見ぬままに世を去ったのは、さぞ心残りで無念であったろう。そうならないよう、せめて一休・良寛についての小著だけは生きているうちに（あるいは完全にボケてしまう前に）書き終えたいと願っての所業である。未練がましいと嗤われるだろうが、ものを書くことが業（ごう）になってしまった男の最後の悪あがきである。

　本書を執筆するにあたっては、「参考文献」に挙げた先学諸家の著作から多くを学ばせていただいた。基本的なことをはじめ、実に多くのことを教えられたが、それらの先行研究なくしては、本書の執筆はおぼつかなかったであろう。記して深く謝意を表する。ちなみに本文中に引用した漢詩や詩偈は、読み下しの形によった。読み下しは特に断ってない場合は、「参考文献」に挙げた諸家によるテクストを参照し、最も適当と思われる読みを採ったが、ルビ等に関しては私意によってそれを改めた場合が多い。この点での身勝手をお詫びせねばならない。

本書の刊行に関しては、またしても大和プレスのお世話になることとなった。世に「仏の顔も三度」と言うが、同社の佐藤辰美社長に「仏の顔」をしていただくこと実にこれで七度目である。われながらその厚かましさを恥じ入らずにはいられない。出版界の状況が厳しい現在、多くの読者を望めそうにもないかような本を出していただくことに、深く感謝するのみである。採算を度外視した佐藤氏のご厚意と熱意によって、これまでにも商業ベースでは到底刊行されそうもない拙著や拙訳書を、何冊も世に送ることができた。われながら果報者と思わざるをえない。改めて感謝申し上げる次第である。現在この国で一休に関心をもつ読者は極めて少ないと思われるが、良寛と抱き合わせにすることで、一人でも多くの読者が本書を手に取ってくださり、一休という人と文学が世に知られることを願うばかりである。それが佐藤社長の奇特なお志に報いることになるものと信じている。

なお今回佐藤氏が秘蔵される一休・良寛の書で本書を飾ることができたのは、望外の幸せであった。私はあいにく書に関する鑑識眼は持ち合わせていないが、さすがに一休・良寛の書には強く惹かれ、魅せられているだけに心から嬉しく思う。

本書の編集に関しては、今回も鈴木美和さんのお手を煩わせることとなった。毎度のことだが、昔の学生の一人であり、元来ヒンディー語文学の研究者である彼女の細心綿密な編集作業によって、老耄の身が一気に書きなぐった杜撰な原稿が、なんとか読むに足るものとなっていることに心から感謝したい。細やかなお心遣いによって、あれこれ示唆を受けることができて幸いであった。本書が無事世に出たら、ともに酒好きであった一休良寛両和尚のためにも、酒豪である「安芸の国の美女」と祝杯を挙げたいものである。

二〇二二年五月　新緑の美しい頃

老耄書客　枯骨閑人　沓掛良彦

著者

枯骨閑人　沓掛良彦（くつかけ・よしひこ）
一九四一年生まれ。
東京大学大学院博士課程修了。東京外国語大学名誉教授。もと西洋古典文学専攻。
廃業後は狂詩・非句（ひいく）・戯文作者。主著『狂詩集 屁成遺響』（酔生社）
東洋文学関係の著作として、『和泉式部幻想』（岩波書店）、『式子内親王私抄　清冽・ほのかな美の世界』（ミネルヴァ書房）、『西行弾奏』（中央公論新社）、『大田南畝　詩は詩佛書は米庵に狂歌おれ』（ミネルヴァ書房）、『表現者としての一休』（研文出版）、『陶淵明私記　詩酒の世界逍遥』（大修館書店）、『壺中天酔歩　中国の飲酒詩を読む』（同）などがある。
ほかにギリシア・ラテン文学、フランス文学に関する著訳書多数。

風狂と遊戯（ゆげ）

―閑に読む一休と良寛

二〇二三年六月八日発行

著　者　沓掛良彦
デザイン　原　耕一・せい

発行者　佐藤辰美
発行所　株式会社大和プレス
〒739-1733　広島市安佐北区口田南三－四五－四－二階
電話　082-824-8833　FAX　082-824-8834
mail suzuki@daiwa.po-jp.com

発　売　株式会社　目の眼
〒106-0045　東京都港区麻布十番二－五－一三　丸井ビル四階
電話　03-6721-1152
https://menomeonline.com/

印刷・製本　シナノ書籍印刷株式会社

Printed in Japan

ISBN 978-4-907211-25-7 C 0095